Un autre ex. auquel mq. la 2º partie : Z. 4053

LES OEVVRES DIVERSES DE Mr DE CYRANO BERGERAC.

A PARIS,
Chez CHARLES DE SERCY, au Palais, en
la Salle Dauphine, à la Bonne Foy Couronnée.

M. DC. LIV.
AVEC PRIVILEGE DV ROY.

A MONSEIGNEVR LE DVC D'ARPAION.

ONSEIGNEVR,

Ce Liure ne contient presque qu'vn ramas confus des premiers caprices, ou pour mieux dire des premieres folies de ma ieunesse; I'aduoüe mesme que i'ay quelque honte de l'aduoüer dans vn âge plus aduancé; Et cependant,

EPISTRE.

MONSEIGNEVR, ie ne laisse pas de vous le dédier auec tous ses deffauts, & de vous supplier de trouuer bon qu'il voye le monde sous vostre glorieuse protection. Que direz-vous, MONSEIGNEVR, d'vn procedé si estrange. Vous croirez, peut-estre, que c'est manquer de respect pour vous, que de vous offrir vne chose que ie méprise moy-mesme, & de mettre vostre nom illustre à la teste d'vn ouurage, où i'ay bien de la repugnance de voir le mien. I'espere neantmoins, MONSEIGNEVR, que mon respect & mon zele vous seront trop connus pour attribuer la liberté que ie prends à vne cause qui me seroit si des-auantageuse. Il y a prés d'vn an que ie me donnay à vous ; & depuis cét heureux moment, tenant pour perdu tout le temps de ma vie, que i'ay passé ailleurs qu'à vostre seruice, & ne me contentant pas de vous auoir déuoüé tout ce qui m'en reste ; i'ay tasché de reparer cette perte, en vous en consacrant encore les Commencements ; Et parce que le passé ne se peut rappeller pour vous estre offert, vous presenter au moins tout ce qui m'en demeure, & faire en sorte par ce moyen, que n'ayant pas eu l'honneur d'estre à vous toute ma vie ; Toute

EPISTRE.

ma vie ne laisse pas en quelque façon d'avoir esté pour vous. D'ailleurs, MONSEIGNEVR, vous sçauez que de toutes les offrandes qui se presentoient à Dieu dans l'ancienne Loy, il n'en auoit point de si agreables que celles qui se faisoient des premiers fruits, quoy qu'ils ne soient point ordinairement les meilleurs; Et s'il est permis d'adjoûter vne chose prophane, ensuitte d'vne si sainte, vous n'ignorez pas non plus que les Atheniens ne pensoient pas pouuoir faire de present plus agreable à Apollon, qu'en enuoyant leur premiere cheuelure à son Temple de Delphes, & luy presentant ces premieres productions de leur cerueau. C'est ce qui me fait esperer, MONSEIGNEVR, que vous ne refuserez pas l'offrande que ie vous fais de ces Ouurages, & que vous ne trouuerez pas mauuais que ie me die, aussi bien au commencement de ces Lettres, qu'au commencement de l'Agrippine,

MONSEIGNEVR,

Vostre tres-humble, tres-obeïssant, & tres-obligé seruiteur,
DE CYRANO BERGERAC.

A MADAMOISELLE D'ARPAION.

SONNET.

LE vol est trop hardi, que mon cœur se propose,
Il veut peindre vn Soleil par les Dieux animé;
Vn visage qu'Amour de ses mains a formé,
Où des fleurs du Printëps la ieunesse est esclose.

Vne bouche où respire vne haleine de rose,
Entre deux arcs flambans d'vn corail allumé,
Vn balustre de dents en perles transformé,
Au deuant d'vn pallais où la langue repose;

Vn front où la pudeur tient son chaste sejour,
Dont la Table polie est le trosne du iour,
Vn chef-d'œuure où s'est peint l'ouurier admirable :

Superbe tu pretends par dessus tes efforts,
L'esclat de ce visage est l'esclat adorable,
De son ame qui luit au trauers de son corps.

TABLE DES LETTRES
Contenuës en ce Volume.

CONTRE l'Hyuer, Lettre I.
Autre, Pour le Printemps, Lettre II.
Autre, Pour l'Esté, Lettre III.
Autre, Contre l'Authonne, Lettre IV.
Autre, Sur la description de l'Aqueduc, ou la Fontaine d'Arcueil, Lettre V.
Autre, Sur le mesme sujet, Lettre VI.
Autre, Sur des Ombres, Lettre VII.
Autre, Sur vn Cyprés, Lettre VIII.
Autre, Sur vne description d'vne Tempeste, Lettre IX.
Autre, Pour vne Dame Rousse, Lettre X.
Autre, d'vne maison de Campagne, Lettre XI.
Autre, Pour les Sorciers, Lettre XII.
Autre, Contre les Sorciers, Lettre XIII.
Autre, Sur le Triomphe des Dames, Lettre XIV.
Autre, Sur vn Duëliste, Lettre XV.
Autre, Sur vn Recouurement de Santé, Lettre XVI.

Lettres Satyriques.

CONTRE vn Poltron, Lettre I.
Autre, Contre vn médisant, Lettre II.
Autre, A Madamoiselle de ****, Lettre III.
Autre, Lettre IV.
Autre, Contre Soucidas, Lettre V.
Autre, A Monsieur de V****, Lettre VI.
Autre, Sur vne Consolation, Lettre VII.

TABLE.

Autre, Contre vn Pilleur de Penſée, Lettre VII.
Autre, Sur le meſme ſujet, Lettre VII.
Autre, Contre vn gros homme, Lettre IX.
Autre, Contre Scarron, Lettre X.
Autre, A Meſſire Iean, Lettre XI.
Autre, Contre vn Pedant, Lettre XI.
Autre, Contre le Careſme, Lettre XIII.
Autre, A Monſieur le Cocq, Lettre XIX.
Autre, A vn Comte de Baſſe-Aloy, Lettre XV.
Autre, A vn Liſeur de Roman, Lettre XVI.
Autre, Contre les Medecins, Lettre XVII.
Autre, Contre vn Faux Braue, Lettre XVIII.

Autre ſur diuers Sujets.

D'VN Songe, Lettre XIX.
Autre, Contre les Frondeurs, Lettre XX.
Autre, De Theſée à Hercule, Lettre XXI.
Autre, Sur vne Egnime, Lettre XXII.

Lettres Amoureuſes.

A Madame de ****, Lettre I.
Autre, Lettre II.
Autre, Lettre III.
Autre, Lettre IV.
Autre, Lettre V.
Autre, Lettre VI.
Autre, Lettre VII.
Autre, Lettre VIII.
Le Pedant Ioüé, Comedie en Proſe.

F I N.

LETTRES
DE MONSIEVR
DE
BERGERAC

LETTRES
DE MONSIEVR
DE BERGERAC.

A MONSIEVR LE BRET
Aduocat au Conseil.

CONTRE L'HYVER.
LETTRE I.

ONSIEVR,

C'est à ce coup que l'Hyuer a noüé l'éguil-
lette à la Terre; il a rendu la matiere impuis-

A ij

santé; & l'esprit mesme, pour estre incorporel, n'est pas en seureté contre sa tyrannie; mon ame a tellement reculé sur elle-mesme, qu'en quelqu'endroit aujourd'huy que ie me touche, il s'en faut plus de quatre doigts que ie n'ateigne où ie suis; Ie me tâte sans me sentir, & le fer auroit ouuert cent portes à ma vie, auparauant de fraper à celle de la douleur: Enfin nous voylà presque paralytiques, & cependant pour creuser sur nous vne playe dans vne blessure, Dieu n'a creé qu'vn baûme à nostre mal, encore le Medecin qui le porte ne sçauroit arriuer chez nous qu'apres auoir délogé de six maisons; Ce paresseux est le Soleil, vous voyez comme il marche à petites iournées; il se met en chemin à huict heures, prend gîte à quatre. Ie croy qu'à mon exemple il trouue qu'il fait trop froid pour se leuer si matin: mais Dieu veüille que ce soit seulement la paresse qui le retienne, & non pas le dépit: car il me semble que depuis plusieurs mois il nous regarde de trauers. Pour moy, ie n'en puis deuiner la cause, si ce n'est qu'ayant veu la terre endurcie par la gelée, il n'ose plus monter si haut de peur de blesser ses rayons en les precipitant. Ainsi nous ne som-

CONTRE L'HYVER.

mes pas prefts de nous vanger des outrages que la faifon nous fait; il ne fert quafi rien au feu de s'échaufer contr'elle, fa rage n'aboutit (apres auoir bien petillé) qu'à le contraindre à fe deuorer foy-mefme plus vîte. Nous auons beau prendre le bouclier, l'Hyuer eft vne mort de fix mois refpanduë fur tout vn cofté de cette boule, que nous ne fçaurions éuiter; c'eft vne courte vieilleffe des chofes animées; c'eft vn eftre qui n'a point d'action, & qui cependant (tous braues que nons foyons) ne nous approche iamais fans nous faire trembler, noftre corps poreux, delicat, étendu, fe ramaffe, s'endurcit, & s'empreffe à fermer fes auenuës, à baricader vn million d'inuifibles portes, à les couurir de petites montagnes, il fe meut, s'agite, fe debat, & dit pour excufe en rougiffant, que ces fremiffemens font des forties, qu'il fait à deffein de repouffer l'ennemy qui gaigne fes dehors. Enfin ce n'eft pas merueille que nous fubiffions le deftin de tous les viuans; mais le barbare ne s'eft pas contenté d'auoir ofté la langue à nos oyfeaux, d'auoir deshabillé nos arbres, d'auoir coupé les cheueux à Ceres, & d'auoir mis noftre grande Mere toute nuë, afin que nous ne puſſions nous ſauuer par eau dans vn climat plus doux ; Il les a renfermées ſous des murailles de diamant ; & de peur meſme que les riuieres n'excitaſſent par leur mouuement quelque chaleur qui nous pût ſoulager ; Il les a cloüées contre leur lict. Mais il fait encore bien pis : car pour nous effrayer, par l'image meſme des prodiges qu'il inuente à noſtre deſtruction, il nous fait prendre la glace, pour vne lumiere endurcie, vn iour petrifié, vn ſolide neant, ou quelque monſtre épouuentable dont le corps n'eſt qu'vn œil. La Seine au commencement effrayée des larmes du Ciel, s'en troubla, & apprehendant vne ſuite plus funeſte à la fortune de ſes habitans ; elle s'eſt roidie contre le poids qui l'entraiſne, s'eſt ſuſpenduë & s'eſt liée elle-meſme pour s'arreſter, afin d'eſtre toûjours preſente aux beſoins que nous pourrions auoir d'elle. Les hommes épouuentez à leur tour des prodiges de cette effroyable ſaiſon, en tirent des preſages proportionnez à leur crainte ; s'il neige, ils s'imaginent que c'eſt peut-eſtre au Firmament le chemin de laict qui ſe diſſout ; que cette perte fait de rage écumer le Ciel, & que la terre tremblant pour ses enfans, en blanchit de frayeur. Ils se figurent encore que l'Vniuers est vne tarte que l'Hyuer ce grand monstre sucre pour l'aualer ; que peut-estre la neige est l'écume des plantes qui meurent enragées, & que les vents qui souflent tant de froid, sont les derniers souspirs de la Nature agonisante. Moy-mesme qui n'explique guere les choses qu'en ma faueur, & qui dans vne autre saison me serois persuadé que la neige est le laict vegetatif que les Astres font teter aux plantes, ou les miettes qui tombent apres graces de la table des Dieux, me laissant emporter au torrent de l'exemple, s'il gresle, ie m'écrie, Quels maux nous sont reseruez ? puis que le Ciel innocent est reduit à pisser la grauelle. Si ie veux definir ces vents glacez, tellement solides qu'ils renuersent des tours, & tellement déliez qu'on ne les void point, ie ne sçaurois soupçonner ce que c'est, sinon vne broüine de diables échapez, qui s'estans morfondus sous terre, courent ici pour s'échaufer ; tout cequi me represente l'Hyuer me fait peur ; ie ne sçaurois suporter vn miroir à cause de sa glace ; ie fuys les petits Medecins, parce qu'on les nomme des Medecins de neige, & ie puis conuaincre le froid de quantité de meurtres, sur ce que dans toutes les maisons de Paris on rencontre fort peu de gelée qu'on n'y trouue vn malade auprés. En verité, Monsieur, ie ne pense pas que la S. Iean me guarisse entierement des maux de Noël, quand ie songe qu'il me faudra voir encore aux fenestres de grandes vitres qui ne seront autre chose que des tapisseries de glaçons endurcis au feu : Oüy, cét impitoyable m'a mis en si mauuaise humeur, que le hale du mois d'Aoust ne me purgera peut-estre pas du flegme de Ianuier; la moindre chaleur me fera dire que l'Hyuer est le frisson de la Nature, & que l'Esté en est la fièvre : car iugez si ie me plains à tort, & si les morfondus, malgré l'humeur liberale de cette saison qui leur donne autant de perles que de roupies ne me prendront pas pour vn Hercule, qui poursuit ce monstre leur ennemy ? Quelles rigueurs n'exerce-t'il point en tous lieux ? Là sous le robinet d'vne fontaine, le gelé porteur d'eau contraint son cœur en souflant de rendre à ses mains la vie qu'il leur a dérobée ? Là contre le pavé le soulier du marcheur fait plus de bruit qu'à l'ordinaire, parce

CONTRE L'HYVER.

ce qu'il a des cloches aux pieds? Là l'Escolier fripon, vne plote de neige entre les doigts, attend au passage son compagnon pour luy noyer le visage dans vn morceau de riuiere; enfin, de quelque costé que ie me tourne, la gelée est si grande, que tout se prend iusques aux manteaux; A dix heures du soir, le filou morfondu sous vn auvãt grelote, & se cõsole lors qu'il regarde le premier passant comme vn tailleur qui luy apporte son habit. Lors qu'il prendra fantaisie à l'Hyuer, ce vieil endurci d'aller à confesse, voyla, Monsieur, l'examen de sa conscience à vn peché prest : car c'est vn cas reserué dont il n'aura iamais l'absolution, vous mesme iugez s'il est pardonnable, il me vient d'engourdir les doigts, afin de vous persuader que ie suis vn froid Amy, puis que ie tremble quand il est question dē me dire,

MONSIEVR,

Vostre seruiteur.

B

AV MESME.
POVR LE PRINTEMPS.
LETTRE II.

MONSIEVR,

Ne pleurez plus, le beau temps est reuenu, le Soleil s'est reconcilié auec les hommes, & sa chaleur a fait trouuer des iambes à l'Hyuer tout engourdy qu'il fut; il ne luy a presté de mouuement que ce qu'il en faloit pour fuyr, & cependant ces longues nuicts qui sembloient ne faire qu'vn pas en vne heure (à cause que pour estre dans l'obscurité, elles n'osoient courir à tâtons) sont aussi loin de nous que la premiere qui fit dormir Adam; l'air n'agueres si condensé par la gelée que les oyseaux n'y trouuoient point de place, semble n'estre auiourd'huy qu'vn grand espace imaginaire où ces musiciens, à peine soustenus de nostre pensée, paroissent au Ciel de petits mondes balancés par leur propre centre; le Serain n'enrheumoit pas au pays

d'où ils viennent: car ils font ici beau bruict: ô
Dieux quel tintamarre! sans doute ils sont
en procez pour le partage des terres dont
l'Hyuer par sa mort les a fait heritiers; ce vieux
jaloux non content d'auoir bouclé presque
tous les animaux, auoit gelé iusqu'aux riuieres, afin qu'elles ne produisissent pas mesme
des images; Il auoit malicieusement tourné
vers eux la glace de ces miroirs qui coulent du
costé du vif-argent, & y seroient encore, si le
Printemps à son retour ne les eût renuersez;
Auiourd'huy le bestail s'y regarde nager en
courant; la linote & le pinson s'y reproui-
sent sans perdre leur vnité, s'y ressuscitent sans
mourir; & s'ébahissent qu'vn nid si froid leur
fasse éclore en vn moment des petits aussi
grands qu'eux-mesmes: enfin nous tenons la
terre en bonne humeur, nous n'auons d'oré-
uauant qu'à bien choyer ses bonnes graces:
à la verité depitée de s'estre veuë au pillage de
cet Automne, elle s'estoit tellement endurcie
contre nous auec les forces que luy presta
l'Hyuer, que si le Ciel n'eût pleuré deux mois
sur son sein, elle ne se fut iamais attendrie:
mais Dieu mercy elle ne se souuient plus de
nos larcins, toute son attention n'est auiour-

B ij

d'huy qu'à mediter quelque fruict nouueau; elle se couure d'herbe mole, afin d'estre plus douce à nos pieds; elle n'enuoye rien sur nos tables qui ne regorge de son laict; si elle nous offre des chenilles, c'est en guise de vers à soye sauuages; & les hannetons sont de petits oyseaux qui montrent qu'elle a eu soin d'inuenter iusqu'à des ioüets pour nos enfans; elle s'étonne elle-mesme de sa richesse, elle s'imagine á peine estre la Mere de tout ce qu'elle produit, & grosse de quinze iours, elle avorte de mille sortes d'infectes, parce que ne pouuant toute seule goûter tant de plaisir, elle ébauche des enfans à la hâte, pour auoir à qui faire du bien; ne semble-t'il pas en attachant aux branches de nos forests des feüilles si toufuës, que pour nous faire rire elle se soit égayée à porter vn pré sur vn arbre : mais parce qu'elle sçait que les contentemens excessifs sont preiudiciables, elle force en cette saison les féves de fleurir pour moderer nostre ioye, par la crainte de deuenir fols : c'est le seul mauuais presage qu'elle n'ait point chassé de dessus l'Hemisphere. Par tout on voit la Nature accoucher, & ses enfans à mesure qu'ils naissent, ioüer dans leur berceau; considerez le Zephire qui n'ose quasi respirer qu'en tremblant, comme il agite les bleds & les caresse: ne diriez-vous pas que l'herbe est le poil de la terre, & que ce vent est le peigne qui a soin de le démesler: ie pense mesme que le Soleil fait l'amour à cette saison, car i'ay remarqué qu'en quelque lieu qu'elle se retire, il s'en approche tousiours; ces insolens Aquilons qui nous brauoient en l'absence de ce Dieu de tranquillité (surpris de sa venuë) s'vnissent à ses rayons pour obtenir la paix par leurs caresses, & les plus coupables se cachent dans les atômes & se tiennēt coys sans bouger, de peur d'en estre reconnus: tout ce qui ne peut nuire par sa vie est en pleine liberté. Il n'est pas iusqu'à nostre ame qui ne se répande plus loin que sa prison, afin de montrer qu'elle n'en est pas contenuë. Ie pense que la Nature est aux nopces, on ne void que danses, que concerts, que festins, & qui voudroit chercher dispute, n'auroit pas le contentement d'en trouuer, sinon de celles qui pour la beauté suruiēnent entre les fleurs. Là, possible au sortir du combat vn œillet tout sanglant tombe de lassitude; là vn bouton de rose enflé du mauuais succés de son Antagoniste, s'épanoüit de ioye; là le lys, ce Colosse

B iij

entre les fleurs, ce geant de laict caillé, glorieux de voir ses images triompher au Louure, s'éleue sur ses compagnes, les regarde de haut en bas, & fait deuāt soy prosterner la violette, qui ialouse & fâchée de ne pas monter aussi haut, redouble ses odeurs, afin d'obtenir de nostre nez la preference que nos yeux luy refusent; là le gason de thin s'agenoüille humblement deuant la tulipe, à cause qu'elle porte vn calice; là d'vn autre costé la terre dépitée que les arbres portent si haut & si loin d'elle les bouquets, dont elle les a couronnez, refuse de leur enuoyer des fruicts, qu'ils ne luy ayent redonné ses fleurs. Cependant ie ne trouue pas pour ces disputes que le Printemps en soit moins agreable ; Matieu Gareau saute de tout son cœur au broüet de sa tante; le plus mauuais garçon du vilage iure par *sa fi* qu'il fera cette année grand peur au Papegay; le vigneron appuyé sur vn échalas, rit dans sa barbe à mesure qu'il void pleurer sa vigne: enfin, l'exemple de la Nature me persuade si bien le plaisir, que toute sujetion estant douloureuse, ie suis presque à regret,

MONSIEVR,

                       Vostre seruiteur.

AV MESME.
POVR L'ESTE.
LETTRE III.

Monsievr,

Que ne diriez-vous point du Soleil s'il vous auoit rôty vous-mesme; puis que vous vous plaignez de luy, lors qu'il hâte l'assaisonnement de vos viandes? de toute la terre il n'a fait qu'vne grande marmite, il a dessous attisé l'Enfer pour la faire bouillir ; il a disposé les vents tout autour comme des souflets afin de l'empécher de s'esteindre: & lors qu'il r'alume le feu de vostre cuisine, vous vous en formalisez ; il échauffe les eaux, il les distile, il les rectifie de peur que leur crudité ne vous nuise; & vous luy chantez pouille pendant mesme qu'il boit à vostre santé; pour moy, ie ne sçay pas en quelle posture d'orénauant se pourra mettre ce pauure Dieu, pour estre à nostre gré. Il enuoye à nostre leuer les oyseaux nous donner la musique; il échauffe nos bains, & ne nous y inuite point qu'il n'en ait essayé le peril en s'y plongeant le premier; que pouuoit-il adiouter à tant d'honneur sinon de manger à nostre table ; mais iugez ce qu'il demáde quád il n'est iamais plus proche de nos maisons qu'à midy ; plaignez-vous, Monsieur, apres cela, qu'il desseiche l'humeur des riuieres ; helas! sans cette attraction, que serions-nous deuenus? les fleuues, les lacs, les fontaines, ont succé toute l'eau qui rendoit la terre feconde, & l'on se fâche qu'au hazard d'en faire gagner l'hidropisie à la moyenne region; ils prennent la charge de la repuiser, & de promener par le Ciel les nuës, ces grands arrousoirs dont il esteint la soif de nos campagnes alterées; encore dans vne saison où il est si fort pris de nostre beauté, qu'il nous veut voir tous nuds: i'ay bien de la peine à m'imaginer s'il n'attiroit à soy beaucoup d'eau pour y mouiller & rafraischir ses rayons, comment il nous baiseroit sans nous brusler : mais quoy qu'on dise, nous en auons tousiours de reste; car au temps mesme que la Canicule par son ardeur ne nous en laisse precisément que pour la necessité; n'a-t'il pas soin de faire enrager les chiens

de

de peur qu'ils n'en boiuent; vous fulminez encore contre luy, sur ce qu'il dérobe (dites-vous) iusques à nos ombres : il nous les oste (ie l'auouë) & il n'a garde de les laisser auprés de nous, voyant qu'à toute heure elles se diuertissent à nous effrayer; voyez comme il monte au plus haut de nostre horison pour les mettre à nos pieds, & pour les recogner sous terre d'où elles sont parties; quelque haine cependant qu'il leur porte, quelque proche de leur fin qu'elles se trouuent, il leur donne la vie quand nous nous mettons entre-deux; c'est pourquoy ces filles de la nuict courent tout alentour de nous pour se tenir à couuert des armes du Soleil; sçachant bien qu'il aimera mieux s'abstenir de la victoire, que de se resoudre à les tuer au trauers de nos corps. Ce n'est pas que durant toute l'année il ne soit pour nous tout en feu; & il le montre assez, n'en reposant ny nuict ny iour : Mais en Esté toutefois sa passion deuient bien autre; il brusle, il court, il semble deualer de son cercle, & se voulant ietter à nostre col, il en tombe si prés, que pour legere que soit l'Essence d'vn Dieu, la moitié des hommes degoute de

C

sueur en le portant ; nous ne laissons pas toutefois de nous affliger quand il nous quitte ; les nuicts mesme sympatisant à sa complexion, deuiennent claires & chaudes, à cause qu'à son depart il a laissé sur l'Horison vne partie de son équipage, comme ayant à y reuenir bien-tost. Le mois de May veritablement germe les fruicts, les noüe & les grossit ; mais il leur laisse vne aspreté mortelle qui nous étrangleroit, si celuy de Iuin n'y passoit du sucre : possible m'obiectera-t'on que par ses chaleurs excessiues, il met les herbes en cendre, & qu'ensuite il fait couler dessus des orages de pluye, mais pensez-vous qu'il n'ayt grand tort (nous voyans tous salis du hâle) de nous mettre à la lessiue : & ie veux qu'il fût bruslant iusqu'à nous consommer, ce seroit au moins vne marque de nostre paix auec Dieu, puis qu'autrefois chez son peuple il ne faisoit descendre le feu du Ciel que sur les Victimes purifiées ; encore s'il nous vouloit brûler, il n'enuoyeroit pas la rosée pour nous rafraischir ; cette belle rosée qui nous fait croire par ses infinies goutes de lumiere, que le flambeau du monde est en poudre dedans nos prez, qu'vn milion de petits Cieux sont tombez sur la terre, ou que c'est l'ame de l'Vniuers qui ne sçachant quel honneur rendre à son Pere, sort au deuant de luy, & le va receuoir iusques sur la pointe des herbes. Le villageois s'imaginent tantost que ce sont des poux d'argent tombez au matin de la teste du Soleil qui se peigne; tantost la sueur de l'air corrompuë par le chaud, où des vers luisans se sont mis, tantôt la saliue des Astres qui leur tombe de la bouche en dormant : mais enfin, quoy que ce puisse estre, il n'importe, fussent les larmes de l'Aurore, elle s'afflige de trop bonne grace pour ne nous en pas réjoüir : & puis c'est le temps où la nature nous met à mesme ses thresors : Le Soleil en personne assiste aux couches de Cerés, & chaque espy de bled paroît vne boulangerie de petits pains de laict qu'il a pris la peine de cuire. Que si quelques-vns se plaignent que sa trop longue demeure auec nous jaunit les feüilles apres les fruicts, qu'ils sçachent que ce Monarque des estoiles en vse ainsi pour composer de nostre climat le iardin des Hesperides, en attachant aux arbres des feüilles d'or aussi bien que des fruicts : toutefois il a beau tenir la campagne, il a beau dans son Zodiaque s'échaufer auec le Lyon : Il n'aura pas demeuré vingt-quatre heures chez la Vierge qu'il luy fera les doux yeux ; il deuiendra tous les iours plus froid : & enfin, quelque nom de pucelle qu'il laisse à la pauure fille, il sortira de son lict tellement énervé, que six mois à peine le gueriront de cette impuissance : ô que i'ay cependant peur de voir croistre l'Esté, parce que i'ay peur de le voir diminuer ; c'est luy qui débarasse l'eau, le bois, le metal, l'herbe, la pierre, & tous les Corps differens que la gelée auoit fait venir aux prises : il appaise leurs froideurs : il démele leurs antipaties, il moyenne entr'eux vn échange de prisonniers, il reconduit paisiblement chacun chez soy, & pour vous montrer qu'il separe les natures les plus jointes, c'est que n'estant vous & moy qu'vne mesme chose, ie ne laisse pas aujourd'huy de me considerer separément de vous, pour éuiter l'impertinence qu'il y auroit de me mander à moy-mesme : Ie suis,

MONSIEVR,

Vostre seruiteur.

AV MESME.
CONTRE L'AVTOMNE.
LETTRE IV.

MONSIEVR,

Il me semble que i'aurois maintenant bien du plaisir à pester contre l'Automne, si ie ne craignois de fascher le Tonnerre, luy qui non content de nous tuer, n'est pas satisfait s'il n'assemble trois bourreaux differents dans vne mort, & s'il ne nous massacre tout à la fois par les yeux, par les oreilles, & par le toucher : cest à dire, par l'éclair, le tonnerre & le carreau ; l'éclair s'alume pour esteindre nostre veuë à force de lumiere, & precipitant nos paupieres sur nos prunelles, il nous fait passer de deux petites nuicts de la largeur d'vn double dans vne autre aussi grande que l'Vniuers ; L'air en s'agitant enflamme ses aposthumes, en quelque part où nous tournions la veuë, vn nuage sanglant semble auoir deplié entre nous & le iour, vne tenture de gris brun, doublé de tafetas cramoisi ; le Foudre engendré dans la nuë, créve le ventre de sa mere, & la nuë grosse en trauail s'en deliure auec tant de bruict, que les roches les plus sauuages s'ouurent aux cris de cét accouchement. Il ne sera pourtant pas dit que cét orgueilleuse saison me parle si haut, & que ie n'ose luy répondre : cette insolente, aux crimes de laquelle il ne manquoit plus que de faire imputer à son createur les vices de la Nature; mais quand l'iniustice de cent mille coups de Tonnerre seroit vne production de la sagesse inscrutable de Dieu, il ne s'ensuit pas pour cela que la saison du Tonnerre, c'st à dire la saison destinée à châtier les coupables, soit plus agreable que les autres, ou bien il faut conclure que le temps le plus doux de la vie d'vn criminel, est celuy de son execution. Ie croy qu'en suite de ce funeste Metheore nous pouuons passer au vin, puis que c'est vn Tonnerre liquide, vn couroux potable, & vn trespas qui fait mourir les yvrognes de santé; Il est cause, le furieux, que la definition qu'Aristote a donné pour l'homme, d'animal raisonnable, soit fausse au moins pour ceux qui en boiuent trop : mais ne vous

L'AVTOMNE.

semble-t'il pas qu'on peut dire du cabaret, que c'est vn lieu où l'on vend la folie par bouteilles, & ie doute mesme s'il n'est point allé iusques dans les Cieux faire sentir ses fumées au Soleil, voyant comme il se couche tous les iours de si bonne heure. Quelques Philosophes de ce siecle en ont tant aualé, qu'ils en ont fait piroüeter la terre dessous eux, & si veritablement elle se meut, ie pense que ce sont des SS que l'yvrognerie luy fait faire. Pour moy, ie porte tant de haine à ce poison, qu'encore que l'eau de vie soit vn venin beaucoup plus furieux, ie ne laisse pas de luy pardonner, à cause que ce m'est vn tesmoignage qu'elle luy a fait rendre l'esprit. Nous voyla donc en ce temps condamnez à mourir de soif, puis que nostre breuuage est empoisonné : voyons si nostre manger qu'elle nous estend sur la terre, comme sur vne table, est moins dangereux que sa boisson. Helas! pour vn seul fruict qu'Adam mangea, cent mille personnes moururent qui n'estoient pas encore; l'arbre mesme est forcé par la Nature de commencer le suplice de ses enfans criminels, il les iette contre terre, la teste en bas; le vent les secoüe, &

le Soleil les precipite. Apres cela, Monsieur, ne trouuez pas mauuais que ie desaprouue qu'on die, voyla du fruict en bon estat. Comment y pourroit-il estre, luy qui s'est pendu soy-mesme ? Aussi à considerer comme les cailloux y vont à l'offrande: n'est-ce pas vne occasion de douter de leur innocence, puis qu'ils sont lapidez à chaque bout de champ? Ne voyez-vous pas mesme que les arbres en produisant les fruicts, ont soin de les enueloper de feüilles pour les cacher, comme s'ils n'auoient pas assez d'effronterie pour montrer à nud leurs parties honteuses? Mais admirez encor comment cette horrible saison traitte les arbres en leur disant Adieu. Elle les charge de vers, d'araignées & de chenilles, & tous chauues qu'elle les a rendus, elle ne laisse pas encor de leur mettre de la vermine à la teste: nommez-vous cela des presens d'vne bonne mere à ses enfans? & merite t'elle que nous la remercions apres nous auoir osté presque tous les alimens: mais son dépit passe encore plus outre: car elle tâche d'époisonner ceux qui ne sont pas morts de faim, & ie n'auance rien que ie ne prouue: n'est-il pas vray que ne nous restant plus
rien

L'AUTOMNE.

rien de pur entre tant de choses dont l'vsage nous est necessaire, sinon l'air. La maraſtre l'a ſuffoqué de contagion : ne voyez-vous pas comme elle traiſne la peſte, cette maladie ſans queuë qui tient la mort penduë à la ſienne en toutes les villes de ce Royaume ? comme elle renuerſe toute l'œconomie de l'Vniuers & de la ſocieté des hommes, iuſqu'à couurir de pourpre des miſerables ſur vn fumier, & iugez ſi le feu dont elle s'alume contre nous eſt ardent, quand il ſuffit d'vn charbon ſur vn homme pour le conſommer.

Voylà, Monſieur, les threſors & l'vtilité de cette adorable ſaiſon, par qui vous penſiez auoir trouué le ſecret de la corne d'abondance. En verité, ne merite-elle pas bien mieux des ſatyres que des eloges, & ne deurions-nous pas meſme deteſter les autres à cauſe qu'elles ſont en ſa compagnie, & qu'elles la ſuiuent touſiours & la precedent? Pour moy, ie ne doute point qu'vn iour cette enragée ne pervertiſſe toutes ſes compagnes; & en effet, nous obſeruons qu'elles ont deſia toutes à ſon exemple leur façon particuliere d'eſtropier, & que pour les maux

D

dont elles nous accablent, l'Hyuer nous contraint de reclamer S. Iean, le Printemps S. Mathurin, l'Esté S. Hubert, & l'Automne S. Roch. Pour moy, ie ne sçay qui me tient que ie ne me procure la mort de dépit que i'ay de ne pouuoir viure que dessous leur regne, mais principalement de ce que la maudite Automne me passe tous les ans sur la teste pour me faire enrager : il semble que elle tasche d'embarasser ses sœurs dans ses crimes : car enfin, Monsieur, grosse de foudres comme nous la voyons, n'induit-elle pas à croire que toutes ensemble elles composent vn monstre qui aboye par les pieds ; que pour elle, elle est vne Harpie affamée qui mord de la glace pendant que sa queuë est au feu, qui se sauue d'vn embrasement par vn deluge, & qui vieille à quatre-vingt iours est si passionnée d'amour pour l'Hyuer, à cause qu'il nous tuë, qu'elle expire en le baisant : mais ce qui me semble encore plus estrange est, que ie me sois abstenu de luy reprocher son plus grand crime, ie veux dire le sang dont elle souïlle depuis tant d'années la face de toute l'Europe, car ie le deuois faire pour la punir de ce qu'ayant prodigné des fruicts à tout le monde, elle ne m'en a pas encore donné vn qui puisse vous dire apres ma mort, ie suis,

MONSIEVR,

Voſtre ſeruiteur.

DESCRIPTION II.

DE L'AQVEDVC, OV LA FONTAINE D'ARCVEIL.

A MES AMIS LES BEVVEVRS D'EAV.

LETTRE V.

Cette Lettre d'Arcüeil ayant efté perduë, l'Autheur long-temps apres en fit vne autre : mais comme il ne fe fouuenoit prefque plus de la premiere, il ne rencontra pas les mefmes penfées ; Depuis, il retrouua la perduë, & comme il eft affez ennemy du trauail, il ne crût pas que le fujet fut digne d'épurer chaque Lettre, en oftant de chacune les imaginations qui fe pourroient rencontrer dans l'autre.

Messievrs,

Pied-là, pied-là, ma tefte fert de poinct à vne riuiere, ie fuis deffous, tout au fond, fans nager ; & toutesfois i'y refpire à mon aife. Vous iugez bien que c'eft d'Arcueil, que ie vous efcris. Icy l'eau conduite en triomphe, marche en haye d'vn regiment de pierres :

on luy a dreſſé cent portiques pour la receuoir: & le Roy la iugeant fatiguée, d'eſtre
venuë à pied de ſi loin, enuoya l'appuyer,
de peur qu'elle ne tombat. Ces excez d'honneur l'ont renduë ſi glorieuſe, qu'elle n'iroit
pas à Paris ſi l'on ne l'y portoit: s'eſtant mor-
fonduë d'auoir ſi long-temps couché contre
terre, elle s'eſt faict dreſſer vn lict plus haut;
& l'on tient par tradition que cet aqueduc
luy ſembla ſi pompeux, & ſi beau, qu'elle
vint d'elle-meſme s'y promener pour ſon
plaiſir: cependant elle eſt renfermée entre
quatre murailles, ſeroit-ce qu'on l'euſt con-
uaincuë de s'eſtre iadis trouuée en la compagnie de celle de la mer pendant quelque
naufrage? Il le faut bien: car la Iuſtice eſt ici
tellement ſeuere, qu'on y contraint iuſqu'aux
fontaines de marcher droict, & l'air de la
ville eſt ſi contagieux qu'elles n'en ſçauroient
approcher ſans gaigner la pierre: ces obſta-
cles toutesfois n'ont point empeſché qu'il
n'ait pris à celle-cy vne telle demangeaiſon
de la voir, qu'elle s'en gratte demie lieüe
durant contre des roches, il luy tarde qu'elle ne contrefaſſe l'Hypocrene entre les Muſes
de l'Vniuerſité: elle n'en peut tenir ſon eau.

SVR L'AQVEDVC

Voyez comme des montagnes de Rongy elle pisse en l'air iusqu'au Faux-bourg S. Germain : elle va receuoir de S. A. R. l'ordre des visites qu'elle a à faire, & quelques sourdes menasses qu'elle murmure en chemin, quelque formidable qu'elle paroisse, Luxembourg ne l'a pas plutost aperceüe que d'vn seul regard il la disperse de tous costez. En verité l'amour pouuoit-il ioindre Arcueil & Paris par vn lien plus fort que celuy de la vie ? Ce reptile est vn morceau pour la bouche du Roy : c'est vne grande espée qui va faire mettre par les Porteurs d'eau des bouts de bois à son fourreau : c'est vne couleuvre immortelle, qui s'enfonce dans son écaille, à mesure qu'elle en sort : c'est vne aposteme artificielle qu'on ne sçauroit creuer sans mettre Paris en danger de mort : c'est vn pâté, dont la sauce est viue : c'est vn os, dont la moëlle chemine : c'est vn serpent liquide, dont la queuë va deuant la teste : Enfin, ie pense qu'elle a resolu de ne rien faire icy que des choses impossibles à croire : elle ne va droict qu'à cause qu'elle est voutée : elle ne se corrompt point, encore qu'elle soit au tombeau : elle est viue, depuis qu'elle est en terre: elle passe par dessus des murs, dont les portes sont ouuertes: elle marche droict à tastons, & court de toute sa force sans tomber. Hé bien, Messieurs, apres tant de miracles, ne meriteroit-elle pas bien d'estre canonisée à Paris sous le nom de S. Cosme, S. Benoist, S. Michel & S. Seuerin ? Qui diroit cependant que la largeur de deux pieds mesure le destin de tout vn peuple ? Connoissez par là quel honneur ce vous est, que moy, qui puis, quand bon me semble, arrester la liqueur qui desaltere tant d'honnestes gens à Paris, & qui tous les iours me fais seruir deuant le Roy, ie m'abaisse iusqu'à me dire,

MESSIEVRS,

Vostre seruiteur,
DE BERGERAC.

DE L'AQVEDVC

AVTRE
SVR LE MESME SVIET.
LETTRE VI.

MESSIEVRS,

Miracle, miracle, ie suis au fond de l'eau & ie n'ay pas dequoy boire : i'ay vn fleuue entier sur la teste, & ie n'ay point perdu pied : & enfin ie me trouue en vn pays où les fontaines volent, & où les riuieres sont si delicates qu'elles passent par dessus des ponts de peur de se moüiller : ce n'est point hiperbole, car à considerer les grands portiques sur lesquels celle-cy va comme en triomphe, il semble qu'elle se soit montée sur des échasses pour voir de plus loin, & pour remarquer dans Paris les lieux où elle est necessaire : ce sont comme des arcs auec lesquels elle décoche vn million de fléches d'argent liquide contre la soif : Tout à l'heure elle estoit assise à cul-nu contre terre : mais la voylà maintenant qui se promene dans des galeries :
elle

elle porte sa teste à l'égal des montagnes; & croyez toutesfois qu'elle n'est pas de moins belle taille pour estre voutée; Ie ne sçay pas si nos Bourgeois prennent cette Arche pour l'Arche d'Aliance, ie sçay seulement que sans elle ils seroient du vieux Testament; elle encherit en leur faueur au dessus des forces de la Nature. Elle fait pour eux l'impossible, iusqu'à courir deux lieuës durant auec des iambes mortes qu'elle ne peut remuer. On diroit à la voir jaillir en haut comme elle fait, qu'apres auoir long-temps poussé contre le Globe de la terre qui pesoit sur elle, s'en trouuant tout à coup déchargée, elle ne se puisse plus retenir, & continüe en l'air malgré soy la secousse qu'elle s'estoit donnée; Mais d'où vient qu'à Rongis pour vn peu de sable qu'elle a dans les reins, elle n'vrine que goute à goute, & que dans Arcueil où elle est atteinte de la pierre, elle pisse par dessus des mótagnes? encores ce ne sont là que de ses coups d'essay, elle fait bien d'autres miracles : elle se glisse éternellement hors de sa peau, sans iamais acheuer d'en sortir, & plus sçauante que les Docteurs de la faculté d'Hipocrate, tous les iours à Paris elle guerit d'vn seul regard plus

E

de quatre cent mil alterez : elle se morfond à force de courir : elle s'enterre toute viue dans vn tombeau pour viure plus longtemps; n'est-ce point que sa beauté l'oblige à se cacher du Soleil de peur d'en estre enleuée ? ou que pour s'estre entendue caioler au vilage, elle deuienne si glorieuse qu'elle ne veüille plus marcher si on ne la porte ? ie sçay bien que dans ce long bocal de pierre (où ne sçauroit mesme entrer vn filet de lumiere) on ne peut pas dire qu'elle soit éuentée; & ie sçay bien pourtant qu'elle n'est pas sage de passer par dessus des portes ouuertes : cependant peut-estre que ie la blasme à tort: car ie parle de ce mole d'Architecture, sans sçauoir encor au vray ce que c'est : c'est possible vne nue petrifiée; vn grand os dont la moüelle chemine ; vn arc-en-Ciel solide, qui puise de l'eau dans Arcüeil pour la verser en cette Ville; vn pasté de poisson qui a trop de sauce, vne nayade au lict qui a le cours de ventre, vn Apoticaire de l'Vniuersité qui luy donne des clisteres ; enfin la mere nourrice de toute vne Ville dõt les robinets sont les mammelles qu'elle luy presente à teter. Puis donc qu'vne si longue prison la rend méconnoisfablé, allons vn peu plus loin la voir au sortir du ventre de sa mere? O Dieux! qu'elle est gentille, qu'elle a l'air frais & la face vnie: ie l'entends qui gasoüille auec le grauier, & qui semble par ses begayemens vouloir estudier la langue du pays; considerez-là de prés, ne la voyez-vous pas qui se couche tout de son long dans cette coupe de marbre? elle repose, & ne laisse pas de s'enfler sous l'égoust de sa source, comme si elle taschoit de succer en dormant le tetin de sa nourrice; au reste, vous ne trouueriez pas auprez d'elle le moindre poisson: car la pauure petite est encore trop ieune pour auoir des enfans: ce n'est pas toutefois manque de connoissance, elle a receu auec le iour vne lumiere naturelle & du bien & du mal, & pour vous le monstrer, c'est qu'on ne l'approche iamais qu'elle ne fasse voir à l'œil la laideur ou la beauté de celuy qui la consulte. A son âge pourtant, à cause que ses traits sont encore informes, on a de la peine à discerner si ce n'est point vn iour de quatre pieds en quarré, ou bien vn œil de la terre qui pleure: mais non, ie me trompe, elle est trop viue pour ressembler à des choses

E ij

mortes, c'est sans doute la Reyne des fontaines de ce pays, & son humeur royale se remarque en ce que par vne liberalité toute extraordinaire, elle ne reçoit visite de personne qu'elle ne luy donne son portrait ; en recompense elle a receu du Ciel le don de faire des miracles : ce n'est pas vne chose que i'auance pour ayder à son panegyrique, approchez-vous du bord, & vous verrez qu'à l'exemple de cette fontaine sacrée qui deifioit ceux qui se baignoient, elle fait des corps sans matiere, les plonge dans l'eau sans les moüiller, & nous monstre chez soy des hommes qui viuent sans aucun vsage de respiration : encore ne sont-ce-là que des coups qu'elle fait en dormant : à peine a-t'elle reposé autant de temps qu'il en faut pour mesurer quatre ajambées, qu'elle part de son hostellerie, & ne s'arreste point qu'elle n'ait receu de Paris vn fauorable regard : sa premiere visite c'est à Luxembourg, si tost qu'elle est arriuée, elle se iette en terre & va tomber aux pieds de son Altesse Royale, à qui par son murmure elle semble demander en langage de ruisseau les maisons où il luy plaist qu'elle s'aille loger. Elle est venuë auec tant de hâte qu'elle en est encore toute en eau: & pour n'auoir pas eu le loisir sur les chemins de mettre pied à terre, elle est contrainte iusques dans le Palais d'Orleans d'aller au bassin en presence de tout le monde. Cepédant elle a beau gróder à nos robinets & verser des torrens de larmes pour nous exciter à compassion de sa peine, l'ingratitude en ce temps, est si prodigieuse, que les alterez luy font la mouë; quantité de coquins luy donnent les sceaux, & tout le monde est rauy de la voir pisser sous elle: l'vn dit qu'elle est bien mal aprise de venir auec tant de hâte se loger parmy des Bourgeois pour leur pisser dans la bouche: l'autre, que c'est en vain qu'elle marche auec tant de pompe pour ne faire à Paris que de l'eau toute claire: ceuxcy, que son impudence est bien grande d'alonger le col de si loin à dessein de nous cracher au nez: ceux-là, qu'elle est bien malade de ne pouuoir tenir son eau: enfin il n'est pas iusqu'à ceux qui font semblant de la baiser qui ne luy montrent les dents. Pour moy ie m'en laue les mains, car i'ay deuant les yeux trop d'exemples de la punition des yvrongnes qui la méprisent: la Nature mesme, qui est la Mere de cette belle fille, a ce semble eu si peur, que quelque chose ne manquât, aux pompes de sa reception, qu'elle a donné à tous les hommes vn palais pour la receuoir, mais cette belle n'abuse point des honneurs qu'on luy fait, au contraire, à peine est-elle arriuée à Paris, que pour les fatigues d'vne trop longue course, se sentant à l'extremité, & preuoyant sa fin, elle court à S. Cosme, S. Benoist & Seuerin pour obtenir leur benediction. Voylà tout ce que ie puis dire à la loüange de ce bel Aqueduc & de son Hostesse ma bonne amie : çà donc qui veut de l'eau, en voulez-vous, Messieurs, ie vous la garantis de fontaine sur la vie ; & puis vous sçauez que ie suis,

Vostre seruiteur.

AVTRE
SVR L'OMBRE QVE FAISOIENT DES ARBRES DANS L'EAV.

LETTRE VII.

MONSIEVR,

Le ventre couché sur le gason d'vne riuiere, & le dos estendu sous les branches d'vn saule qui se mire dedans, ie voy renouueller aux arbres l'histoire de Narcisse; cent peupliers precipitent dans l'onde cent autres peupliers, & ces aquatiques ont esté tellement épouuentez de leur cheute, qu'ils tremblent encores tous les iours du vent qui ne les touche pas; ie m'imagine que la nuict ayant noircy toutes choses, le Soleil les plonge dans l'eau pour les lauer : mais que diray-ie de ce miroir fluide, de ce petit monde renuersé, qui place les chesnes au dessous de la mousse, & le Ciel plus bas que les chesnes? Ne sont ce point de ces Vierges de iadis metamorphosées en arbres, qui desesperées de sentir encore violer leur pudeur par les baisers d'Apollon, se precipitent dans ce fleuve la teste en bas? ou n'est-ce point qu'Apollon luy-mesme offensé qu'elles ayent osé proteger contre luy la fraischeur, les ait ainsi penduës par les pieds? Aujourd'huy le poisson se promene dans les bois: & des forests entieres sont au milieu des eaux sans se mouiller; vn vieil orme entr'autres vous feroit rire, qui s'est quasi couché iusques dessus l'autre bord, afin que son image prenant la mesme posture, il fit de son corps & de son portrait vn hameçon pour la pesche: l'onde n'est pas ingrate de la visite que ces saules luy rendent; elle a percé l'Vniuers à iour, de peur que le vase de son lict ne souillat leurs rameaux, & non contente d'auoir formé du cristal auec de la bourbe, elle a vouté des Cieux & des Astres par dessous, afin qu'on ne pût dire que ceux qui l'estoient venus voir eussent perdu le iour qu'ils auoient quitté pour elle : maintenant nous pouuons baisser les yeux au Ciel, & par elle le Iour se peut vanter que tout tout foible qu'il est à quatre heures du matin, il a pourtant la force de precipiter le Ciel dans des abimes: mais admirez l'Empire

que

SVR L'OMBRE DES ARBRES, &c. 41
que la basse region de l'ame exerce sur la haute, apres auoir découuert que tout cemira ce n'est qu'vne imposture des sens, ie ne puis encore empescher ma veuë de prendre au moins ce Firmament imaginaire pour vn grand lac sur qui la terre flote; le Rossignol qui du haut d'vne branche se regarde dedans, croit estre tombé dãs la Riuiere: Il est au sõmet d'vn chesne & toutefois il a peur de se noyer; mais lors qu'apres s'estre affermi de l'œil & des pieds, il a dissipé sa frayeur, son portrait ne luy paroissant plus qu'vn riual à combatre, il gasoüille, il éclate, il s'égosille, & cét autre Rossignol, sans rompre le silence, s'égosille en aparance cõme luy; & trompe l'ame auec tant de charmes qu'on se figure qu'il ne chante que pour se faire ouyr de nos yeux; ie pense méme qu'il gazoüille du geste, & ne pousse aucun son dans l'oreille afin de respondre en méme temps à son ennemy, & pour n'enfraindre pas les loix du païs qu'il habite, dont le peuple est muet; la perche, la dorade, & la truite qui le voyent, ne sçauent si c'est vn poisson vestu de plumes, ou si c'est vn oiseau dépoüillé de son corps; elles s'amassent autour de luy, le considerent comme vn monstre, & le brochet

F

(ce tyran des Riuieres) jaloux de rencontrer vn Estranger sur son Trône, le cherche en le trouuant, le touche & ne le peut sentir, court apres luy au milieu de luy mesme, & s'étonne de l'auoir tant de fois trauersé sans le blesser: moy-mesme i'en demeure tellement consterné que ie suis contraint de quitter ce tableau. Ie vous prie de suspendre sa condamnation, puis qu'il est malaisé de iuger d'vne ombre: car quand mes antousiasmes auroient la reputation d'estre fort éclairez, il n'est pas impossible que la lumiere de celuy-cy soit petite, ayant esté prise à l'ombre: & puis, quelle autre chose pourrois-je ajouster à la description de cette Image enluminée, sinon que c'est vn rien visible, vn cameleon spirituel, vne nuit, que la nuit fait mourir; vn procez des yeux & de la raison, vne priuation de clarté que la clarté met au jour; enfin que c'est vn esclaue qui ne manque non plus à la matiere, qu'à la fin de mes lettres.

Vostre seruiteur, &c.

AVTRE.
DVN CYPRES.
LETTRE VIII.

Monsievr,

I'auois enuie de vous enuoyer la description d'vn Ciprés, mais ie ne l'ay qu'ébauchée, à cause qu'il est si pointu que l'esprit mesme ne sçauroit s'y asseoir; sa couleur & sa figure me font souuenir d'vn lezard renuersé, qui pique le Ciel en mordant la terre; si entre les arbres il y a, comme entre les hommes, difference de métiers; à voir celuy-cy chargé d'alaînes au lieu de feüilles, ie croy qu'il est le Cordonnier des arbres. Ie n'ose quasi pas méme approcher mon imagination de ses éguilles, de peur de me piquer de trop écrire; de vingt mil lances il n'en fait qu'vne sans les vnir : on diroit d'vne fléche que l'Vniuers reuolté darde contre le Ciel; ou d'vn grand clou dont la nature attache l'empire des viuans à celuy des morts; cét obelisque ; cét arbre dragon, dont la queuë est à la teste, me semble vne piramide bien plus commode que celle de Mausolée ; car au lieu qu'on portoit les trespassez dans celle-là, on porte celle-cy à l'enterrement des trespassez ; mais ie prophane l'auanture du jeune Ciparisse, les amours d'Apollon, de luy faire jouër des personnages indignes de luy dans le monumēt ; ce pauure metamorphosé se souuient encore du Soleil, il créue sa sepulture & s'éguise en montant afin de percer le Ciel pour se joindre plustost à son amy : il y seroit desia sans la terre sa Mere qui le retient par le pied. Phœbus en fait en recompense vn de ces vegetaux, à qui toutes les saisons portent respect. Les chaleurs de l'Esté n'osent l'incommoder cóme estãt le mignon de leur Maistre, les gelées de l'Hyuer l'apprehendent comme la chose du monde la plus funeste ; de sorte que sans couronner le front des Amans ny des Vainqueurs, il n'est non plus obligé que le Laurier ou le Myrte de se décoiffer quand l'année luy dit Adieu : les anciens mesme qui connoissoient cét Arbre pour le siege de la parque, le traisnoient aux funerailles, afin d'intimider la mort par la crainte de perdre ses meubles.

D'VN CYPRES.

Voila ce que ie vous puis mander du tronc & des bras de cét Arbre, ie voudrois bien acheuer par le sommet afin de finir par vne pointe; mais ie suis si mal-heureux que ie ne trouuerois pas de l'eau dans la mer. Ie suis dessus vne pointe, & ie ne la puis voir à cause possible qu'elle m'a creué les yeux: considerez ie vous prie comme pour échaper à ma pensée, elle s'aneantit en se formant, elle diminuë à force de croistre, & ie dirois que c'est vne Riuiere fixe qui coule dans l'air si elle ne s'etrecissoit à mesure qu'elle chemine, & s'il n'estoit plus probable de penser que c'est vne pique allumée dont la flamme est verte: ainsi ie force le Cyprés, cét Arbre fatal qui ne se plaist qu'à l'ombre des tombeaux, de representer du feu, car c'est bien la raison qu'il soit au moins vne fois de bon presage, & que par luy, ie me souuienne tous les iours, quand ie le verray qu'il a esté cause en me fournissāt matiere d'vne lettre, que i'ay eu l'honneur de me dire, pour finir

MONSIEVR,

Vostre seruiteur,

AVTRE D'VNE TEMPESTE.
LETTRE IX.

MONSIEVR,

Quoy que ie sois icy couché fort mollement, ie n'y suis pas fort à mon aise; plus on me berce moins ie dors: tout au tour de nous les costes, gemissent du choc de la tourmente; la Mer blanchit de courroux; le vent sifle contre nos cables; l'eau seringue du Sel sur nostre Tillac, & cependant l'ancre & les voiles sont leuées: desja les Litanies des passagers, se meslent aux blasphemes des Matelots; nos vœux sont entre-coupez de hoquets, Ambassadeurs tres certains d'vn degobillis tres-penible. Bon Dieu nous sommes attaquez de toute la nature; Il n'est pas insqu'à nostre cœur qui ne se souléue contre nous; la Mer vomit sur nous & nous y omis-

D'VNE TEMPESTE. 47

sons sur elle, vne seule vague quelquefois nous enuelope si generalement, que qui nous contempleroit du riuage prendroit nostre vaisseau pour vne maison de verre où nous sommes enchassez ; l'eau semble exprez se bossuer pour nous faire vn Tableau du Cimetiere : & quand ie preste vn peu d'atention, ie m'imagine discerner (comme s'ils partoient de dessous l'Ocean) parmy les effroyables mugissemens de l'Onde, quelques versets de l'Office des Morts ; encore l'eau n'est pas nostre seule partie : le Ciel a si peur que nous échapions qu'il assemble contre nous vn bataillon de Metheores ; Il ne laisse pas vn atome de l'air qui ne soit ocupé d'vn boulet de gresle, les comettes seruent de de torches à celebrer nos funerailles ; tout l'Orison n'est plus qu'vn grand morceau de fer rouge : les Tonnerres tenaillent l'oüye par l'aigre imagination d'vne piece de camelot qu'on déchire, & l'on diroit à voir la nuë sanglante & grosse côme elle est, qu'elle va ébouler sur nous, non la foudre, mais le Mont Æthna tout entier ; ô ! Dieu sommes nous tant de choses pour auoir excité de la ialousie entre les Elemens à qui nous perdra le premier; C'est donc à dessein que l'eau va iusques aux mains de Iupiter, éteindre la flâme des éclairs, pour aracher au feu l'hôneur de nous auoir brûlé; mais non contête de cela nous faisât engloutir aux abîmes qu'elle creuse dans son sein, comme elle veoid nostre vaisseau tout proche de se casser contre vn écueüil elle se iette vistement dessous & nous releue, de peur que cette autre Element ne participe à la gloire qu'elle pretend toute seule ; ainsi nous auons le creue-cœur de voir disputer à nos ennemis, l'honneur d'vne défaite où nos vies seront les dépoüilles ; elle prend bien quelquefois la hardiesse, l'insolente, de soüiller auec son écume l'azur du firmament, & de nous porter si haut entre les Astres que Iason peut penser, que c'est le Nauire Argo qui commence vn second voyage : puis dardez que nous sommes, iusqu'au sablon de son lict, nous reiaillissons à la lumiere d'vn tour de main si prompt, qu'il n'y en a pas vn de nous qui ne croye quand nostre Nef est remontée, qu'elle a passé à trauers la masse du môde sur la mer de l'autre costé : Helas ou sômes nous, l'impudence de l'orage ne pardonne pas mesme au nid des

Alcions

Alcions : les Balaines sont étouffées dans leur propre élement ; la mer essaye à nous faire vn couure-chef de nostre Chaloupe ; Il n'y a que le Soleil qui ne se méle point de cét assassinat ; la nature l'a bandé d'vn torchon de grosses nuées, de peur qu'il ne le vît ; ou bien c'est que ne voulant pas participer à cette lâcheté, & ne la pouuant empescher, il est au bord de ces Riuieres volantes, qui s'en laue les mains : ô ! Vous toutefois à qui i'écris, sçachez qu'en me noyant ie bois ma faute ; car ie serois encore à Paris plein de santé, si quand vous me commandastes de suiure tousiours le plancher des Vaches, i'eustes esté,

MONSIEVR,

Vostre obeïssant
seruiteur.

POVR VNE DAME
ROVSSE.

Madame,

Ie sçay bien que nous viuons dans vn pays où les sentimens du vulgaire sont si déraisonnables, que la couleur rousse, dont les plus belles cheuelures sont honorées, ne reçoit que beaucoup de mépris; mais ie sçay bien aussi que ces stupides qui ne sont animez que de l'escume des ames raisonnables ne sçauroient iuger comme il faut des choses excellentes, acause de la distance qui se trouue entre la bassesse de leur esprit, & la sublimité des ouurages dont ils portent iugement sans les connoistre, mais quelque soit l'opinion mal saine de ce monstre à cent testes, permettez que ie parle de vos diuins cheueux comme vn homme d'esprit. Lumineux dégorgement de l'essence du plus beau des eſtres viſibles, intelligente reflexion du feu radical de la nature, image du Soleil la mieux trauaillée, ie ne ſuis point ſi brutal de mécognoiſtre pour ma Reyne, la fille de celuy que mes peres ont cognu pour leur Dieu. Athenes pleura ſa Couronne tombée ſous les temples abatus d'Apollon: Rome ceſſa de commander à la terre, quand elle refuſa de l'encens à la lumiere; & Biſance eſt entrée en poſſeſſion de mettre aux fers le genre humain, auſſitôt qu'elle a pris pour ſes armes celles de la ſœur du Soleil: tant qu'à cét eſprit vniuerſel le Perſe fit hommage du rayon qu'il tenoit de luy, quatre mil ans n'ont pû vieillir la ieuneſſe de ſa Monarchie: mais ſur le point de voir briſer ſes Simulacres, il ſe ſauua dans Pequin des outrages de Babilonne. Il ſemble maintenant échaufer à regret d'autres terres que celles des Chinois. Et i'aprehende qu'il ne ſe fixe deſſus leur Emiſphére s'il peut vn iour ſans venir à nous leur donner les quatre ſaiſons. La France toutefois MADAME, a des mains en voſtre viſage qui ne ſont pas moins fortes que les mains de Ioſué pour l'enchainer; Vos triomphes ainſi que les victoires de ce Heros

G ij

sont trop illustres pour estre cachez de la nuict; il manquera plûtost de promesse à l'homme qu'il ne se tienne toûjours en lieu, d'où il puisse contempler à son aise l'ouurage de ses ouurages le plus parfait: Voyez comme par son amour, l'Esté dernier il échaufa les signes d'vne ardeur si longue & si vehemente, qu'il en pensa brûler la moitié de ses maisons, & sans consulter l'almanach, nous n'auons pû iamais distinguer l'Hyuer de l'Automne pour sa benignité, acause qu'inpatient de vous reuoir, il n'a pû se resoudre à cōtinuer son voyage iusqu'au Tropique; ne pensez point que ce discours soit vne hiperbole; Si jadis la beauté de Climeine l'a fait descendre du Ciel, la beauté de M. est assez considerable pour le faire vn peu détourner de son chemin : l'égalité de vos âges, la conformité de vos corps, la ressemblance peut-estre de vos humeurs, peuuent bien r'alumer en luy ce beau feu. Mais si vous estes fille du Soleil adorable Alexie, i'ay tort de dire que vostre pere soit amoureux de vous: Il vous ayme veritablement, & la passion dont il s'inquiete pour vous, est celle qui luy fit soupirer le mal-heur de son Phaëton & de ses Sœurs; non pas celle qui luy fit répandre des larmes à la mort de sa Daphné; cette ardeur dont il brûle pour vous, est l'ardeur dont il brûla jadis tout le monde; non pas celle dont il fut luy mesme brûlé. Il vous regarde tous les iours auec les frissons & les tendresses que luy donne la memoire du desastre de son fils aisné: Il ne void sur la terre que vous où il se reconnoisse; s'il vous considere marcher, voila dit-il la genereuse insolence dont ie marchois contre le Serpent Piton; s'il vous entend debiter sur des matieres delicates, c'est ainsi que ie parle, dit-il, sur le Parnasse auec mes Sœurs; enfin ce pauure pere ne sçait en quelle façon exprimer la ioye que luy cause l'imagination de vous auoir engendrée: Il est ieune comme vous, vous estes belle comme luy: son temperament & le vostre sont tout de feu: Il donne la vie & la mort aux hommes & vos yeux comme les siens font la mesme chose: comme luy uous auez les cheueux roux: I'en estois là de ma lettre, adorable M   lors qu'vn censeur à contre sens m'aracha la plume & me dit que c'estoit mal se prendre au panegirique de loüer vne ieune perfonne de beauté, parce quelle eftoit rouffe moy ne pouuant punir cét orgueilleux plus fenfiblement que par le filence ; ie pris vne autre plume & continué ainfi: Vne belle tefte fous vne perruque rouffe, n'eft autre chofe que le Soleil au milieu de fes rayons; ou le Soleil luy mefme, n'eft autre chofe qu'vn grand œil fous la Perruque d'vne rouffe ; cependant tout le monde en médit acaufe que peu de monde a la gloire de l'eftre ; & cent femmes à peine en fourniffent vnne, parce qu'eftant enuoyés du Ciel pour commander, il eft befoin qu'il y ayt plus de fuiets que de Seigneurs: ne voyons nous pas que toutes chofes en la nature, font ou plus ou moins nobles felon qu'elles font ou plus ou moins rouffes? Entre les Elemens celuy qui contient le plus d'effence & le moins de matiere c'eft le feu, acaufe de fa rouffe couleur: l'or a receu de la beauté de fa teinture, la gloire de regner fur les metaux ; & de tous les Aftres le Soleil n'eft le plus confiderable que parce qu'il eft le plus roux: Les Cometes cheuelus qu'on void voltiger au Ciel à la mort des grands hommes, font-ce pas les rousses moustaches des Dieux qu'ils s'arachent de regret? Castor & Pollux ces petits feux qui font prédire aux matelots la fin de la tempeste, peuuent-ils estre autre chose que les cheueux roux de Iunon qu'elle enuoye à Neptune en signe d'amour ? enfin sans le desir qu'eurent les hommes de posseder la thoison d'vne brebis rousse, la gloire de trente demy-Dieux seroit au berceau des choses qui ne sont pas nées ; & (vn Nauire n'estant encore qu'vn estre de raison) Americ ne nous auroit pas conté que la terre a quatre parties. Apollon, Venus & l'Amour, les plus belles diuinitez du Pantheon sont rousses en cramoisy ; & Iupiter n'est brun que par accident acause de la fumée de son foudre qui l'a noircy. Mais si les exemples de la Mithologie ne satisfont pas les aheurtez, qu'ils confrontent l'histoire. Sanson qui tenoit toute sa force penduë à ses cheueux, n'auoit-il pas receu l'energie de son miraculeux estre dans le roux coloris de sa Perruque ? les destins n'auoient-ils pas ataché la conseruation de l'Empire d'Athenes, à vn seul cheueu rouge de Nisus ? Et Dieu n'ût-il pas enuoyé aux Etiopiens la lumiere de la

Foy, s'il eut trouué parmy eux seulement vn rousseau? On ne douteroit point de l'éminente dignité de ces personnes-là, si l'on consideroit que tous les hommes qui n'ont point esté faits d'hommes, & pour l'ouurage de qui Dieu luy mesme a choysi & pétry la matiere, ont toûjours esté rousseaux. Adam qui creé par la main de Dieu mesme, deuoit estre le plus accomply des hommes, fut rousseau : & toute Philosophie bien correcte doit aprendre que la Nature qui tend au plus parfait essaye toûjours en formant vn homme de former vn rousseau : de mesme qu'elle aspire à faire de l'or en faisant du Mercure ; car quoy qu'elle rencontre rarement, vn Archer n'est par estimé mal adroit, qui lâchant trente fleches en adresse cinq ou six au but : comme le temperament le mieux balancé est celuy qui fait le milieu du flegme, & de la melancolie, il faut estre bien-heureux pour fraper iustement vn point indiuisible : au deça sont les blons, au delà sont les noirs ; c'est à dire les volages & les opiniastres, entre deux est le milieu, où la sagesse en faueur des rousseaux a logé la vertu ; aussi leur chair est bien plus delicate, le sãg plus subtil, les esprits
plus

plus épurez, & l'intellect par consequent plus acheué acause du mélange parfait des quatre qualitez; c'est la raison qui fait que les rousseaux blanchissent plus tard que les noirs; comme si la Nature se faschoit de détruire ce quelle a pris plaisir à faire; en verité ie ne vois iamais de cheuelure blôde, que ie ne me souuiéne d'vne touffe de filasse mal habillée: mais ie veux que les fêmes blondes quâd elles sôt jeunes soient agreables, ne semble-il pas si tost que leurs ioües cômençent à cotoner que leur chair se diuise par filamens pour leur faire vne barbe; ie ne parle point des barbes noires car on sçait biê que si le diable en porte elle ne peut estre que fort brune. Puis donc que nous auons tous à deuenir esclaues de la beauté, ne vaut-il pas bien mieux que nous perdions nostre franchise dessous des chaisnes d'or, que sous des cordes de chanure, ou des antraues de fer ? Pour moy tout ce que ie souhaitte, ô ma belle M.   est qu'à force de promener ma liberté dedans ces petits labirintes d'or, qui vous seruent de cheueux ie l'y perde bien tost : & tout ce que ie souhaite c'est de ne la iamais recouurer quand ie l'auray perduë. Voudriez-vous bien me pro-

H

mettre que ma vie ne fera point plus longue que ma feruitude? Et que vous ne ferez point faſchée que ie me die juſqu'à la mort.

MADAME,

Voſtre ie ne ſçay quoy,

AVTRE.
D'VNE MAISON DE CAMPAGNE.
LETTRE XI.

MONSIEVR,

I'ay trouué le Paradis d'Edem, i'ay trouué l'âge d'or, i'ay trouué la ieuneſſe perpetuelle, enfin i'ay trouué la Nature au maillot; on rit icy de tout ſon cœur; nous ſommes grands couſins le porcher du vilage & moy; & toute la Parroiſſe m'aſſure que i'ay la mine auec vn peu de trauail de bien chanter vn iour au Lutrin; ô! Dieux, vn Philoſophe comme-vous peut-il preferer au repos d'vne ſi agreable retraite, la vanité, les chagrins & les ambaras de la Cour : Ha! Monſieur ſi vous ſçauiez qu'vn Gentil-homme champeſtre eſt vn Prince inconnu : qui n'entend parler du Roy qu'vne fois l'année, & ne le connoift que par quelque vieux coufinage, & fi de la Cour où vous eftes, vous auiez des yeux affez bons pour apperceuoir iufques icy, ce gros garçon qui garde vos Codindes le ventre couché fur l'herbe, ronfler paifiblement vn fomme de dix heures tout d'vne piece, fe guerir d'vne fiévre ardente en deuorant vn quartier de lard jaune, vous confefferiez que la douceur d'vn repos tranquille, ne fe goufte point fous les lambris dorez. Reuenez donc ie vous prie à voftre folitude : pour moy ie penfe que vous en auez perdu la memoire : ouy fans doute vous l'auez perduë : Mais en verité refte-il encore quelque fombre idée dans voftre fouuenir de ce Palais enchanté, dont vous vous eftes bany ! ha ie vois bien que non, il faut que ie vous en enuoye le tableau dans ma lettre : efcoutez le donc, le voicy, car c'eft vn tableau qui parle. On récontre à la porte de la maifon vne eftoile de cinq auenuës, tous les chefnes qui la compofent font admirer auec extafe l'énorme hauteur de leurs cimes en éleuant les yeux depuis la racine iufqu'au faifte, puis les precipitant du sômet iusques aux pieds, on doute si la terre les porte, ou si eux mesmes ne portent point la terre penduë à leurs racines, vous diriez que leur front orgueilleux plie comme par force sous la pesanteur des globes celestes, dont ils ne soûtiénent la charge qu'en gemissant. Leurs bras estendus vers le Ciel, semblent en l'embrassant demander aux Estoiles la benignité toute pure de leurs influences, & les receuoir auparauant qu'elles ayent rien perdu de leur innocence au lict des Elements, là de tous costez les fleurs sans auoir eu d'autre Iardinier que la Nature, respirent vne haleine sauuage qui réueille & satisfait l'odorat, la simplicité d'vne Rose sur l'esglantier, & l'azur esclatant d'vne violete sous des ronces ne laissant point de liberté pour le choix, font iuger qu'elles sont toutes deux plus belles l'vne que l'autre. Là le Printemps compose toutes les saisons, là ne germe point de plantes veneneuses que sa naissance, aussi-tost ne trahisse sa conseruation, là les ruisseaux racontent leurs voyages aux cailloux, là mille petites voix emplumées font retentir la forest au bruit de leurs chansons & la trémoussante assemblée de ces gorges melodieuses est si generale, qu'il semble que chaque feüille dans les bois ayt pris la figure & la langue du Rossignol: tantost vous leur oyez chatoüiller vn concert, tantost traisner & faire languir leur musique, tantost passionner vne elegie par des soupirs entre-coupez, & puis amolir l'esclat de leurs sons pour exciter plus tendrement la pitié: tantost aussi ressusciter leur harmonie & parmy les roulades, les fuges, les crochets & les esclats, rendre l'ame & la voix tout ensemble, Echo mesme y prend tant de plaisir qu'elle semble ne repeter leurs airs que pour les apprendre. Et les ruisseaux jaloux de leur musique, grondent en fuyant, irrités de ne les pouuoir esgaler. A costé du chasteau se découurent deux promenoirs, dont le gason vert & continu forme vne émeraude à perte de veuë, le meslange confus des couleurs que le Printemps atache à cent petites fleurs, esgare les nuances l'vne de l'autre, & leur teint est si pur qu'on iuge bien qu'elles ne courent ainsi apres elles mesmes que pour eschaper aux amoureux baisers des vents qui les caressent: on prendroit maintenant cette prerie pour vne mer fort calme, mais aux moindres Zephirs qui se presentent pour y folatrer, ce n'est plus qu'vn superbe Ocean coupé de vagues & de flots, dont le visage orgueilleusement renfrogné, menace d'engloutir ces petits temeraires. Mais parce que cette mer n'offre point de riuage, l'œil comme épouuanté d'auoir couru si loin sans découurir le bord, y enuoye vistement la pensée, & la pensée doutant encor que ce terme qui finit ses regards ne soit celuy du mode, veut quasi se persuader que des lieux si charmás auront forcé le Ciel de se ioindre à la terre. Au milieu d'vn tapis si vaste & si parfait court à boüillons d'argent, vne fontaine rustique qui voit les bords de son lict émaillé de Iassemins, d'Orangers & de Mirtres, & ces petites fleurs qui se pressent tout alentour font croire quelles disputent à qui se mirera la premiere, à considerer sa face jeune & polie comme elle est, qui ne montre pas la moindre ride, il est bien-aisé de iuger qu'elle est encor dans le sein de sa mere, & les grands cercles dont elle se lie, & s'entortille en reuenant tant de fois sur soy mesme, tesmoignent que c'est à regret qu'elle

se sent obligée de sortir de sa maison natale, mais i'admire sur toutes choses sa pudeur quand ie vois que comme si elle estoit honteuse de se voir caresser si proche de sa mere, elle repousse auec murmure les mains audacieuses qui la touchent. Le voyageur qui s'y vient rafraischir, courbât sa teste dessous l'onde, s'estonne qu'il soit grand iour sur son horison, pendant qu'il voit le Soleil aux Antipodes, & ne le panche iamais sur le bord qu'il nayt peur de tomber au Firmament: ie me laisserois choir auec cette fontaine au ventre de l'Estang qui la deuore, mais il est si vaste & si profond, que ie doute si mon imagination s'en pouroit sauuer à nage: i'obmetray les autres particularitez de vostre petit Fontaine-bleau puisqu'autrefois elles vous ont charmé comme moy & que vous les connoissez encore mieux ; mais scachez cependant que ie vous y monstreray quelque chose qui sera nouueau, mesme aux inuentions de vostre Peintre, resoluez vous donc vne bonne fois à vous dépetrer des ambaras de Paris, vostre Concierge vous ayme tant qu'il iure de ne point tuer son grand cochon que vous ne soyez de retour, il se
promet

DE CAMPAGNE. 65

promet bien de vous faire dépouiller cette grauité dont vous morguez les gens auec vos illuſtres emplois; hier au ſoir il nous diſoit à table, apres auoir vn peu trinqué que ſi vous luy parliez par tu, il vous répondroit par toy, & n'en doutez point puiſqu'il eut la hardieſſe de me ſouſtenir que i'eſtois vn ſot de ce que moy qui ne ſuis point à vos gages ie me diſois.

MONSIEVR,

Voſtre obeïſſant
ſeruiteur.

I

AVTRE
POVR LES SORCIERS.
LETTRE. XII.

MONSIEVR,

Il m'est arriué vne si estrange auāture depuis que ie n'ay eu l'hõneur de vous voir, que pour y adiouster foy, il en faut auoir beaucoup plus, que ce persõnage qui par la force de la sienne, transporta des Montagnes. Afin donc de commancer mon histoire, vous sçaurez qu'hyer lassé sur mon lict de l'atention que i'auõis prétée à ce sot liure que vous m'auiez autrefois tant vanté, ie sortis à la promenade pour dissiper les sombres & ridicules imaginations dont le noir galimatias de sa science m'auoit remply, & comme ie m'efforçois à deprendre ma pensée de la memoire de ses contes obscurs, m'estant enfoncé dans vôtre petit bois apres vn quar-d'heure, ce me semble de chemin : I'aperceus vn manche de balet qui se vint mettre entre mes iambes & à califourchon, bon gré mal-gré que i'en eusse & ie me sentis enuoler par le vague de l'air ; or sans me souuenir de la route de mon enleuement, ie me trouué sur mes pieds au milieu d'vn desert ou ne se rencontroit aucun sentier, ie repassé cent fois sur mes brisées, mais cette solitude m'estoit vn nouueau monde, ie resolus de penetrer plus loin ; mais sans aperceuoir aucun obstacle i'auois beau pousser côtre l'air, mes efforts ne me faisoient rencôtrer par tout que l'impossibilité de passer outre : à la fin fort harassé, ie tombé sur mes genoux, & ce qui m'estôna dauantage, ce fut d'auoir passé en vn moment de midy a minuit, ie voyois les Estoiles luire au Ciel auec vn feu bluetant, la Lune estoit en son plein, mais beaucoup plus pasle qu'à l'ordinaire ; Elle éclipsa trois fois, & trois fois deuala de son cercle, les vents estoient paralitiques, les fontaines estoient muetes, les oyseaux auoient oublié leur ramage, les poissons se croyoient enchassez dans du verre, tous les animaux n'auoient de mouuement que ce qui leur en faloit pour trembler, l'horreur d'vn scilence

I ij

effroyable, qui regnoit par tout, & par tout la Nature sembloit estre en suspens de quelque grande auanture, ie meslois ma frayeur à celle dont la face de l'Orison paroissoit agitée ; quand au clair de la Lune, ie vis sortir du fond d'vne cauerne vn grand & venerable vieillard vestu de blanc, le visage basané les sourcils touffus & releuez, l'œil effrayant la barbe renuersée par dessus les espaules, il auoit sur la teste vn chapeau de Verueinne & sur le dos vne ceinture tissuë de fougere de May, faite en tresses. A l'endroit du cœur, estoit atachée sur sa robe vne chauue souris à demy morte, & autour du col vn carcan, chargé de sept differentes pieres precieuses dont chacune portoit le caractere du planete qui le dominoit. Ainsi misterieusement habillé, portant à la main gauche vn vase fait en triangle plein de rosée, & de la droite vne houssine de Sureau en sceue, dont l'vn des bouts estant ferré d'vn mélange de tous les metaux; l'autre seruoit de manche à vn petit encensoir : Il baisa le pied de sa grote, puis apres s'estre dechaussé, & araché en gromelant certains mots du creux de la poitrine, il aborda le couuert d'vn vieux chefne à reculons, à quatre pas duquel il creuſa trois cernes l'vn dans l'autre, & la terre obeïſſante aux ordres du Negromantien, prenoit elle meſme en fremiſſant les figures qu'il vouloit y tracer. Il y graua les noms des intelligences, tant du ſiecle que de l'année, de la ſaiſon, du mois, de la ſemaine, du iour, & de l'heure, de meſme ceux de leurs Roys, auec leurs chifres differens chacun en ſa place propre, & les encenſa tous chacun auec leurs ceremonies particulieres. Cecy acheué il poſa ſon vaſe au milieu des cercles, le decouurit, mit le bout pointu de ſa baguete entre ſes dents, ſe coucha la face tournée vers l'Orient, & puis il s'endormit. Enuiron au milieu de ſon ſōmeil, i'aperceus tumber dans le vaſe, cinq graines de fougere. Il les prit toutes quand il fut éueillé, en mit deux dans ſes oreilles, vne dans ſa bouche, l'autre qu'il replongea dans l'eau, & la cinquieſme il l'a ietta hors des cercles : Mais à peine celle-là fut-elle partie de ſa main, que ie le vis enuironné de plus d'vn million d'animaux, de mauuaiſe augure, tant d'inſectes que de parfaits : Il toucha de ſa baguete vn chat huant, vn Renard & vne Taupe, qui auſſi-toſt en-

I iij

trerent dans les cernes, en iettant vn formidable cry. Auec vn coufteau d'ayrain, il leur fendit l'eſtomach, puis leur ayant araché le cœur, & enuelopé chacun dans trois feüilles de laurier, il les auala. Il ſepara le foye, qu'il eſpreignit dans vn vaiſſeau de figure exagonne, cela fini il recommença les ſuffumigations. Il meſla la roſée, & le ſang dans vn baſſin, y trempa vn gand de parchemin vierge, qu'il mit à ſa main droite, & apres quatre ou cinq heurlemens horribles, il ferma les yeux, & commença les inuocations.

Il ne remuoit preſque point les leures, i'entendois neantmoins dans ſa gorge, vn broüiſſement comme de pluſieurs voix entre-meſlées. Il fut eſleué de terre, à la hauteur d'vne palme, & de fois à d'autres, il atachoit fort attentiuement la veuë, ſur l'ongle indice de ſa main gauche. Il auoit le viſage enflambé, & ſe tourmentoit fort. En ſuite de pluſieurs contorſions epouuantables, il chut en gemiſſant ſur ſes genoux ; mais auſſi-toſt qu'il eut articulé trois paroles, d'vne certaine oraiſon, deuenu plus fort qu'vn homme, il ſoutint ſans vaciller, les monſtrueuſes ſecouſſes,

LES SORCIERS.

d'vn vent espouuantable, qui souffloit contre luy. Tantost par boufées, tantost par tourbillons, ce vent, sembloit tascher à le faire sortir des cernes. Apres ce signe, les trois ronds tournerent sous luy. Cet autre, fut suiui d'vne gresle rouge comme du sang, & celuycy, fit encore place à vn quatriesme, beaucoup plus effroyable. C'estoit vn torrent de feu, qui broüissoit en tournant, & se diuisoit par globes, dont chacun se fendoit en esclats, auec vn grand coup de tonerre.

Il fut le dernier, car vne belle lumiere blanche & claire, dissipa ces tristes Meteores. Tout au milieu, parut vn ieune homme, la jambe droite sus vn aigle, l'autre sus vn linx, qui donna au Magicien trois fioles, pleines de ie ne sçay quelle liqueur. Le Magicien luy presenta trois cheueux, l'vn pris au deuant de sa teste, les deux autres aux tempes, il fut frappé sur l'espaule d'vn petit baton, que tenoit le Fantosme, & puis tout disparut. Ce fut alors que les Estoilles blesmies, à la venuë du Soleil, s'vnirent à la couleur des Cieux. Ie m'allois remettre en chemin pour trouuer mon village, mais sur ces entrefaites, le Sorcier m'ayant enuisagé, s'aprocha du lieu où i'estois. Encor qu'il cheminast à pas lents, il fut plutost à moy, que ie ne l'aperceus bouger. Il estendit sous ma main, vne main si froide, que la mienne en demeura fort long-temps engourdie. Il n'ouurit ny la bouche ny les yeux, & dans ce profond silence, il me conduisit à trauers des mazures, sous les effroyables ruines d'vn vieux chasteau deshabité, où les siecles, depuis mille ans, trauailloient à mettre les chambres dans les caues.

Aussi-tost que nous fusmes entrés, vante-toy, me dit-il (en se tournant vers moy) d'auoir contemplé face à face le Sorcier Agrippa, & dont l'ame, (par metempsicose,) est celle, qui jadis animoit le sçauant Zoroastre, Prince des Bactriens. Depuis pres d'vn siecle, que ie disparus d'entre les hommes, ie me conserue ici par le moyen de l'or potable, dans vne santé, qu'aucune maladie n'a iamais interrompuë. De vingt ans, en vingt ans, i'auale vne prise de cette medecine vniuerselle, qui me rajeunit, restituant à mon corps, ce qu'il a perdu de ses forces. Si tu as consideré trois phioles, que m'a presente le Roy des Demons ignées, la premiere en est plaine,

la

LES SORCIERS.

la seconde de poudre de projection, & la troisiesme d'huille de tale. Au reste tu m'es bien obligé, puis qu'entre tous les mortels, ie t'ay choisi, pour assister à des mysteres, que ie ne celebre qu'vne fois en vingt-ans. C'est par mes charmes, que sont enuoyez quand il me plaist, les sterilitez ou les abondances. Ie suscite les guerres, en les allumant entre les Genies, qui gouuernent les Roys. I'enseigne aux Bergers la patenostre du Loup. I'aprens aux Deuins, la façon de tourner le sas. Ie fais courir les ardans, sur les marets, & sur les fleuues, pour noyer les voyageurs. I'excité les Fées, à danser au clair de la Lune. Ie pousse les joüeurs, à chercher le trefle à quatre sous les gibets. I'enuoye à minuict, les esprits hors du Cimetiere, entortillez d'vn drap, demander à leurs heritiers, l'accomplissement des vœux, qu'ils ont fait à la mort, ie commande aux demons, d'habiter les Chasteaux abandonnez, d'esgorger les passans qui y viendront loger, iusqu'à ce que quelque resolu, les contraigne, de luy montrer le tresor. Ie fais trouuer des mains de gloire aux miserables, que ie veux enrichir. Ie fais brûler aux voleurs, des chan-

K

delles de graisse de pandu ; pour endormir les hostes, pendant qu'ils executent leur vol. Ie donne la pistolle volante, qui vient ressauter dans la pochete, quand on l'a employée. Ie donne aux laquais ces bagues, qui les font aller & reuenir de Paris à Orleans en vn iour. Ie fais tout renuerser, dans vne maison par des esprits folets, qui font culbuter les bouteilles, les verres, les plats, quoy que rien ne se casse, rien ne se respande, & qu'on ne voye personne. Ie montre aux vieilles à guerir la fiévre auec des paroles. Ie resueille les villageois la veille de S. Iean, pour ceuillir son herbe à iûn & sans parler. I'enseigne aux Sorciers à deuenir loupsgaroux, Ie les force à manger les enfans sur le chemin, & puis les abandonne quand quelque caualier, leur coupant vne paste, (qui se trouue la main d'vn homme) ils sont reconnus & mis au pouuoir de la Iustice. I'enuoye aux personnes affligées vn grand homme noir, qui leur promet de les faire riches, s'ils se veulent donner à luy. I'aueugle ceux qui prénent des cedules, en sorte que quand ils demandent 30. ans de terme, ie leur fais voir le trois deuant l'o, que i'ay mis apres ie

LES SORCIERS.

tors le col, à ceux qui lisant dans le grimoires, sans le sçauoir, me font venir, & ne me donnent rien. Ie m'en retourne paisiblement d'auec ceux qui m'ayant apellé me donnent seulement vne sauate, vn cheueu, ou vne paille. I'emporte des Eglises qu'on dédie, les pierres qui n'ont pas esté payées. Ie ne fais paroiſtre aux personnes enuittées qui rencontrent les Sorciers allant au sabat qu'vne troupe de chats, dont le prince est Marcou. I'enuoye tous les confederez à l'offrande, & leur presente à baiser le cul du bouc, assis dessus vne escabelle. Ie les traite splendidement, mais auec des viandes sans sel. Ie fais tout éuanoüyr si quelqu'Eſtranger ignorant des couſtumes, fait la benediction; & ie le laisse dans vn desert, au milieu des espines, à trois cens lieuës de son pays. Ie fais trouuer dans le lict des ribauts, aux femmes des incubes, aux hommes des succubes. I'enuoye dormir le cochemard, en forme d'vne longue piece de marbre, auec ceux qui ne se sont pas signez en se couchant; i'enseigne aux Negromantiens, à se deffaire de leurs ennemis, faisant vne image de cire, & la piquant ou la ietant au feu faire sentir à l'original, ce qu'ils font souffrir à la copie. I'oste sur les Sorciers le sentiment, aux endroits, ou le belier les a marquez de son sceau. I'imprime vne vertu secrete à nolité fieri, quand il est recité à rebours qui empesche, que le beurre ne se fasse. I'instruis les paysans à mettre sous le seuil de la bergerie qu'ils veulent ruiner, vne toupe de cheueux, ou vn crapaut, auec trois maudissons, pour faire mourir étiques les moutons qui passent dessus; ie montre aux Bergers à noüer l'éguillete, le iour des nopces, lors que le Prestre dit *coniungo vos* ; ie donne de l'argent qui se trouue apres des feüilles de chesne ; ie preste aux Magiciens vn demon familier, qui les accompagne, & leur defend de rien entreprendre sans le congé de Maistre Martinet. I'enseigne pour rompre le sort, d'vne personne charmée, de faire pestrir le gasteau triangulaire de Saint Loup, & le donner par aumosne, au premier pauure qu'il trouuera. Ie gueris les malades du lougarou leur donnant vn coup de fourche iustement entre les deux yeux, ie fais sentir les coups aux Sorciers pourueu qu'on les batte, auec vn baston de sureau. Ie délie le moyne-bouru, aux Aduents de Noel, luy commande de rouler comme vn tonneau, ou trainner à minuict les chaisnes dans les ruës, afin de tordre le col, à ceux qui metront la teste aux fenestres. I'enseigne la composition des breuets, des sorts, des charmes, des sigilles, des Talismans, des miroirs magiques, & des figures coustellées. Ie leurs aprens à trouuer le guy de l'an neuf, l'herbe de fouruoyement, les gamahez ; l'emplastre magnetique ; i'enuoye le Gobelin ; la mulle ferrée ; le filourdi, le royhugon, le conestable, les hommes noirs, les femme blanches, les lemures, les farfadets, les larues, les lamies, les ombres, les manes, les spectres, les fantosmes, enfin ie suis le diable de Vauuert, le Iuif-errant, & le grand veneur de la Forest de Fontainebleau. Auec ces dernieres paroles le Magicien disparut, les couleurs des objets s'esloignerent, qu'vne large & noire fumée, couurit la face du climat, & ie me trouué sur mon lict, le cœur encor palpitant, & le corps tout froissé du trauail de l'ame. Mais auec vne si grande lassitude qu'alors que ie m'en souuiens, ie ne croy pas auoir la force d'escrire au bas de ma lettre, ie suis.

MONSIEVR,

Voſtre ſeruiteur.

AVTRE.
CONTRE LES SORCIERS.

LETTRE XIII.

MONSIEVR,

En bonne foy, ma derniere lettre ne vous a-t'elle point épouuanté? Quoy que vous en difiez, ie penfe que le grand homme noir aura pû faire quelque émotion, finon dans voftre ame, au moins dans quelqu'vn de vos fens. Voila ce que c'eft de m'auoir autrefois, voulu faire peur des efprits, ils ont eu leur reuanche, & ie me fuis vangé malicieufement de l'importunité, dont tant de fois vous m'auiez perfecuté de reconnoiftre les veritez de la Magie. Ie fuis pourtant fafché de la fiévre qu'on m'a efcrit, que cét horrible tableau vous a caufée; mais pour effacer ma faute, ie le veux effacer à son tour & vous faire voir sur la mesme toile, la tromperie de ses couleurs, de ses traits & de ses ombres. Imaginez-vous donc qu'encore que par tout le monde on ayt tant brûlé de Sorciers, conuaincus d'auoir fait pact auec le diable, que tant de miserables ayent a-uoué sur le bucher d'auoir esté au sabat, & que mesme quelques-vns dans l'interrogation, ayent confessé aux iuges qu'ils auoient mangé à leurs festins des enfans qu'on a depuis la mort des condamnez, trouuez pleins de vie & qui ne sçauoient ce qu'on leur vouloit dire, quand on leur en parloit, on ne doit pas croire toutes choses d'vn homme, parce qu'vn homme peut dire toutes choses, car quand mesme par vne permission particuliere de Dieu, vne ame pouroit reuenir sur la terre demander à quelqu'vn le secours de ses prieres, est-ce à dire que des esprits ou des intelligences, s'il y en a soient si badines que de s'obliger aux quintes éceruelées d'vn vilageois ignorant, s'aparoistre à chaque bout de champ, selon que l'humeur noire sera plus ou moins forte dans la teste mal timbrée d'vn ridicule Berger, venir au Leüre

comme

comme vn Faucon, sur le poing du Giboyeur qui le reclame, & selon le caprice de ce maraut dancer la guimbarde, ou les matassins. Non ie ne croy point de Sorciers encor que plusieurs grands personages n'ayent pas esté de mon aduis; & ie ne deffere à l'authorité de personne, si elle n'est accompagnée de raison, ou si elle ne vient de Dieu. Dieu qui tout seul doit estre crû de ce qu'il dit acause qu'il le dit. Ny le nom d'Aristote plus sçauant que moy, ny celuy de Platon, ny celuy de Socrate ne me persuadent point si mon iugement n'est conuaincu par raison de ce qu'ils disent: la raison seule est ma reyne, à qui ie donne volontairement les mains, & puis ie sçay par experiences que les esprits les plus sublimes ont chopè le plus lourdement, comme ils tombent de plus haut, ils font de plus grandes cheutes, enfin nos peres se sont trompez jadis, leurs neveux se trompent maintenant; les nostres se tromperont quelque iour? N'embrassons donc point vne opinion, acause que beaucoup la tiennent, ou parce que c'est la pensée d'vn grand Philosophe; mais seulement acause que nous voyons plus d'apparence qu'il ſoit ainſi que d'eſtre autrement. Pour moy ie me moque des Pedants qui n'ont point de plus forts arguments pour prouuer ce qu'ils diſent, ſinon d'alleguer que c'eſt vne maxime: comme ſi leurs maximes étoient bien plus certaines que leurs autres propoſitions; Ie les en croyray pourtant s'ils me montrent vne Philoſophie, dont les principes ne puiſſent eſtre réuoquez en doute, deſquels toute la Nature ſoit d'acord, ou qui nous ayent eſté reuelez d'enhaut, autrement ie m'en moque, car il eſt aiſé de prouuer tout ce qu'on veut quand on aiuſte les principes aux opinions, & non pas les opinions aux principes. Outre cela quand il ſeroit iuſte de defferer à l'authorité de ces grands hommes, & quand ie ſerois contraint d'auoüer que les premiers Philoſophes ont eſtably ces principes, ie les forcerois bien d'auoüer à leur tour, que ces anciens là non plus que nous, n'ont pas toûjours eſcrit ce qu'ils ont crû: ſouuent les Loix & la Religion de leur pays, les a contraints d'acómoder leurs preceptes à l'intereſt, & au beſoin de la politique. C'eſt pourquoy on ne doit croire d'vn homme que ce qui eſt humain, c'eſt à dire poſſible & ordinaire, enfin ie n'admets point de Sorciers à moins qu'on me le prouue. Si quelqu'vn par des raisonnements plus forts & plus pressans que les miens, me le peut démontrer, ne doutez point que ie ne luy dise, soyez Monsieur le biē venu, c'est vous que i'atendois, ie renonce à mes opinions, & i'embrasse les vostres, autrement qu'auroit l'habille par dessus le sot, s'il pensoit ce que pense le sot, Il doit suffire au peuple qu'vne grande ame fasse semblant d'acquiescer aux sentimens du plus grand nombre, pour ne pas resister au torrent, sans entreprendre de donner des menotes à sa raison : au contraire vn Philosophe doit iuger le vulgaire, & non pas iuger comme le vulgaire. Ie ne suis point pourtant si déraisonnable qu'apres m'estre soustrait à la tyrannie de l'authorité, ie veuille establir la mienne sans preuue, c'est pourquoy vous trouuerez bon que ie vous aprenne les motifs que i'ay eu de douter de tant d'effects estranges qu'on raconte des esprits, il me semble auoir obserué beaucoup de choses bien considerables pour me débarasser de cette chimere. Premierement, on ne m'a quasi iamais recité aucune histoire de Sorciers, que ie n'aye pris garde qu'elle estoit ordinairement ariuée, à trois ou quatre cent liëues de là. Cét esloignement me fit soupçonner, qu'on auoit voulu derober aux curieux, l'énuie & le pouuoir de s'en informer. Ioignez à cela, que cette bande d'hommes habillez en chats, trouuée au milieu d'vne Campagne, sans tesmoins, la Foy d'vne personne seule, doit estre suspecte en chose si miraculeuse, pres d'vn village, il en a esté plus facile de tromper des idiots. C'étoit vne pauure vieille, elle estoit pauure la necessité la pû côtraindre à mentir pour de l'argent. Elle estoit vieille, l'âge affoiblit la raison, l'âge rend babillard : elle a inuenté ce conte pour entretenir ses voisines: L'âge affoiblit la veuë, elle a pris vn Liévre pour vn Chat. L'âge rend timide : elle en a crû voir cinquante au lieu d'vn. Car enfin il est plus facile, qu'vne de ces choses soit arriuée, qu'on voit tous les iours arriuer qu'vne auanture surnaturelle, sans raison & sans exemple. Mais de grace examinons ces Sorciers pris.

Vous trouuerez que c'est vn Paysan fort grossier, qui n'a pas l'esprit de se demesler des filets dont on l'embarasse, à qui la grandeur du peril assomme l'entendement en telle sorte, qu'il n'a plus l'ame assez presente, pour se iustifier, qui n'oseroit mesme respondre pertinemment, de peur de donner à conclure aux preocupez, que c'est le diable qui parle par sa bouche. Si cependant il ne dit mot, chacun crie qu'il est conuaincu de sa conscience, & aussi-tost le voila ietté au feu. Mais le diable est-il si fou, luy qui a bien pû autrefois le changer en chat, de ne le pas maintenant changer en mouche, afin qu'il s'enuole ? Les Sorciers (disent-ils) n'ont aucune puissance, dés qu'ils sont entre les mains de la Iustice. O par ma foy, cela est bien trouué; donc M.e Iean Guillot, de qui le pere a volé les biens de son pupille, s'est acquis par le moyen de 20000. escus dérobez, que luy coûta son Office de Iuge, le pouuoir de commander aux diables, vrayement les diables portent grand respect aux Larons. Mais ces diables au moins deuoient esloigner ce pauure mal-heureux leur tres-humble seruiteur, quand ils sceurent qu'on estoit en campagne pour le prendre. Car ce n'est pas dóner courage à persóne de le seruir, d'abandóner ainsi les siens; pour des natures qui ne sót qu'esprits, elles font de gráds pas de Clerc. I'ay aussi remarqué, que tous ces Magiciens pretendus, sont gueux comme des Diogenes.

Ô Ciel est-il donc vrays semblable, qu'vn homme s'exposast à brusler eternellement, sous l'esperance de demeurer pauure, hay, affamé, & en crainte continuelle de se voir griller en place publique; Satan luy donneroit, non des feüilles de chesne, mais des pistolles de poids, pour achepter des Charges, qui le metroient à couuert de la Iustice. Mais vous verrez, que les demons de ce temps cy, sont extremement niays, & qu'il n'ont pas l'esprit, d'imaginer tant de finesses : ce malautru Berger, que vous tenez dans vos prisons, à la veille d'estre boüilly : sur quelles conuictions le condamnez-vous ? On l'a supris recitant la patenostre du loup ? ha de grace, qu'il la repete, vous ny remarquerez, que de grandes sotises, & moins de mal, qu'il ny en a dedans vne mort-diable, pour laquelle cependant on ne fait mourir personne. Outre cela dit-on, il a ensorcelé des troupeaux ? ou ce fut par parolles, ou par la vertu cachée de quelques poisons naturels. Par paroles, ie ne croy pas, que les vingt-quatre lettres de l'Alphabet, couuent dans la Grammaire, la malignité occulte, d'vn venin si present ny que d'ouurir la bouche, serrer les dents, apuyer la langue au palais, de telle ou telle façon, ayt la force, d'empester les moutons, ou de les guerir. Car si vous me respondez, que c'est a cause du pact : Ie n'ay point encor lû dans la chronologie, le temps auquel le diable accorda auec le genre humain, que quand on articuleroit de certains mots qui doiuent auoir esté specifiez au contract, il tûroit, qu'à d'autres il gueriroit, & qu'à d'autres il viendroit nous parler, & ie veux qu'il en eut passé le concordat, auec vn particulier: ce particulier là n'auroit pas le consentement de tous les hommes pour nous obliger à cét accord. A quelques sillabes toutefois, qu'vn lourdaut sans y penser, aura proferées, il auolera incontinent, pour l'effrayer, & ne rendra pas la moindre visite, à vne personne puissante, déprauée, illustre, spirituelle, qui se donne à luy de tout son cœur, & qui par son exemple, seroit cause de la perte de cent mille ames. Vous m'auouërez peut-estre, que les paroles magiques n'ont aucun pouuoir, mais qu'elles couurent sous des mots barbares, la maligne vertu des simples, dont tous les enchanteurs, empoisonnent le bestial. Hé-bien pourquoy donc, ne les faites vous mourir, en qualité

d'empoiſõneurs & non pas de ſorciers. Ils confeſſent (repliquez-vous) d'auoir eſté au ſabat, d'auoir enuoyé des diables dans les corps de quelques perſõnes, qui en effet ſe ſont trouuéez demoniaques. Pour les voyages du ſabat voicy ma creance, c'eſt qu'auec des huilles aſſoupiſſantes, dont ils ſe graiſſent, comme alors qu'ils veillent, ils ſe figurent eſtre bien toſt emportez à califourchon, ſur vn balet par la cheminée, dans vne ſale ou l'on doit feſtiner, danſer, faire l'amour, baiſer le cul au bouc, l'imagination fortemẽt frappée de ces Phantoſmes, leur repreſente dans le ſõmeil ces meſmes choſes, comme vn balet entre les jambes, vne campagne qu'ils paſſent en volant, vn bouc, vn feſtin, des Dames, c'eſt pourquoy quand ils ſe réueillent, ils croyent auoir veu ce qu'ils ont ſongé. Quant à ce qui concerne la poſſeſſion, ie vous en diray auſſi ma penſée, auec la meſme franchiſe. Ie trouue en premier lieu, qu'il ſe rencontre dix mille femmes pour vn homme. Le diable ſeroit-il vn ribaud, de chercher auec tant d'ardeur la couplement des femmes. Non non mais i'en deuine la cauſe, vne femme a l'eſprit plus leger qu'vn
homme

homme, & plus hardy par consequent, à resoudre des comedies de cette nature. Elle espere que pour peu de latin qu'elle escorchera, pour peu qu'elle fera de grimasses, de sauts, de capriolles, & de postures, on les croira toûjours beaucoup au dessus de la pudeur, & de la force d'vne fille: Et enfin elle pense estre si forte de sa foiblesse, que l'imposture estant descouuerte, on attribuera ses extrauagances, à quelques suffocations de matrice, ou qu'au pis aller, on pardonnera à l'infirmité de son sexe. Vous responderez peut-estre que pour y en auoir de fourbes, cela ne conclud rien contre cette qui sont veritablement possedées. Mais si c'est la vôtre nœud Gordien i'en seray bien tost l'Alexandre. Examinons-donc, sans qu'il nous importe, de choquer les opinions du vulgaire s'il y a autrefois eu des demoniaques, & s'il y en a aujour-d'huy. Qu'il y en ayt eu autrefois, ie n'en doute point, puisque les liures sacrez assurent, qu'vne Caldéenne par art magique, enuoya vn demon dans le cadaure du Prophete Samuel, & le fit parler. Que Dauid conjuroit auec sa harpe, celuy dont Saül estoit obsedé. Et que nostre Sauueur

M

Iesus-Christ chassa les diables des corps de certains Hebreux, & les enuoya dans des corps de pourceaux. Mais nous sommes obligez de croire, que l'Empire du diable cessa, quand Dieu vint au monde. Que les Oracles furent estouffez, sous le berceau du Messie, & que Sathan perdit la parolle en Bethleem, l'influance alterée de l'Estoille des trois Roys, luy ayant sans doute causé la pupie. C'est pourquoy ie me moque de tous les énergumenes d'auiour-d'huy & m'en mocqueray iusqu'à ce que l'Eglise me commande de les croire. Car de m'imaginer, que cette penitente de Goffridy; cette Religieuse de Loudun, cette fille d'Eureux soient endiablées, parce qu'elles font des culebutes, des grimasses, & des gambades, Scaramouche, colle, & Cardelin les metront à quia. Comment elles ne sçauent pas seulement parler latin. Lucifer a bien peu de soin de ses diables, de ne les pas enuoyer au College. Quelques-vnes répondent assez pertinemment? quand l'Exorciste declame vne oraison de Breuiaire, dont en quelque façon elles escorchent le sens, à force de le réciter, à moins de cela vous les voyez contrefaire les enragées, feindre à tout ce qu'on leur presche, vne distraction d'esprit perpetuelle, & cependant, i'en ay surpris d'attentiues à guester au passage quelque verset de leur Office, pour respondre à propos, comme ceux qui veulent chanter à Vespres, & ne les sçauent pas, attendent à l'affust le *Gloria Patri, &c.* pour s'y égosiller. Ce que ie trouue encor de bien diuertissant, sont les méprises où elles s'embarassent quand il faut obeïr ou n'obeïr pas. Le conjurateur commandoit à vne de baiser la terre, toutes les fois qu'il articuleroit le sacré nom de Dieu? ce diable d'obeïssance, le faisoit fort deuotement: Mais comme il vint encor vn coup, à luy ordonner la mesme chose en autres termes, que ceux, dont il vsoit ordinairement, (car il luy commanda par le fils Coeternel du Souuerain Estre,) ce nouice demoniaque, qui n'estoit pas Theologien, demeura plat, rougit, & se ietta aux iniures: Iusqu'à ce que l'exorciste l'ayant apaisé, par des mots plus ordinaires, il se remit à raisonner. I'obserue outre cela, que selon que le Prestre haussoit sa voix, le diable augmentoit sa cholere; bien souuent à des paroles de nul poids, acause qu'il les auoit prononcées auec plus d'eſclat. Et qu'au contraire, il aualoit doux comme laiƈt, des exorciſmes, qui faiſoient trembler, acauſe qu'eſtant las de crier, il les auoit prononcez d'vne voix baſſe. Mais ce fut bien pis, quelque temps apres, quand vn Abbé les conjura. Elles n'eſtoient point faites à ſon ſtille, & cela fut cauſe que celles, qui voulurent reſpondre, reſpondirent ſi fort à contre ſens, que ces pauures diables, au front de qui reſtoit encor quelque pudeur, deuinrent tous honteux; & depuis en toute la iournée, il ne fut pas poſſible de tirer vn méchant mot de leur bouche. Ils crierent à la verité fort long-temps, qu'ils ſentoient l'a des incredules: qu'acauſe d'eux ils ne vouloient rien faire de miraculeux, de peur de les conüertir. Mais la feinte me ſembla bien groſſiere : car s'il eſtoit vray, pourquoy les en auertir ? ils deuoient au contraire pour nous endurcir en noſtre incredulité, ſe cacher dans ces corps, & ne pas faire des choſes qui pûſſent nous deſaueugler. Vous reſpondez, que Dieu les force à cela, pour manifeſter la Foy. Oüy mais ie ne ſuis point conuaincu, ny obligé de croire que ce ſoit le diable qui fasse toutes ces singeries, puis qu'vn homme les peut faire naturellement. De se contourner le visage vers les espaules ie l'ay veu pratiquer aux Bohemiens. De sauter qui ne le fait point, hors les paralitiques? De iurer, il ne s'en rencontre que trop. De marquer sur la peau, certains caracteres, ou des eaux, ou des pierres, colorent sans prodige nostre chair. Si les diables sont forcez comme vous dites, de faire des miracles afin de nous illuminer, qu'ils en fassent de conuaincants, qu'ils prennent les Tours de Nostre-Dame de Paris, où il y a tant d'incredules, & les portent sans fraction, dans la campagne Sainct Denis danser vne sarabande Espagnole. Alors nous serons conuaincus. I'ay pris garde encor, que le diable qu'on dit estre si médisant, ne les induit iamais, (au milieu de leurs grandes, fougues (à médire l'vne de l'autre. Au contraire, elles s'entreportent vn tres grand respect, & n'ont garde d'agir autrement parce que la premiere offensée descouuriroit le mystere. Pourquoy, mon Reuerend Pere, n'instruit-on vostre procez, en consequence des crimes, dont le diable vous accuse? le diable (dites vous.) est Pere de menſonge, pourquoy donc l'autre iour fiſtes vous brûler ce Magicien, qui ne fut accuſé que par le diable: Car ie reſpons comme vous, le diable eſt pere de menſonge. Auoüez, auoüez mon reuerendiſſime que le diable, dit vray, ou faux, ſelon qu'il eſt vtile à voſtre malicieuſe paternité. Mais bons Dieux, ie vois treſſaillir ce diable quand on luy iette de l'eau beniſte : eſt-ce donc vne choſe ſi ſainte qu'il ne la puiſſe ſouffrir ſans horreur? Certes cela fait que ie m'eſtonne qu'il ait oſé s'enfermer dans vn corps humain, que Dieu a fait à ſon image, capable de la viſion du Tres-haut, reconnu ſon enfant, par la regeneration Baptiſmale, marqué des ſaintes huiles. Le Temple du Sainct Eſprit & le Tabernacle de la ſaincte Hoſtie. Comment a-il eu l'impudence d'entrer en vn lieu qui luy doit eſtre bien plus venerable que de l'eau, ſur laquelle on a ſimplement recité quelques prieres. Mais nous en aurons bonne iſſuë, ie voys le demoniaque qui ſe tempeſte fort à la veuë d'vne Croix qu'on luy preſente! ô Monſieur l'Exorciſte que vous eſtes bon, ne ſçauez-vous pas, qu'il ny a aucun endroit dans la Nature, où il ny ait des Croix, puis que par toute la matiere, il y a longeur, & largeur, & que la croix, n'est autre chose, qu'vne longueur consideréé auec vne largeur. Qu'ainsi ne soit, cette Croix que vous tenez, n'est pas vne croix, a cause qu'elle est d'ebenne, cette autre n'est pas vne Croix a cause qu'elle est d'argent, mais l'vne & l'autre sont des Croix a cause que sus vne longueur, on a mis vne largeur qui la trauerse. Si donc cette energumene, a cent mille longueurs, & cent mille largeurs, qui sont toutes autant de Croix, pourquoy luy en presenter de nouuelles. Cependant vous voyez cette femme, qui pour en auoir approché les leures par force, contrefait l'interdite. O quelle piperie! Prenez prenez vne bonne poignée de verges, & me la foüetez en amy. Car ie vous engage ma parole, que si on cõdamnoit d'estre jettés à l'eau tous les energumenes, que cent coups d'estriuieres par iour n'auroiét peu guerir, il ne s'en n'oyeroit point. Ce n'est pas comme ie vous ay desia dit, que ie doute de la puissance du Createur, sur ses creatures : mais à moins d'estre conuaincu par l'authorité de l'Eglise, à qui nous deuons donner aueuglement les mains ie nõmeray tous ces grands effets de magie, la gazete des sots, ou le Credo de ceux

M iiij

qui ont trop de foy. Ie m'a perçoy bien que ma lettre est vn peu trop longue, c'est le sujet qui m'a poussé au delà de mon dessein, mais vous pardonnerez cette inportunité à vne personne qui fait veu d'estre iusqu'à la mort de vous & de vos contes d'esprit.

MONSIEVR,

Le
Seruiteur
treshumble.

A MONSIEVR
GERZAN,
SVR
SON TRIOMPHE
DES DAMES.
LETTRE XIV.

MONSIEVR,

Apres les éloges que vous donnez aux Dames, resolument ie ne veux plus estre homme ; Ie m'en vay tout à l'heure porter ma chandelle au Pere Bernard, afin d'obtenir de ce pitoyable Sainct, ce qu'impetra l'Empereur Heliogabal, du Rasoir de ses Emperiques ; puis que les miracles qu'exale tous les iours cette precieuse momie, sont si nombreux, qu'ils regorgent pardessus les murs de la Charité, iusque dans vostre Parnasse ; Il

N

n'est pas impossible qu'vn Bien-heureux fasse pour moy, ce que la plume d'vn mal-heureux Poëte a bien fait pour Tiresias; mais en tous cas, c'est à faire à me tronçonner d'vn coup de serpe, le morceau qui me fait porter vn caleçon, la sotte chose en effet, de ne se masquer qu'au Carnaual; ie ne l'eusse par ma foy pas crû, si vous ne m'eussiez enuoyé vostre Liure: O! que nostre Seigneur sçauoit bien ce que vous diriez vn iour là dessus, quant à la confusion de l'homme, il voulut naître d'vne femme, sans doute il connoissoit la dignité de leur sexe : C'est aussi vne marque éuidente de l'estime particuliere qu'il en a faite, de les auoir choisies pour nous porter, ne s'estant pas voulu fier de nostre jeunesse à nous mesmes ; mais la nature aussi nous fait connoistre au partage de ses biens, qu'elle a voulu auantager la cadette au preiudice de l'aisnée, luy donnant la beauté, dont chaque trait est vne Armée qui va quand il luy plaist bouleuerser les Thrônes, déchirer les Diadémes, & traîner en seruitude les orgueilleuses puissances de la Terre; Que si comme nous, elles ne vaquent pas à massacrer des hommes, si elles ont horreur de porter au costé ce qui nous fait detester vn Bourreau ; c'est à cause qu'il seroit honteux que celles qui nous donnent à la lumiere, portassent dequoy nous la rauir ; & parce aussi qu'il est beaucoup plus honneste de suer à la construction, qu'à la destruction de son espece : Donc, en matiere de visage, nous sommes de grands gueux ; & sur ma foy, de tous les biens de la Terre en general, ie les voy plus riche que nous ; puisque si le poil fait la principale distinction de la brute & du raisonnable, les hommes sont au moins par l'estomach, les jouës & le menton, plus bestes que les femmes : Malgré toutesfois ces muettes, mais conuaincantes predications de Dieu & de la Nature, sans vous, Monsieur, ce déplorable sexe alloit tomber sous le nostre ; vous qui tout caduc, & prest à choir de cette vie, auez releué cent mille Dames qui n'auoit point d'apuy : Qu'elles se vantent apres cela, de vous auoir donné le iour, quand elles vous auroient enfanté plus douleureusement que la mere d'Hercule, elles vous deuroient encore beaucoup à vous, qui non content de les auoir enfanté toutes ensembles, les auez fait triompher en naissant; Vne femme, à la verité, vous a porté neuf mois ; mais vous les auez toutes portées sur la teste de leurs ennemis ; pendant vingt siecles, elles auoient combatu, elles auoient vaincu pendant vingt autres ; & vous, depuis quatre mois seulement, leur auez decerné le Triomphe : Ouy, Monsieur, chaque periode de vostre Liure est vn Char de victoire, où elles triomphent plus superbement que les Scipions, ny les Cesar n'ont iamais fait dans Rome ; Vous auez fait de toute la Terre vn pays d'Amazonnes, & vous nous auez reduits à la quenoüille : Enfin, l'on peut dire, qu'auparauant vous, toutes les femmes n'estoient que des pions que vous auez mis à dame ; Nous voyons cependant que vous nous trahissez, que vous tournez casaque au genre masculin, pour vous ranger de l'autre ? Mais comment vous punir de cette faute ; Comment se resoudre à diffamer vne personne qui a fait entrer nos meres & nos sœurs dans son party ; Et puis, on ne sçauroit vous accuser de poltronnerie, vous estant rangé du costé le plus foible, ny vostre plume d'estre interessée, ayant commencé l'éloge des Dames en vn âge ou vous estes incapable d'en receuoir des faueurs : Confessez pourtant, apres les auoir fait triompher, & auoir triomphé de leur triomphe mesme, que leur sexe n'eust iamais vaincu sans le secours du nostre : Ce qui m'estonne à la verité, c'est que vous ne leurs auez point mis en main pour nous détruire les armes ordinaires ; Vous n'auez point cloüé des Estoilles dans leurs yeux ; Vous n'auez point dressé des montagnes de neiges à la place de leur sein ; L'or, l'yuoir, l'azur, le corail, les roses & les lys, n'ont point esté les materiaux de vostre bastiment, ainsi que tous nos Escriuains modernes, qui n al gré la diligence que fait le Soleil, pour se retirer de bonne heure, ont l'impudence de le dérober en plain iour ; & des Estoilles aussi, que ie ne plains pas, pour leur apprendre à ne pas tant aller la nuit ; mais ny le feu, ny la flame, ne vous ont point donné de froides imaginations : Vous nous auez porté des bottes, dont nous ignorons la parade ; Iamais homme n'a monté si haut sur des femmes : Enfin, ie rencontre dans ce Liure des choses si diuinement conceuës, que i'ay de la peine à croire que le sainct Esprit fut à Rome quand vous le composastes ; Iamais les Dames n'ont sorty de la presse en meilleure posture, ny moy; Iamais mieux resolu de ne plus aller au Tombeau du Pere Bernard, pour voir vn miracle, puis que Monsieur de Gerzan loge à la porte de l'Eglise : O ! Dieux, encore vne fois, la belle chose, que vos Dames! Ha, Monsieur, vous auez tellement obligé le sexe par ce Panegyrique, que pour meriter aujourd'huy l'affection d'vne Reyne, il ne faut estre,

MONSIEVR,

Que vostre
seruiteur.

AVTRE
LE DVELISTE.
LETTRE XV.

Monsievr,

Quoy que ie me porte en homme qui créue de santé, ie ne laisse pas d'estre malade depuis trois sepmaines, que ma Philosophie est tombée à la mercy des Gladiateurs: Ie suis incessament trauaillé de la tierce & de la carte: I'aurois perdu la connoissance du papier, si les Cartels s'écriuoient sur autre chose; Ie ne discerne déja plus l'ancre d'auec le noir à noircir; Et enfin, pour vous faire responce, i'ay presque esté forcé de vous escrire auec mon espée, tant il est glorieux d'escrire mal parmy des personnes, dont les plumes ne se taillent point: Il faudroit, ie pense, que Dieu accomplit quelque chose d'aussi miraculeux, que le souhait de Caligula, s'il vouloit finir mes querelles ; Quand tout le genre humain feroit erigé en vne tefte ; quand de tous les viuans il n'en refteroit qu'vn, ce feroit encore vn Duel qui me refteroit à faire : Vrayement, vous auriez grand tort de m'appeller maintenant le premier des hommes; car ie vous protefte qu'il y a plus d'vn mois que ie fuis le fecond de tout le monde : Il faut bien que voftre départ ayant deferté Paris, l'herbe ayt cru par toutes les ruës, puis qu'en quelque lieu que i'aille, ie me trouue toufiours fur le pré : Cependant, ce n'eft pas fans rifque, mon portraict que vous fiftes faire a efté trouué fi beau, qu'il a pris poffible enuie à la Mort d'en auoir l'original; Elle me fait à ce deffein mille querelles d'Allemand ; Ie m'imagine quafi quelquefois eftre deuenu Porc-epic, voyant que perfonne ne m'approche fans fe picquer ; & l'on n'ignore plus, quand quelqu'vn dit à fon ennemy, qu'il faille faire piquer, que ce ne foit de la befongne que l'on me taille ? Ne voyez-vous pas auffi qu'il y a maintenant plus d'ombre fur noftre orifon, qu'à voftre départ ; c'eft à caufe que depuis ce temps-là ma main en a tellement peuplé l'Enfer, qu'elles regorgent

fur

sur la terre : A la verité, ce m'est vne confolation bien grande d'eftre hay, parce que ie fuis aimé, de trouuer par tout des ennemis, à caufe que i'ay des amis par tout, & de voir que mon mal-heur vient de ma bonne fortune; mais i'ay peur que cette démangeaifon de gloire, ne m'inuite à porter mon nom iufqu'en Paradis : C'eft pourquoy, pour éuiter à de fi dangereufes propheties, ie vous conjure de venir promptement remettre mon Ame en fon affiette de Philofophe; car il me fâcheroit fort qu'à voftre retour, au lieu de me trouuer dans mon Cabinet, vous trouuaffiez dans vne Eglife, Cy gift,

MONSIEVR,

Voftre
feruiteur.

SVR
VN RECOVVREMENT
DE SANTE'.

LETTRE XVI.

Monsievr,

Vous me permettrez bien de railler maintenant auec voſtre fiévre, puis qu'elle vous a tourné les talons; par ma foy ie m'eſtonne qu'elle ait oſé jetter le gand à vn hardy Cheualier comme vous; auſſi quelques brauours dont elle ait triomphé entrant dans la cariere, i'ay preueu la honte de ſa défaite; cependant tout le monde vous croyoit party pour les champs eliſées; & deſia quelques-vns, qui ne ſont pas les plus chers de vos amis, vous publioient arriué dans l'affreuſe Cité, dont vous n'eſtiez pas encore aux Faux-bourgs. I'admire en verité, comment vous, qui choiſiſſez touſiours les choſes les plus faciles, n'y ayant qu'vne ajambée à faire de voſtre chambre à la Chappelle, ou dorment vos Anceſtres, vous ayez tourné bride auec tant de precipitation: Cependant, ie ſouſtiendray à la barbe de voſtre grãd cœur, que vous auez agy en habile homme; le giſte n'eſt pas bon, l'hoſte ny change point de draps; & quoy que le lict ſoit appuyé ſi ferme, qu'il ne puiſſe trembler que par vn tremblement de terre, la chambre eſt froide & caterreuſe, les ieuſnes s'y obſeruent perpetuels; & quoy qu'à la Flamande on ait de la Bierre iuſques pardeſſus les yeux, on n'y boit que de l'Eau beniſte: Au reſte, vous n'y euſſiez pas trouué vne perſonne raiſonnable, ny de l'vn, ny de l'autre ſexe; car on n'y reçoit point des hommes, à moins qu'ils ayent perdu l'eſprit; & pour les femmes, encore qu'elles ayent là vne bonne qualité, qu'elles n'ont pas icy, qui eſt de ſe taire, elles y ſont ſi laides en recompenſe, que la plus belle eſt camuſe; Ne vous repentez donc point, quelque genereux que nous vous croyons, d'auoir vſé ſi à propos du priuilege de Normandie, les ombres de là bas ne ſont pas ſi charmants, que celles de vos allées couuertes; & ie vous proteste qu'en moins d'vn clin d'œil, vous alliez faire vn voyage si esloigné, que vous n'eussiez pas esté de retour auant la Resurrection ; & moy-mesme en ce pays, ie n'aurois pas trouué vn homme qui eust voulu se charger de vous aller dire de ma part, que ie suis,

MONSIEVR,

Vostre
seruiteur.

LETTRES
SATYRIQVES
DE Mʀ
BERGERAC DE CYRANO.

CONTRE
VN POLTRON.
LETTRE I.

ONSIEVR,

Ie fçay que vous eftes trop fage pour confeiller iamais vn duel ; c'eft pourquoy ie vous demande voftre aduis fur celuy que i'ay refolu de faire ; car enfin (comme vous fçauez) l'honneur faly ne fe laue qu'auec du fang. Hier ie fus appellé fot, & l'on s'émancipa de me donner vn foufflet en ma prefence ; Il eft vray que ce fut en vne compagnie fort

honnorable. Certains stupides, en matiere de démeslez, disent qu'il faut que ie perisse, ou que ie me vange. Vous Monsieur, dites-moy, vous mon plus cher amy, & que i'estime trop sage pour m'exciter à aucune action cruelle ; Ne suis-je pas assez mal-traité de la langue, & de la main de ce poltron, sans irriter encore son espée ; car quoy que ie sois mary d'estre appellé sot, ie serois bien plus fasché qu'on me reprochast d'estre deffunct: Si i'estois enfermé dans vn sepulchre, il pourroit à son aise & en seureté mal parler de mon courage ; Ne feray-je donc pas mieux de demeurer au monde, afin d'estre tousiours present, pour le chastier quand sa temerité m'en donnera sujet. Infailliblement, ceux qui me conseillent la tragedie, ne iugent pas que si i'en suis la catastrophe, il se moquera de ma valeur : Si ie le tuë, on croira que ie l'ay chassé du monde, parce que ie n'osois y demeurer tant qu'il y seroit ; Si ie luy oste la rapiere, on dira que i'apprehendois qu'il demeurast armé ; Si nous demeurons égaux, à quoy bon se mettre au hazard du plus grand de tous les mal-heurs, qui est la mort, pour ne rien decider ; Et puis, quand i'aurois l'estre du
Dieu

Dieu Mars, de sortir de ce combat à mon honneur, il pourroit au moins se vanter de m'auoir contraint à commettre vne insigne folie : Non, non, ie ne dégaisne point, c'est craindre son ennemy, de vouloir par le moyen de la mort, ou l'esloigner de soy, ou s'esloigner de luy : pour moy, ie n'apprehende pas qu'il soit où ie seray; il tient à gloire de n'auoir iamais redouté les Parques, s'il veut que ie le croye, qu'il se tuë; j'iray consulter tous les Sages pendant soixante ou quatre-vingts ans, pour sçauoir s'il a bien-fait; & si l'on me respond qu'ouy, alors ie tascheray d'en viure encore autant, pour faire le reste de mes iours penitence de ma poltronerie. Vous trouuerez peut-estre ce procedé fort estrange dans vn homme de cœur comme moy : Mais, Monsieur, à parler franc, ie trouue que la vie est vne si bonne chose, que i'aime mieux me tenir à ma carte, que de me mettre au hazard, en les broüillant, d'en auoir vne pire. Ce Monsieur le Matamore veut peut-estre mourir bien-tost, afin d'en estre quitte de bonne heure; mais moy qui suis plus genereux, ie tasche de viure long-temps, au risque d'estre long-temps en estat de pouuoir mourir. Pen-

P

se-t'il se rendre fort recommandable, pour tesmoigner qu'il s'ennuye de ne pas retourner à la nuit sa premiere maison, est-ce qu'il a peur du Soleil! Helas, le pauure busle, s'il sçauoit qu'elle vilaine chose c'est que d'estre trespassé, rien ne le presseroit. Vn homme ne fait rien d'illustre, qui deuant trente ans met sa vie en danger, parce qu'il expose ce qu'il ne connoist pas; mais lors qu'il la hazarde depuis cét âge-là, ie soustiens qu'il est enragé de la risquer, l'ayant connuë. Quant à moy, ie trouue le iour tres-beau, & ie n'aime point à dormir sous terre, à cause qu'on n'y voit goutte; Qu'il ne s'enfle point pourtant de ce refus, car ie veux bien qu'il sçache que ie sçay vne botte à tuer, mesme vn Geant charmé, & qu'à cause de cela, ie ne veux point me battre de peur qu'on ne l'apprenne. Il y a cent autres raisons encor qui me font abhorer le duel; Moy, j'irois sur le pré, & là fauché parmy l'herbe, m'embarquer possible pour l'autre monde; Helas! mes Creanciers n'attendent que cela pour m'accuser de banqueroute; mais penseroit-il mesme m'auoir mis a iubé, quand il m'auroit osté la vie; au contraire, i'en deuiendrois plus terrible, & ie suis as-

SATYRIQVES.

feuré qu'il ne pourroit me regarder quinze iours apres, fans que ie luy fiffe peur : S'il afpire toutefois à la gloire de m'auoir efgorgé, pourueu que ie me porte bien, ie luy permets de fe vanter par tout d'eftre mon bourreau; auffi bien quand il m'auroit tué, la gloire ne feroit pas grande, vne poignée de figuë en feroit bien autant. Il va s'imaginer, peut-eftre, que la nature ma fort mal-traité en me refufant du courage; mais qu'il apprenne que la nature ne fçauroit nous joüer vn plus vilain trait, que de fe feruir contre de celuy du fort; que la moindre puce en vie vaut mieux que le grand Alexandre decedé; & qu'enfin, ie me fens indigne d'obliger des Torches beniftes à pleurer fur mes armoiries : I'aime veritablement qu'on me flate de toutes les qualitez d'vn belle efprit, hormis de celle d'heureufe memoire, qui m'eft infuportable, & pour caufe; Vne autre raifon me deffend encore les batailles; I'ay compofé mon Epitaphe, dont la pointe eft fort bonne, pourueu que ie viue cent ans; & i'en ruïnerois la rencontre heureufe, fi ie m'hazardois de mourir plus ieune : Adjoûtez à cela, que i'abhore fur toutes chofes les maladies, & qu'il n'y a rien plus nuisible que la mort à la santé; Ne vaut-il donc pas bien mieux s'encourager à deuenir poltron, que de se rendre la cause de tant de desastres; Ainsi (forts de nostre foiblesse) on ne nous verra iamais ny pasir ny trembler que d'apprehension, d'auoir trop de cœur. Et toy, ô! salutaire poltronerie, ie te voüe vn Autel, & ie promets de te seruir auec vn culte si deuot, que pour commancer dés aujourd'huy, ie dedie cette Epistre au lasche, le plus confirmé de tes enfans, de peur que quelque braue, à qui ie l'eusse enuoyée, ne se fut imaginé que i'estois homme à le seruir pour ces quatre meschants mots, qu'on est obligé d'escrire à la fin de toutes les Lettres; Ie suis,

MONSIEVR,

Vostre
seruiteur.

CONTRE VN MEDISANT.
LETTRE II.

MONSIEVR,

Ie sçay bien qu'vne ame basse, comme la vostre, ne sçauroit naturellement s'empescher de médire; aussi n'est-ce pas vne abstinance où ie vous vueille condamner; La seule courtoisie que ie veux de vous, c'est de me déchirer si doucement, que ie puisse faire semblant de ne le pas sentir; vous pouuez connoistre par là qu'on m'enuoye la Gazette du pays Latin; Remerciez Dieu, de ce qu'il m'a donné vne ame assez raisonnable pour ne croire pas tout le monde de toutes choses, à cause que tout le monde peut dire toutes chofes; autrement, i'aurois appliqué à vos maux de rate vn plus solide & plus puissant antidote que le discours; Ce n'est pas que i'aye iamais attendu des actions fort humaines d'vne personnes qui sortoit de l'humanité; mais ie ne pouuois croire que vostre ceruelle eut si generalement eschoüé contre les bancs de la Rethorique, que vous eussiez porté en Philosophie vn homme sans teste. On auroit à la verité trouué fort estrange, que dans vn corps si vaste, vostre petit esprit ne se fut pas perdu, aussi ne l'a-t'il pas fait longue; & j'ay ouy dire qu'il y a de bonnes années que vous ne sçauriez plus abandonner la vie; que vostre trespas, accompagné de miracle, ne vous fasse canoniser: Ouy, prenez congé du Soleil quand il vous plaira, vous estes asseuré d'vne ligne dans nos Litanies, quand le Consistoire apprendra que vous serez mort sans auoir rendu l'esprit; mais consolez-vous, toutefois vous n'en durerez pas moins pour cela; les Cerfs & les Corbeaux, dont l'esprit est taillé à la mesure du vostre, viuent quatre cens ans; & si le manque de genie est la cause de leur durée, vous deuez estre celuy qui fera l'Epitaphe du genre humain : C'est sans doute, en consequence de ce brutal instinct de vostre nature, que vous choisissez l'or & les pierres precieuses pour répandre dessus vostre venin; Souffrez donc, encore que vous pretendiez vous soustraire de l'empire que Dieu a donné aux hommes sur les bestes, que ie vous commande de vomir sur quelque chose du plus salle que mon nom, & de vous ressouuenir (car ie croy que les animaux comme vous ont quelque reminiscence) que le Createur n'a donné à ceux de vostre espece vne langue que pour aualer, & non pas pour parler; souuenez-vous en donc, c'est le meilleur conseil que vous puissiez prendre; car quoy que vostre foiblesse fasse pitié, celle des poux & des puces, qui nous importunent, ne nous obligent pas à leur pardonner : Enfin cessez de mordre simulacre de l'enuie ; car quoy que ie sois peu sensible à l'injure, ie suis seuere à la punir, rien n'empescheroit la vertu d'vn Elebore, qu'on appelle en François Tricot, duquel pour vous monstrer que ie suis Philosophe (ce que vous ne croyez pas) ie vous chastierois auec si peu d'animosité, que le chapeau dans vne main, & dans l'autre vn baſton, ie vous dirois en vous briſant les os ; Ie ſuis,

MONSIEVR,

Voſtre
tres-humble.

A

MADEMOISELLE *****.

LETTRE III.

MADEMOISELLE,

Si tout le monde eſtoit obligé comme moy, pour faciliter la lecture de ſes Lettres, d'enuoyer de l'argent, les Balzacs n'auroient iamais eſcrit, & les aueugles ſçauroient lire; Mais quoy, ſi les miennes ne ſont eſclairées par la reflexion de l'or, de quelques Louys, vous n'y voyez que du noir de Grimoire; & quand meſme ie les aurois priſes dans Polexandre, ie ſuis aſſeuré d'auoir pour vous eſcrit en Hebreu; Ouurir la bouche, & mouuoir les lévres en toutes les façons neceſſaires, à l'expreſſion de noſtre Langue, ne

Q

vous fait entendre que de l'Arabe : Pour vous parler François, il faut ouurir la main, ainsi ma bourse deuient chez moy le seul organe, par lequel ie vous puis esclaircir les difficultez de la Bible, & vous rendre les Centuries de Nostradamus aussi faciles que le *Pater*: Enfin, Mademoiselle, c'est de vous seule que l'on peut dire auec verité, point d'argent, point de Suisse; Ie me console toutefois aisément de vostre humeur, parce que tant que vous ne changerez point, ie suis asseuré d'estre en puissance auec la Croix, de quelques pistoles, de chasser de vostre corps plus facilement qu'auec l'Eau beniste & l'exhorcisme, le Demon d'auarice : mais i'ay tort de vous reprocher vne si grande bassesse, ce sont au contraire des motifs de vertu qui vous font agir de la sorte; car si vous tombez plus souuent sous la Croix, que les mal-faicteurs de Iudée, c'est parce que vous croyez pieusement que les iustes ne vous sçauroient rien demander injustement, & que l'or, ce symbole de la pureté, ne vous sçauroit estre donné qu'auec des intentions tres pures. Ie pense mesme, comme vous estes, aussi bien que bonne Chreftienne, encore meilleure Françoife, que vous vous abaiffez deuant tous ceux qui vous prefentent les images de nos Roys, & que mefme, comme vous eftes, d'vne probité exemplaire, qui ne veut faire tort à perfonne, vous eftes tellement fcrupuleufe à la diftribution de vos faueurs, que vous appuyez dauātage fur les baifers de dix piftoles, que fur ceux de neuf : Cette œconomie ne me déplaift pas, car ie fuis affeuré, tenant ma bourfe dans vne main, de tenir voftre cœur dans l'autre : Tout ce qui me fafche, c'eft de ce que cette chere Image, que vous iuriez autresfois auoir imprimée fort auant dans voftre cœur, vous l'a mettez hors de chez vous par les efpaules, fi-toft qu'elle y a demeuré trois iours fans payer fon gifte: Pour moy, ie penfe que vous auez oublié la définition de l'homme, car toutes vos actions me prouuent que vous ne me prenez que pour vn animal donnant ; Cependant, ie croyois eftre par l'opinion d'Ariftote vn animal raifonnable, mais ie voy bien qu'il me faut refoudre à ceffer d'eftre, ce que ie fuis, du moment que ie ceffe de fouïller à ma poche : Corrigez, ie vous prie, cette humeur qui conuient fort mal à voſtre ieuneſſe, & à cette generoſité, dont vous vous faites toute blanche ; car il vous eſt honteux d'eſtre à mes gages ; Moy qui ſuis,

MADEMOISELLE,

Voſtre
ſeruiteur.

AVTRE.

LETTRE IV.

Monsieur,

Par l'affection que ie vous ay portée, dont vous estiez indigne, je vous ay fait meriter d'estre mon ennemy : Si les Philistins autrefois n'eussent laissé leurs vies sous le bras de Sanson, nous ne sçaurions pas aujourd'huy que la terre eut porté des Philistins ; Ils doiuent leur vie à leur mort ; & s'ils eussent vécu dix ans plus tard, ils fussent morts trente siecles pluftost : Ainsi vous moissonnez malgré moy cette gloire de vostre lascheté, de m'auoir contraint de vous en punir : On me dira, ie le sçay bien, que pour auoir détruit vn pigmée, je n'attacheray pas à mon sort la matiere d'vne illustre Epitaphe : Mais à regarder sans interest le reuers du paradoxe,

Ce Marius qui fit en trois combats vn cymetiere à trois Nations, ne fut pas censé poltron, lors qu'il frappoit les grenoüilles du Marais, où il s'estoit jetté : Et Socrate ne cessa pas d'estre le premier homme de l'Vniuers, quand il eut écrasé les poux qui le mordoient dans son cachot : Non, non, petit Nain, ne pensez pas estre quelqu'autre chose, essayez de vous humilier en vostre neant ; & croyez, comme vn article de Foy, que si vous estes encor aussi petit qu'au iour de vostre naissance, le Ciel l'a permis ainsi, pour empescher vn petit mal de deuenir grand : Enfin, vous n'estes pas homme ; & que Diable estes-vous donc ? Vous estes peut-estre vne momie que quelque farfadet aura volée à l'Escole de Medecine, pour en effrayer le monde : Encore, cela n'est-il point trop esloigné du vray-semblable, puis que si les yeux sont les miroirs de l'ame, vostre ame est quelque chose de bien laid ; cependant vous vous vantez de mon amitié : O ! Ciel, punisseur des heresies, chastiez celle-cy du Tonnere; Ie vous ay donc aimé ? Ie vous ay donc porté mon cœur en offrande ; donc vous m'estimez sot au point d'auoir par charité donné mon ame au Diable; mais ce n'eſt pas de moy ſeul que vous auez médit; les plus chantoüillans éloges qui partent de vous ſont des Satyres; & Dieu ne vous eut point eſchapé, ſi vous l'euſſiez connû; Tout ce qui reſpire, intereſſé à la perte des monſtres, auroit deſia tanté mes bonnes graces par voſtre mort, mais il l'a neglige comme vn coup ſeur, ſçachant que vous auiez en moy ſeul,

Voſtre Partie,
Voſtre Iuge &
Voſtre Bourreau.

LETTRES

CONTRE SOVCIDAS
LETTRE V.

HE'! par la mort, Monsieur le Coquin, ie trouue que vous estes bien impudent de demeurer en vie, apres m'auoir offensé: Vous qui ne tenez lieu de rien au monde, ou qui n'estes au plus qu'vn clou aux fesses de la nature; Vous qui tomberez si bas, si ie cesse de vous soustenir, qu'vne puce en laischant la terre, ne vous distinguera pas du paué; Vous enfin, si sale & si puant, qu'on doute (en vous voyant) si vostre mere n'a point accouché de vous par le derriere; encores si vous m'eussiez enuoyé demander le temps d'vn *Peccaui*: Mais sans vous enquester si ie trouue bon que voyez encore demain, ou que vous mouriez des aujourd'huy, vous auez l'impudence de boire & de manger, comme si vous
n'estiez

n'eſtiez pas mort : Ha ! ie vous proteſte de renuerſer ſur vous vn ſi long aneantiſſement, qu'il ne ſera pas vray de dire que vous ayez iamais vécu ; Vous eſperez ſans doute m'atendrir par la dedicaſſe de quelque ennuyeux Burleſque ; Point, point, ie ſuis inexhorable, ie veux que vous mouriez tout preſentement ; puis ſelon que ma belle humeur me rendra miſericordieux, ie vous reſſuſciteray pour lire ma Lettre ; auſſi bien quãd pour regagner mes bonnes graces, vous me dedieriez vne Farce, ie ſçay que tout ce qui eſt ſot ne fait pas rire, & qu'encore, que pour faire quelque choſe de bien ridicule, vous n'ayez qu'à parler ſerieuſement, voſtre Poëſie eſt trop des Haſles ; & ie penſe que c'eſt la raiſon pourquoy voſtre Iugement de Paris n'a point de debit : Donc, ſi vous m'en croyez, ſauuez-vous au Bareau des ruades de Pegaſe, vous y ſerez ſans doute vn Iuge incorruptible, puis que voſtre iugement ne ſe peut achepter. Au reſte, ce n'eſt point de voſtre Libraire ſeul, que i'ay appris que vous rimaſſiez : Ie m'en doutois déja bien, parce que c'eut eſté vn grand miracle, ſi les Vers ne s'eſtoient pas mis dans vn homme ſi corrompu : Voſtre ha-

R

leine seule suffit à faire croire que vous estes d'intelligence auec la Mort, pour ne respirer que la peste ; & les muscadins ne sçauroient empescher que vous ne soyez par tout le monde en fort mauuaise odeur : Ie ne m'irrite point contre cette putrefaction, c'est vn crime de vos peres ladres : Vostre chair mesme n'est autre chose que de la terre creuassée par le Soleil, & tellement fumée, que si tout ce qu'on y a semé auoit pris racine, vous auriez maintenant sur les espaules vn grand bois de haute fustaye : Apres cela, ie ne m'estonne plus de ce que vous prouuez, qu'on ne vous a point encore connû ; Il s'en faut en effect plus de quatre pieds de crote, qu'on ne vous puisse voir : Vous estes enseuely sous le fumier auec tant de grace, que s'il ne vous manquoit vn pot cassé pour vous grater, vous seriez vn Iob comply. Ma foy, vous donnez vn beau démenty à ces Philosophes, qui se mocquent de la Creation. S'il s'en trouue encore, ie souhaitte qu'ils vous rencontrent ; car ie suis asseuré qu'apres vostre veuë, ils croiront aisément que l'homme peut auoir esté fait de bouë. Ils vous prescheront, & se seruiront de vous-mesme, pour vous retirer de ce mal-

heureux Ateifme où vous croupiffez. Vous
fçauez que ie ne parle point par cœur, & que
ie ne fuis pas le feul qui vous a entendu prier
Dieu, qu'il vous fit la grace de ne point croire
en luy. Comment, petit Impie, Dieu n'ofe-
roit auoir laiffé fermer vne porte quand vous
fuyez le baton, qui ne foit par vous aneanty;
& vous ne commencez à le recroire que pour
auoir contre qui iurer, quand vos des efcamo-
tez répondent mal à voftre auarice ; J'auouë
que voftre fort n'eft pas de ceux qui puiffent
patiemment porter la perte, car vous eftes
gueux côme vn Diogefne, & à peine le chaos
entier fuffiroit-il à vous raffafier, c'eft ce qui
vous a obligé d'affronter tât de monde : Il n'y
a plus moyen que vous trouuiez pour marcher
en cette Ville vne ruë non creanciere, à moins
que le Roy faffe bâtir vn Paris en l'air. L'autre iour, au confeil de Guerre, on donna avis
à Monfieur de Turenne de vous mettre dans
vn Mortier, pour vous faire fauter comme
vne bombe dans fainête Menehou, pour contraindre en moins de trois iours, par la faim,
les Habitans de fe rendre : Ie penfe en verité
que ce ftratagefme-là reüffiroit, puis que voftre nez, qui n'a pas l'vfage de raifon; ce pau-

ure nez, le repofoir & le paradis des Chiquenaudes, femble ne s'eftre retrouffé que pour s'efloigner de voftre bouche affamée : Vos dents ? Mais bons Dieux ! ou m'embaraffay-ie, elles font plus à craindre que vos bras, leur chancre & leur longueur m'épouuante; auffi bien quelqu'vn me reprocheroit que c'eft trop berner vn homme, qui dit m'eftimer beaucoup : Donc, ô plaifant petit Singe, ô Marionette incarnée, cela feroit-il poffible; mais ie voy que vous vous cabrez de ce glorieux fobriquet ! Helas demandez, ce que vous eftes à tout le monde, & vous verrez fi tout le monde ne dit pas que vous n'auez rien d'homme, que la reffemblance d'vn Magot; Ce n'eft pas pourtant, quoy que ie vous compare à ce petit homme à quatre pates, ny que ie penfe que vous raifonniez auffi bien qu'vn Singe ? Non, non, mefler gambade; car quand ie vous contemple fi defcharné, ie m'imagine que vos nerfs font affez fecs & affez preparez pour exciter, en vous remuant, ce bruit que vous appellés parole; c'eft infailliblemēt ce qui eft caufe que vous jafez & fretillez fans interualle : Mais puifque parler y a, apprenez-moy, de grace, fi vous parlez à force de remuer, ou si vous remuez à force de parler; ce qui fait soupçonner que tout le tintamarre que vous faites ne vient pas de vostre langue, c'est qu'vne langue seule ne sçauroit dire le quart de ce que vous dites; & que la pluspart de vos discours sont tellement esloignez de la raison, qu'on void bien que vous parlez par vn endroit qui n'est pas fort prés du cerueau : Enfin, mon petit gentil Godenot, il est si vray que vous estes toute langue, que s'il n'y auoit point d'impieté d'adapter les choses sainctes aux prophanes, ie croirois que sainct Iean prophetisoit de vous, quand il écriuit, que la parole s'estoit faite chair; Et en effet, s'il me falloit écrire autant que vous parlez, j'aurois besoin de deuenir plume; mais puis que cela ne se peut, vous me permettrez de vous dire adieu; Adieu donc, mon camarade, sans compliment, aussi bien seriez-vous trop mal obey, si i'estois,

Vostre
seruiteur.

A

MONSIEVR DE V****.

LETTRE VI.

Monsievr,

Tant de caresses de la fortune que i'ay perduës, en perdant vostre amitié, me persuadent enfin de me repentir d'auoir si fort cõtribué à sa perte; & si ie suis en disgrace, ie confesse que ie la merite pour ne m'estre pas conserué plus soigneusement, & l'estime & la veuë d'vne personne qui fait passer les moindres, dont il est visité sous le tiltre de Comtes & de Marquis: Certes, Monsieur, vous vous faites le pere de force grands Seigneurs, qui ne croyoient pas l'estre; & ie commence à m'apperceuoir que i'ay tort, d'auoir ainsi negligé ma fortune; car i'aurois possible gagné à ce jeu-là vne Principauté : Quelques-vns blasment cette humeur prodige ; mais ils ne sçauent pas que ce qui vous engage à ces magnificences, est le passionné desir qui vous emporte pour la multiplication de la Noblesse ; & que c'est pour cela, que ne pouuant mettre au iour de Gentils-hommes, selon la chair, vous en voulez du moins produire spirituellement : Les Autheurs Romanesque que vous connoissez, donnent bien des Empires à tel qui souuent n'auoit pas possedé deux arpens de terre ; mais vostre talent est si esgal au leur, qu'il vous met en droit d'vser des mesmes priuileges : On sçait assez que tous ces grands Autheurs ne parlent pas mieux que vous, puisque vous parlez tout comme eux, & qu'à chaque moment vous vomissez & Cassandre & Polexandre si crus, qu'on pense voir dans vostre bouche la papier dessous les paroles : Les Critiques murmurent que le grand bruit, dont vous esclatez, n'est pas la marque d'vn grand esprit ; que les vaisseaux vuides en excitent plus, que ceux qui sont pleins, & que peut-estre, à cause du concaue de vostre cerueau remply de rien, vostre bouche, à l'exemple des cauernes, fait vn écho mal distinct de tous les sons qui la frappent ; mais quoy il se faut consoler, celuy-là est encore à naistre, qui a sceu le moyen d'empescher l'enuie de mordre la vertu ; car ie veux mesme, comme ils le disent, que vous ne fussiez pas vn grand genie, vous estes toutesfois vn grand homme ? Commēt vous estes capable par vostre ombre seule de noircir vn Ieu de Paulme tout entier; personne n'entend parler de vostre taille, qu'il ne croye qu'on fasse l'histoire d'vn Cedre ou d'vn Sapin ; & d'autres qui vous connoissent vn peu plus particulierment, prouuant que vous n'auez rien d'homme que le son de la voix, asseurent qu'ils ont appris par tradition que vous estes vn chesne transplanté de la forest de Doone : Ce n'est pas de mon avis qu'il portent ce iugement ; au contraire, ie leur ay dit cent fois qu'il n'y auoit point d'apparence que vous fussiez vn chesne, puisque les plus sensez tombent d'accord que vous n'estes qu'vne busche ; Pour moy qui pense vous connoistre de plus longue main, je leur soustiens qu'il est tout à fait esloigné du vray-semblable, d'imaginer que vous soyez vn arbre ; car encor que cette partie superieure de vostre tout (qu'à cause du lieu de sa scituation

on

on appelle vostre teste) ne fasse aucune fonction raisonnable ny mesme sensitiue ; ie ne me persuade pas pourtant qu'elle soit de bois, mais ie m'imagine qu'elle a esté priuée de l'vsage des sens, à cause qu'vne ame humaine n'estant pas assez grande pour animer de bout en bout vn si vaste collosse, la nature s'est trouuée contrainte de laisser en friche la region d'enhaut ; Et en effet, y a-il au monde quelqu'vn qui ne sçache que quand elle logea, ce qu'en d'autres on nomme l'esprit dans vostre corps demesuré, elle eut beau le tirer & l'allonger, elle ne pût iamais le faire arriuer iusqu'à vostre ceruelle ; Vos membres mesme sont si prodigieux, qu'à les considerer on croit que vous auez deux Geants pendus au bas du ventre, à la place de vos cuisses; & vous auez la bouche si large, que ie crains quelquefois que vostre teste ne tombe dedans ; En verité, s'il estoit de la Foy de croire que vous fussiez homme, i'aurois vn grand motif à soupçonner, qu'il a donc fallu mettre dans vostre corps pour luy donner la vie, l'ame vniuerselle du monde. Il faut en effet que vous soyez quelque chose de bien ample, puis que toute la Communauté des Fripiers est oc-

S

cupée à vous veſtir, ou bien que ces gens-là qui cherchent le debit, ne pouuant amener toutes les ruës de Paris à la Haſle, ayẽt chargé ſur vous leurs guenilles, afin de promener la Haſle par tout Paris : Au reſte, ce reproche ne vous doit point offenſer, au contraire il vous eſt aduantageux ; il fait connoiſtre que vous eſtes vne perſonne publique, puis que le public vous habille à ſes deſpens, & puis aſſez d'autres choſes vous rendent conſiderable, Ie dis meſme, ſans mettre en ligne de compte, que comme de l'eſpaiſſeur de la Vaſe du Nil, enſuite de ſon débordement, les Egyptiens iugent de leur abondance ; on peut ſuputer par l'eſpaiſſeur de noſtre en bon point, le nombre des embraſſements illegitimes qui ſe ſont faits en voſtre Faux-bourg : Et enfin, à propos d'arbre, à qui ie vous comparois tantoſt, on dit que vous en eſtes vn ſi fertil, qu'il n'y a point de iour que vous ne produiſiez ; mais ie ſçay bien que ces ſortes d'injures paſſent fort loin de vous, & que vos calomniateurs n'euſſent oſé vous ſouſtenir en face tant d'injures, du temps que la troiſieſme peinture des Cartes eſtoit voſtre pourtraict, vous trainiez alors vne brette, qui vous auroit vangé de ces calomniateurs ; ils ne vous eussent pas accusé, comme aujourd'huy, d'effronterie en vn estat de condition où vous changiez si souuent de couleur. Voilà, Monsieur, les peaux d'Asnes à peu prés, dont ils persecutent vostre déplorable renommée : I'en ferois l'Apologie vn peu plus longue, mais la fin du papier m'oblige de finir ; Permettez donc que ie prenne congé de vous, sans les ceremonies accoustumées, parce que ces Messieurs qui vous méprisent fort, & dont ie fais beaucoup d'estime, penseroient que ie suis le valet du valet des Tambourineux, si j'auois mis au bas de cette Lettre, que ie suis,

MONSIEVR,

        Vostre
        seruiteur.

CONSOLATION
POVR
VN DE SES AMYS,
SVR L'ETERNITE'
DE SON BEAV-PERE.

LETTRE VI.

MONSIEVR,

La faculté bien mieux que moy, vous mettra quelque iour à couuert de la vie de ce personnage, laissez-là donc faire, elle a des bras dont personne ne pare les coups : Vous me répondrez, sans doute, qu'il a passé déja plus de dix fois le temps de mourir, que la Parque ne s'est pas souuenuë de luy, & que maintenant qu'elle a tant marché depuis, elle sera honteuse & paresseuse de reuenir l'apprendre si loin : Non, non, Monsieur, esperez tousiours iusqu'à ce qu'il ait passé neuf cens ans, l'âge de Mathusalem; mais enfin parlez luy sans cesse en grondant; criez, pestez, tonnez dans sa maison, croissez par tout à ses yeux, & faites en sorte qu'il se dépite contre le iour, n'est-il pas temps aussi bien qu'il fasse place à d'autres; Comment Artephius & la Sibille Cumée, au prix de luy, n'ont fait que semblant de viure, il nâquit auparauant que la mort fut faite; & la Mort, à cause de cela, n'oseroit tirer sur luy, parce qu'elle craint de tuer son pere; & puis mesme quand cette consideration ne l'empescheroit pas, elle le void si foible de vieillesse, qu'il n'auroit pas la force de marcher iusqu'en l'autre monde; Et ie pense qu'vne autre raison encore le fait demeurer debout, c'est que la mort qui ne luy voit faire aucune action de vie, le prenant plustost pour vne statuë que pour vn viuant, pense qu'il est du deuoir, ou du temps, ou de la fortune, de la faire tomber. Apres cela, Monsieur, ie m'estonne fort que vous disiez qu'estant prest de fermer le cercle de ses iours, & arriuant au premier point dont il est party, il redeuienne enfant : Ha ! vous vous mocquez, & pour moy ie ne sçaurois pas mesme m'imaginer qu'il l'ait iamais esté, quoy luy petit garçon ? non, non, il ne le fut iamais, ou Moïse s'est trompé au calcul qu'il a fait de la creation du Monde : S'il est permis toutefois de nommer ainsi tout ce qui peut à peine faire les fonctions d'vn enfant, ie vous donne les mains, car il faut en effet qu'il soit plus ignorant qu'vne plante mesme, de ne sçauoir pas mourir, chose que tout ce qui a vie sçait faire sans Precepteur. O ! que n'a-t'il esté connu d'Aristote, ce Philosophe n'eust pas définy l'hôme animal raisonnable ; Ceux de la secte d'Epicure, qui démontrēt que les bestes vsent de la raison, en doiuent excepter celle-là, encore s'il estoit bien vray qu'il fust beste : Mais, helas ! dans l'ordre des estres animez, il est vn peu plus qu'vn Artichault, & vn peu moins qu'vn Huistre à l'escaille ; de sorte que i'aurois crû, si ce n'estoit que vous le soupçonnez de ladrerie, qu'il est, ce qu'on appelle la plante sensitiue. Auoüez donc que vous auez tort de vous ennuyer de sa vie, il n'a pas encore vécu, il n'a que dormy, attendez au moins qu'il ait acheué vn somme, estes-vous asseuré qu'on ne luy ait pas dit que le sommeil & la mort sont freres ; il fait peut-estre scrupule (ayant bonne conscience) apres auoir joüy de l'vne, auoir affaire à l'autre? N'inferez pas cependant, ensuite de cela, que ie vueille prouuer par cette enfilade, que le personnage dont il est question, soit vn sot homme, point du tout, il n'est rien moins qu'homme; car outre qu'il nous ressemble par le Baptesme, c'est vn priuilege dont joüyssent, aussi bien que luy, les Cloches de sa Parroisse. Ie parlerois de cette vie iusqu'à la mort, pour soulager vostre ennuy; mais le sommeil commance de causer à ma main de si grandes foiblesses, que ma teste, par compagnie, tombe sur mon oreille. Ha! par ma foy, ie ne sçay plus ce que i'escris, Adieu, bon soir,

MONSIEVR,

Vostre
seruiteur.

CONTRE
VN PILLEVR
DE PENSEE.

LETTRE VII.

Monsievr,

Puis que noſtre amy butine nos penſées, c'eſt vne marque qu'il nous eſtime, il ne les prendroit pas s'il ne les croyoit bonnes ; & nous auons grand tort de nous eſtomaquer de ce que n'ayant point d'enfans, il adopte les noſtres ; Pour moy, ce qui m'offence en mon particulier (car vous ſçauez que i'ay vn eſprit vangeur de torts, & fort enclin à la juſtice diſtributiue) c'eſt de voir qu'il attribuë à ſon ingrate imagination les bons ſeruices que luy rend ſa memoire, & qu'il ſe diſe le pere de
milles

milles hautes conceptions, dont il n'a esté au plus que la Sage-femme; Alons, Monsieur, apres cela nous vanter d'escrire mieux que luy, lors qu'il escrit tout comme nous, & tournons en ridicule, qu'à son aage il ait encore vn escriuain chez luy, puis qu'il ne nous fait point en cela d'autre mal que de rendre nos œuures plus lisibles ; nous deurions au contraire receuoir auec respect tant de sages aduertissemens moraux, dont il tasche de reprimer les emportemens de nostre ieunesse; Ouy, certes, nous deurions y adjouster plus de foy, & n'en douter non plus que de l'Euangile ; car tout le monde sçait que ce ne sont pas des choses qu'il ait inuentées ; A la verité d'auoir vn amy de la sorte, c'est entretenir vne Imprimerie à bon marché ; pour moy ie m'imagine, en dépit de tous ses grands manuscrits, que si quelque iour apres la mort, on inuentorie le Cabinet de ses Liures, c'est à dire de ceux qui sont sortis de son genie, tous ces ouurages ensemble ostant ce qui n'est pas de luy, composeront vne Bibliotecque de papier blanc. Il ne laisse pas de vouloir s'attribuer les dépoüilles des morts, & de croire inuenter ce dont il se souuient ; mais de cette

T

façon il prouue mal la noble extraction de ses pensées de n'en tirer l'antiquité que d'vn homme qui vit encore; mais il veut par la conclure à la Metempsicose, & monstrer que quand il se seruiroit des imaginations de Socrate, il ne les voleroit point, ayant esté jadis ce mesme Socrate, qui les imagina ; & puis n'a-t'il pas assez de memoire pour estre riche de ce bien là seul ? Comment il l'a si grande, qu'il se souuient de ce qu'on a dit trente siecles auparauant qu'il fut au monde : Quant à moy qui suis vn peu moins souffrant que les morts, obtenez de luy qu'il me permette de datter mes pensées, afin que ma posterité ne soit point douteuse : il y eut iadis vne Deesse Echo, celuy-cy sans doute doit estre le Dieu ; car de mesme elle, il ne dit iamais que ce que les autres ont dit, & le repete si mot à mot, que transcriuant l'autre iour vne des mes Lettres (il appelloit cela composer, il eut toutes les peines du monde à s'empescher de mettre, Vostre seruiteur Beaulieu, parce qu'il y ait au bas,

Vostre seruiteur,
DE BERGERAC.

AVTRE
Sur le mesme Sujet.

LETTRE VII.

MONSIEVR,

Apres auoir eschauffé contre nous cét homme qui n'est que flegme, n'apprehendons nous point qu'vn de ces iours on nous accuse d'auoir bruslé la riuiere ; cét esprit aquatique murmure continuellement comme les fontaines, sans que l'on puisse entendre ce qu'il dit, Ha! Monsieur, que cét homme me fait preuoir à la fin des siecles vne estrange auanture, & c'est que s'il ne meurt qu'au bout de sa memoire, les Trompettes de la Resurrection n'auront pas de silence, cette seule faculté dans luy ne laisse point de place aux autres; & il est vn si grand persecuteur du sens commun, qu'il me fait soupçonner que le Iugement vniuersel n'a esté promis que pour en faire auoir aux personnes comme luy, qui n'en ont point eu de particulier; Et à vous parler ingenument quiconque le fera sortir du monde aura grand tort, puis qu'il l'en fera sortir sans raison; mais cependant il parle autant que tous les Liures, & tous les Liures semblent n'auoir parlé que pour luy; il n'ouure iamais la bouche que nous n'y trouuions vn larcin, & il est si accoustumé à ne mettre au iour son pillage, que mesme quand il ne dit mot, c'est pour dérober cela aux Muets? Nous sommes pourtant de faux braues, & nous partageons auec injustice les auantages du combat, nostre esprit ayāt trois facultez de l'opposer au sien, qui n'en a qu'vne; c'est pourquoy s'il a dans la teste beaucoup de vuide, on luy doit pardonner, puis qu'il n'a pas esté possible à la nature de la remplir auec le tiers d'vne ame raisonnable, en recompense il ne l'a laisse pas dormir, il l'a tient sans cesse occupée à dépoüiller: Et ces grands Philosophes, qui croyoiēt s'estre mis par la pauureté qu'ils professoit, à couuert d'imposts & de contributiōs, luy doiuent par iour chacun, iusqu'au plus miserable vne rente de dix pensées, & ce Maltotier de conceptions n'en laisse pas eschaper vn qu'il ne taxe aux aisez, selon l'estenduë de son reuenu; ils ont beau se cacher dans l'obscurité, il les sçait bien trouuer, & les fait bien parler François, encore ont-ils souuent le regret de voir confisquer leurs œuures toutes entieres, quand ils n'ont pas le moyen de payer leur taxe, mais il continuë ces brigandages en seureté; car il sçait que la Grece & l'Italie releuant d'autres Princes que du nostre, il ne sera pas recherché en France des larcins qu'il aura faits chez eux. Ie croy mesme qu'il pense, à cause que les Payens sont nos ennemis, ne pouuoir rien butiner sur eux qui ne soit pris de bonne guerre: Voila, Monsieur, ce qui est cause que nous voyons chaque page de ses Epistres estre le cymetiere des viuants & des morts, ne doutez point apres cela, que si au iour de la consommation des siecles, chacun reprend ce qui luy appartient. Le partage de ces escrits sera la derniere querelle des hommes, apres auoir esté dans nos conuersations cinq ou six iours à la fust aux pensées, plus chargé de pointes qu'vn Porc-espic, il les vient ficher dans ces Epigrames & dans ces Sonets comme des éguilles dans vn ploton ; Cependant il se vante qu'il n'y a rien dans ses escrits qui ne luy appartienne aussi iustement, que le papier & l'ancre qu'il a payez ; que les vingt-quatre lettres de l'Alphabet sont sont à luy comme à nous, & la disposition par consequent ; & qu'Aristote estant mort, il peut bien s'emparer de ses Liures, puisque ses terres, qui sont des immeubles, ne sont pas aujourd'huy sans Maistres ; mais apres tout cela, quelquesfois quand on luy trouue le manteau sur les espaules, il l'adopte pour sien, & proteste de n'auoir iamais logé dans sa memoire que ses propres imaginations ; pour cela il se peut faire ses escrits, estants l'Hospital où il retire les miennes ? Si maintenant vous me demandez la définition de cét homme, ie vous respondray que c'est vn Echo qui s'est fait penser de la courte haleine, & qui auroit esté muet, si ie n'auois iamais parlé ? Pour moy, ie suis vn miserable pere, qui pleure la perte de mes enfans ; Il est vray que de ses richesses il en vse fort genereusement, car elles sont plus à moy qu'à luy : Et il est encores vray que si l'on y mettoit le feu, en y jettant de l'eau, ie ne sauuerois que mon

SATYRIQVES. 151

bien, c'est pourquoy ie me retracte de tout ce que ie luy ay reproché? De quelle faute, en effet, puis-ie accuser vn innocent qui n'a rien fait, ou qui (quoy qu'il ait fait) ne l'a fait enfin qu'apres moy : Ie ne l'accuse donc plus, nous sommes trop bons amis, & i'ay tousiours esté si joint à luy, qu'on ne peut pas dire qu'il ait iamais trauaillé à quelque chose où ie n'aye esté attentif. Ses ouurages estoient mes seules pensées, & quand ie m'occupois à imaginer, ie songeois à ce qu'il deuoit escrire : Tenez donc, ie vous supplie pour asseuré, que tout ce que ie semble auoir reproché cy-dessus à sa mandicité, est seulement pour le prier qu'il espargne ses ridicules comparaisons de nos peres, car ce n'est pas le moyen de deuenir, comme il l'espere, Escriuain sans comparaison, puisque c'est vne marque d'auoir bien de la pente au larcin, de dérober iusqu'à des guenilles, & de n'auoir pour toute finesse de bien dire, que des comme, des de mesmes, ou des tout ainsi? Comment la foudre n'est pas assez loing de ses mains dans la moyenne region de l'air, ny les torrents de trace assez rapides pour empescher qu'il ne les destourne iusqu'en ce Royaume, pour les marier par force à ses comparaisons; Ie ne vois par le motif de ce mauuais butin, si ce n'est que ce flegmatique, de peur de laisser croupir ses aquatiques pensées, essaye d'en former des torrents, craignant qu'elles ne se corrompent, ou qu'il veut eschauffer ses froides rencontres auec le feu des esclairs & des tonners : Mais puis qu'enfin, pour tout ce que ie luy sçaurois dire, il ne vainquera pas les tyranniques malignitez de sa Planette; & puisque cette inclination de Filou le gourmande auec tant d'empire, qu'il glanne au moins sur les bons Autheurs ; car quel butin pretend-il faire sur vn miserable comme moy, il ne se chargera que de vetilles ; Cependant il consomme & les nuicts & les iours à me dépoüiller depuis les pieds iusqu'à la teste; & cela est si vray, que ie vous feray voir dans toutes ses lettres le commencement & la fin des miennes, Ie suis,

MONSIEVR,

Vostre
seruiteur.

AVTRE

CONTRE VN GROS HOMME.

LETTRE IX.

ENfin, gros homme, ie vous ay veu, mes prunelles ont acheué sur vous de grands voyages; & le iour que vous éboulâtes corporellement iusqu'à moy, i'eus le temps de parcourir vostre hemisphére, ou pour parler plus veritablement, d'en découurir quelques cantons : Mais comme ie ne suis pas tout seul les yeux de tout le monde, permettez que ie donne vostre portraict à la posterité, qui vn iour sera bien-aise de sçauoir comment vous estiez fait : On sçaura donc en premier lieu, que la nature qui vous ficha vne teste sur la poitrine, ne voulut pas expressément y mettre de col, afin de le dérober aux malignitez de vostre horoscope; que vostre ame est si grosse, qu'elle seruiroit bien de corps à vne personne vn peu déliée ; que vous auez, ce qu'aux hommes on appelle, la face si fort au dessous des épaules, & ce qu'on appelle les espaules si fort au dessus de la face, que vous semblez vn sainct Denys portant son chef entre ses mains : Encore ie ne dis que la moitié de ce que ie voy, car si ie descends mes regards iusqu'à vostre bedaine, ie m'imagine voir aux Limbes tous les Fidels dans le sein d'Abraham, Saincte Vrsule, qui porte les vnze mil Vierges enuelopées dans son manteau, ou le cheual de Troye farcy de quarante mille hommes ; Mais ie me trompe, vous estes quelque chose de plus gros, ma raison trouue bien plus d'apparence, à croire que vous estes vne loupe aux entrailles de la nature, qui rend la terre jumelle : Hé ! quoy, vous n'ouurez iamais la bouche qu'on ne se souuienne de la fable de Phaëton, où le Globe de la Terre parle ; ouy le Globe de la Terre ; Et si la Terre est vn animal, vous voyant aussi rond & aussi large qu'elle, ie soustiens que vous estes son masle, & qu'elle a depuis peu accouché de l'Amerique, dont vous l'auiez engrossée : Hé ! bien, qu'en dites-vous, le portraict est-il ressemblant, pour n'y auoir donné qu'vne touche ;

par la description de vostre sphere de chair, dont tous les membres sont si ronds, que chachun fait vn cercle, & par l'arondissement vniuersel de vostre épaisse masse, n'ay-ie pas appris à nos nepueux que vous n'estiez point fourbe, puis que vous marchez rondement? Pouuois-ie mieux conuaincre de mensonge, ceux qui vous menassont de pauureté, qu'en leur faisant voir à l'œil que vous roulerez tousiours: Et enfin, estoit-il possible d'enseigner plus intelligiblement, que vous estes, vn miracle, puisque vostre gras-embonpoint vous fait prendre par vos spectateurs pour vne longe de veau qui se proméne sur ses lardons. Ie me doute bien que vous m'objecterez qu'vne Boule, qu'vn Globe, ny qu'vn morceau de chair ne font pas des ouurages, & que la belle Sidon vous a fait triompher sur les Theatres de Venise: Mais entre-vous & moy, vous en connoissez l'encloüeure; il n'y a personne en Italie, qui ne sçache que cette tragedie est la Corneille d'Esope; que vous l'auez sceuë par cœur auparauant que de l'auoir inuentée, estant tirée *de l'aminte du Pastor fide de Guarini*, du Caualier Marin, & de cent au-

V ij

tres; on la peut appeller la piece des pieces; & que vous feriez non feulement vn Globe, vne Boule & vn morceau de chair; mais encore vn miroir qui prend tout ce qu'on luy montre, n'eſtoit que vous repreſentez trop mal la dette: Sus-donc, confeſſez, ie n'en parleray point; au contraire, pour vous excuſer, ie diray à tout le monde que voſtre Reyne de Cartage doit eſtre vn corps compoſé de toutes les natures; parce qu'eſtant d'Affrique, c'eſt de là que viennent les Monſtres: Et i'adjoûteray meſme, que cette piece parut ſi belle aux Nobles de cette Republique, qu'à l'exemple des Acteurs qui la joüoient, tout le monde la joüoit: Quelques ignorans peut-eſtre concluront, à cauſe de la ſterilité de penſées qu'on y trouue, que vous ne penſiez à rien quand vous la fiſtes; mais tous les habilles ſçauent qu'afin d'éuiter l'obſcurité, vous y auez mis les bonnes choſes fort claires; & quand meſme ils auroient prouué que depuis l'ortie iuſqu'au ſapin, c'eſt à dire depuis le Taſſe iuſqu'à Corneille, tous les Poëtes ont accouché de voſtre enfant, ils ne pourroient rien inferer, ſinon qu'vne ame ordinaire, n'eftant pas affez grande pour viuifier voftre maffe de bout en bout ; Vous fuftes animé de celle du monde, & qu'auiourd'huy c'eft ce qui eft caufe que vous imaginez par le cerueau de tous les hommes : Mais encore ils font bien efloignez d'auoüer que vous imaginez ; ils fouftiennent mefme qu'il n'eft pas poffible que vous puiffiez parler, ou que fi vous parlez, c'eft comme iadis Lantre de la Sibille, qui parloit fans le fçauoir ; Mais encore que les fumées, qui fortent de voftre bouche, ie voulois dire de voftre bondon, foient auffi capables d'enyurer que celles qui s'exhaloient de cette grote, ie n'y voy rien d'auffi prophethique ; c'eft pourquoy i'eftime que vous n'eftes au plus que la Cauerne des fept Dormans, qui ronflent par voftre bouche. Mais bons Dieux ! qu'eft-ce que ie voy, vous me femblez encor plus enflé qu'à l'ordinaire ? Eft-ce donc le couroux qui vous fert de Seringue. Des-ja vos jambes & voftre tefte fe font tellement vnies par leur extention à la circonference de voftre Globe, que vous n'eftes plus qu'vn balon : Vous vous figurez peut-eftre que ie me mocque, par ma foy vous auez deuiné,

& le miracle n'eſt pas grand qu'vne boule ait frapé au but ; Ie vous puis meſme aſſeurer, que ſi les coups de bâton s'enuoyoient par eſcrit, vous liriez ma Lettre des eſpaules : Et ne vous eſtonnez pas de mon procedé, car la vaſte eſtenduë de voſtre rondeur me fait croire ſi fermement que vous eſtes vne terre, que de bon cœur ie planterois du bois ſur vous pour voir comme il s'y porteroit? Penſez-vous donc, à cauſe qu'vn homme ne vous ſçauroit battre tout entier en vingt-quatre heures, & qu'il ne ſçauroit en vn iour eſchigner qu'vne de vos omoplates, que ie me vueille repoſer de voſtre mort ſur le Boureau? Non, non, ie feray moy-meſme voſtre Parque ; & ce feroit desja fait de vous, ſi i'eſtois bien deliuré d'vn mal de rate, pour la gueriſon duquel les Medecins m'ont ordonné encore quatre ou cinq priſes de vos impertinances ; mais ſi-toſt que i'auray fait banqueroute aux diuertiſſements, & que ie feray las de rire, tenez par tout aſſeuré que ie vous enuoyeray deffendre de vous compter entre les choſes qui viuent ; Adieu, c'eſt fait. I'euſſe bien finy ma Lettre à l'ordinaire, mais vous n'eussiez pas crû pour cela que ie fusse voftre tres-humble, tres-obeïssant, & tres-affectionné : C'est pourquoy, Gros Creué,

Seruiteur à la paillasse.

LETTRES

CONTRE
SCARRON.
LETTRE X.

MONSIEVR,

Vous me demandez quel iugement ie fais de ce Renard, à qui semblent trop vertes les mures où il ne peut atteindre ; ie pense que comme on arriue à la connoissance d'vne cause par ses effets, qu'ainsi pour connoistre la force, ou la foiblesse de l'esprit de ce personnage, il ne faut que jetter la veuë sur ses productions : Mais ie parle fort mal de dire ses productions, il n'a iamais sceu que détruire, tesmoin le Dieu des Poëtes de Rome, qu'il fait encor aujourd'huy radoter. Ie vous aduoüeray donc, au sujet sur lequel vous desirez auoir mon sentiment, que ie n'ay iamais veu

de

de ridicule plus serieux, ny de serieux plus ridicule que le sien ; Le peuple l'approuue, apres cela concluez : Ce n'est pas toutesfois que ie n'estime son iugement, d'auoir choisi pour escrire vn style mocqueur, puis qu'escrire, comme il fait, c'est se mocquer du monde. Ses Partisans ont beau crier pour esleuer sa gloire, qu'il trauaille d'vne façon, où il n'a personne pour guide, ie leur confesse ; mais qu'ils mettent la main sur leur conscience ? En verité, n'est-il pas plus aisé de faire l'Eneide de Virgile, comme Scarron, que de faire l'Eneide de Scarron, comme Virgile. Pour moy, ie m'imagine, quand il se mesle de profaner le sainct art d'Apollon, entendre vne grenoüille faschée croasser au pied du Parnasse. Vous me reprocherez, peut-estre, que ie traite vn peu mal cét Autheur de le reduire à l'infecte ; mais ne l'ayant iamais veu, puis que vous m'obligez à faire son Tableau, ie ne sçaurois pour le peindre, agir d'autre façon, que de suiure l'idée que i'en ay receu de tous ses amis. Il n'y en a pas vn qui ne tombe d'accord, que sans mourir, il a cessé d'estre homme, & n'est plus que façon. Mais en effet, à

X

quoy le recomnoiſtrions-nous, il marche à rebours du ſens commun, & il en eſt venu à ce point de beſtialité, que de banir les pointes & les penſées de la compoſition des ouurages: Quand par mal-heur en liſant, il tombe ſur quelqu'vne, on diroit à voir l'horreur dont il eſt ſurpris, qu'il eſt tombé des yeux ſur vn Bazilic, ou qu'il a marché ſur vn Aſpic. Si la terre n'auoit iamais connu d'autres pointes que celles des chardons, la nature la formé, de ſorte qu'il ne les auroit pas trouué mauuaiſe? car entre vous & moy, lors qu'il fait ſemblant de ſentir qu'vne pointe le pique, ie ne puis m'empeſcher de croire que c'eſt afin de nous perſuader qu'il n'eſt pas ladre; mais ladre ou non, ie le lairois en patience, s'il n'erigeoit point des trophées à la ſtupidité, en l'appuyant de ſon exemple? Comment, ce bon Seigneur veut qu'on n'écriue que ce qu'on a leu, comme ſi nous ne parlions aujourd'huy François, qu'à cauſe que jadis on a parlé Latin, & comme ſi l'on n'eſtoit raiſonnable que quand on eſt moulé; nous ſommes donc beaucoup obligez à la nature, de ne l'auoir pas fait naiſtre le premier homme, car indubitablemēt il n'auroit iamais parlé, s'il auoit entendu braire auparauant. Il est vray que pour faire entendre ses pensées, il employe vne espece didiosme, qui force tout le monde à s'estonner comment les vingt-quatre lettres de l'Alphabet se peuuent assembler en tant de façons sans rien dire? Apres cela, vous me demanderez le iugement que ie fais de cét hōme, qui sans rien dire parle sans cesse, helas! Monsieur, aucun, sinon qu'il faut que son mal soit bien enraciné, de n'en estre pas encore guery depuis plus de quinze ans qu'il a le flus de bouche? Mais à propos de son infirmité, on croit, comme vn miracle de ce sainct homme, qu'il n'a de l'esprit que depuis qu'il en est malade; que sans qu'elle a troublé l'œconomie de son temperament, il estoit taillé pour estre vn grand sot, & que rien n'est capable d'effacer lancre, dont il a barboüillé son nom sur le front de la memoire, puisque le Mercure & Larchet n'en ont pû venir à bout. Les railleurs adjoûtent à cela qu'il ne vit qu'à force de mourir, parce que cette drogue de Naples qui luy a cousté bonne, & qui l'a fait monter au nombre des Autheurs, il l'a reuend tous les iours aux Libraires ; Mais quoy qu'ils disent, il ne mourra iamais de faim, car pourueu que rien ne manque à sa chaire, ie suis fort asseuré qu'il roulera iusqu'à la mort : S'il auoit mis les Poëſmes autant à couuert de la fureur de l'oubly, ils ne seroient pas en danger, comme ils font d'estre bien-tost inhumez en papier bleu ; Aussi n'y a-il gueres d'apparence que ce pot pourry de Peaudasnes & de contes de ma Mere-Loye, fassent viure Scarron autant de siecles que l'Histoire d'Enée a fait durer Virgile : Il me semble, au contraire, qu'il feroit mieux d'obtenir vn Arrest de la Cour, qui portant commandement aux Harangeres de parler tousiours vn mesme jargon, de peur qu'introduisant de nouueaux rebus, à la place des vieux, on ne doute auant quatre mois en quelle Langue il aura escrit. Mais ! helas, en ce terrestre sejour, qui peut répondre de son eternité dans la memoire des hommes, quand elle dépend de la vicisitude de leurs prouerbes : Ie vous asseure que cette pensée m'a fait iuger plusieurs fois, que les cheuaux qui traisnent le char de sa renõmée, auroient besoin qu'il se seruit de pointes pour la

SATYRIQVES. 165

faire auancer, autrement elle porte la mine, si elle marche aussi lentement que luy, de ne pas faire vn long voyage ? Comment, les Grecs ont demeuré moins de temps au Siege de Troye, qu'il ne s'en est passé depuis qu'il est sur le sien. A le voir sans bras & sans jambes, on le prendroit (si sa langue estoit immobile) pour vn jerme planté au Paruis du Temple de la Mort ? Il fait bien de parler, on ne pourroit pas croire sans cela qu'il fust enuie ; & ie me trompe fort, si tout le monde ne disoit de luy, apres l'auoir ouy tant crier sous l'archet, que c'est vn bon violon : Ne vous imaginez pas, Monsieur, que ie le boure ainsi pour m'escrimer de l'equiuoque, violon, ou autre, à curieusement considerer le squelete de cette momie : Ie vous puis asseurer que si iamais il prenoit enuie à la parque de danser vne Sarabande, elle prendroit à chaque main vne couple de Scarrons ; au lieu de Castagnetes, ou tout au moins elle se passeroit leurs langues entre ses doigts, pour s'en seruir, comme on se sert des cliquetes de ladre : Ma foy, puisque nous en sommes arriuez iusques-là, il vaut autant acheuer son portraict ; Ie me fi-

X iij

gure donc (car il faut bien se figurer les animaux que l'on ne montre pas pour de l'argēt) que si ses pensées se forment au moule de sa teste, il doit auoir la teste fort plate ; que ses yeux sont des plus grands, si la nature les luy a fendus de la longueur, dont le coup de hache luy a feslé le cerueau. On adjoûte à sa description, qu'il y a plus de dix ans que la parque luy a tordu le col, sans le pouuoir estrangler; & ces iours passez vn de ces amis m'asseura, qu'apres auoir contemplé ses bras tordus, & petrifiez sur les hanches, il auoit pris son corps pour vn gibet, ou le Diable auoit pendu vne ame; & se persuada mesme qu'il pouuoit estre arriué que le Ciel, animant ce cadaure infecte & pourry, auoit voulu pour le punir des crimes, qu'il n'auoit pas commis encore, jetter par auance son ame à la voirie. Au reste, Monsieur, vous l'exhorterez de ma part, s'il vous plaist, de ne se point emporter pour toutes ces galenteries, par lesquelles ie tasche de dérober sa pensée aux cruelles douleurs qui le tourmentent, ce n'est point à dessein d'augmenter son affliction? Mais quoy, il n'est pas facile de côtraindre en son cœur toutes les veritez qui se pressent; & puis pour auoir peint le tableau de son visage mal basty, n'est-il pas manifeste à chacun que depuis le tēps que les Medecins sont occupez à curer sa carcasse, ce doit estre vn hōme bien vuide; Outre cela, que sçait-on si Dieu ne le punit point, de la haine qu'il porte à ceux qui sçauent bien penser quand nous voyons sa maladie deuenuë incurable, pour auoir differé trop long-temps de se mettre entre les mains d'vne personne qui sceut bien penser : Ie me persuade que c'est aussi en consequence de cela, que ce Cerbere enragé vomit son venin sur tout le monde : car i'ay appris que quelqu'vn luy dépliant vn Sonnet qu'il disoit (n'en estant pas bien informé) estre de moy, il tourna sur luy des yeux qui l'obligerent de le replier sans le lire : mais son caprice ne m'estonne gueres, car comment eut il pû voir cét ouurage de bon œil, luy qui ne sçauroit mesme regarder le Ciel que de trauers; luy qui persecuté de trois fleaux, ne reste sur la terre que pour estre aux hommes vn spectacle continuel de la vengeance de Dieu : luy dont la calomnie & la rage ont osé répandre leur escume sur la pourpre d'vn Prince de l'Eglise, & tasché d'en faire réjalir la honte sur la face d'vn Heros, qui conduit heureusement sous les auspices de Louys le premier Estat de la Chrestienté; Enfin tout ce qui est noble, auguste, grand, & sacré, irrite à tel poinct ce monstre, que semblable au Codinde, aussi bien en sa deformité qu'en son couroux, il ne peut supporter la veuë d'vn Chapeau d'escarlate sans entrer en fureur; quoy que sous ce Chapeau la France glorieuse repose à couuert de ses ennemis? Vous iugez donc bien à present que son mespris m'importe comme rien, & que sçauroit esté vn petit miracle si mon Sonnet qui passe pour assez doux, n'auoit pas semblé fade à vn homme poiuré: Mais ie m'apperçoy que ie vous traite vn peu trop familieremnt, de vous entretenir d'vn sujet si bas; Au reste, ie vous conseille de vous passer de l'aymable Comedie que vous vous donneriez en luy montrant ma Lettre, ou bien faites-vous instruire de la langue qu'entendoit Esope pour luy expliquer le François. Voila vne partie de ce que i'auois à mander: l'autre consiste à signer le ie suis, en le faisant tomber mal à propos,

pos, parce qu'il est tellement ennemy des pensées, que si quelque iour cette Lettre tomboit entre ses mains, il prescheroit par tout que ie l'aurois mal concluë, si apres qu'il auroit trouué que ie n'aurois pas mis à la fin sans y penser, Ie suis,

MONSIEVR,

Vostre
seruiteur.

LETTRES

AVTRE.
LETTRE XI.

MEssire Iean,

Ie m'eſtonne fort que ſur la Chaire de verité vous dreſſiez vn Theatre de Charlatan, qu'au lieu de preſcher l'Euangile à vos parroiſſiens; vous repaiſſiez leurs oreilles de cent côtes pour rire; que vous ayez l'inſolence de reciter des choſes que Triuelin rougiroit ſous ſon maſque de prononcer; Que profanant la dignité de voſtre caractere, vous d'écriuiez les plus ſales plaiſirs de la débauche, ſous ombre de les reprendre auec des circonſtãces ſi particulieres, que vous nous faites ſouuenir (quelle abomination) des ſacrifices qu'autrefois on faiſoit à Priape, de qui le Preſtre eſtoit le Maquereau: Certes, Meſſire Iean, vous deuriez exercer voſtre charge auec moins de ſcandale; quand vous ne luy auriez aucune autre obligation que celle de vous auoir appellé du fumier, où l'on vous a veu naiſtre à l'eſtat Eccleſiaſtique ; car ſi vous n'auez pas aſſez de force pour reſiſter à voſtre boufon d'aſcendant, du moins diſſimulez ; Et quand voſtre deuoir vous obligera d'anoncer l'Euangile pour nous en faire à croire, faites ſemblant de la croire ? Permettez que nous puiſſions nous tromper, & nous creuer les yeux de la raiſon, pour ne pas voir que vous ſantez le fagot ; & puis qu'en dépit du Loup-garou, vous eſtes reſolu de debiter nos myſteres comme vne farce, ne faites donc pas ſonner les cloches pour appeller le peuple à voſtre Sermon, deſcendez de la Chaire de verité, & montez ſur vne borne au coin du Carefour, ſeruez-vous d'vn tambourin de Biſcaïye, mettez gambader ſur vos eſpaules vne Guenon ; puis pour acheuer la momerie en toutes ſes meſures, paſſez la main dans voſtre chemiſe, vous y trouuerez Godenot dans ſa gibeciaire ; Alors on ne ſe ſcandaliſera point que vous diuertiſſiez le Badault, vous pourrez comme vn Bateleur, raconter les vertus de voſtre Mitridate, debiter des Chapelets de bauſme, des Sauonetes pour la

Y ij

galle, & des Pomades odoriferantes : Vous pourrez mesme faire prouision d'onguent pour la brûlure ; car les Sorciers du pays m'ont iuré auoir leu dans la cedule que vous auez donnée, (vous fçauez bien à qui) que le terme en expire à Noël. Vous auez beau mesme ne pas croire aux Possedez, on voit assez par les contortions dont vous agitez, les pendants de vostre guesne corporelle, que vous auez le Diable au corps; mais vous auez beau tafcher à vous guerir du mal d'Enfer par vne forte imagination, & courir les lieux de débauche; il ne nous importe, pourueu que vous n'accrochiez que des vieilles ou des sterilles, parce que la venuë de l'Antechrist nous fait peur, & vous fçauez la prophetie ? Mais vous riez, Messire Iean, vous qui croyez à l'Apocalipse, comme à la Mithologie, & qui dites que l'Enfer est vn petit conte pour épouuanter les hommes ; de mesme que pour effrayer les enfans, on les menasse de les faire manger à la Lune. Auoüez, auoüez, que vous estes l'incomparable ? car expliquez moy, ie vous conjure, comment vous pouuez estre impie & bigot tout ensemble, & composer auec les filets du tissu de vostre vie, vne toile meslée de superstition & d'atheisme : Ha ! Messire Iean mon amy, vous mourrez en dansant les sonnettes; Et en verité, il n'est pas besoin de consulter vn oracle pour en iurer ; car aussitost qu'on regarde les pieces de rapport qui composent l'assemblage & la simetrie de vos membres, on en demeure assez instruit, vos cheueux plus droits que vostre conscience, vostre front coupé de sillons , (c'est à dire taillé sur le modelle des campagnes de Beausse) où le Soleil marque vostre plage à l'ombre de vos rides, aussi iuste qu'il marque l'heure sur vn Cadran ; Vos yeux à l'abry de vos sourcis toufus, qui ressemblent à deux precipices au bord d'vn bois, sont tellement enfoncez, qu'à viure encore vn mois, vous nous regarderez par le deriere de la teste : On se persuade (habillez de rouge comme ils sont) voir deux Comettes sanglantes ; & i'y trouue du vray-semblable, puisque plus haut dans vos sourcils on découure des Estoiles fixes, que quelques-vns n'appellent pas ainsi. Vostre visage est à l'ombre d'vn nez, dont l'infection est cause que vous estes par tout en fort mauuaise odeur ; & mon Cordonnier m'asseura vn iour qu'il auoit pris vos ioues pour vne peau de Maroquin noir ; mesme ie me suis laissé dire que les plus deliez poils de vos moustaches, fournissent charitablement de barbeau goupillon du Benestier de vostre Eglise. Voilà, ie pense à peu pres l'image en hyerogliphe, qui constituë vostre horoscope. Ie passerois plus loing, mais comme i'attends visite, ie craindrois de perdre l'occasion de vous mander à la fin de ma Lettre, ce que l'on n'y mande pas ordinairement ; C'est que ie ne suis, & ne seray iamais,

Messire Iean,

V. S.

CONTRE
VN PEDANT.
LETTRE XI.

Monsieur,

Ie m'eſtonne qu'vne buche comme vous, qui ſemblez auec voſtre habit n'eſtre deuenu qu'vn grand charbon, n'ait encor pû rougir du feu dont vous brûlez? Penſez au moins, quand voſtre mauuais Ange vous reuolte contre moy, que mon bras n'eſt pas loin de ma teſte, & que iuſqu'à preſent voſtre foibleſſe & ma generoſité vous ont garenty, quoy que tout voſtre compoſé ſoit quelque choſe de fort mépriſable, ie m'en déliureray s'il me ſemble incommode, ne me contraignez donc pas à me ſouuenir que vous eſtes au monde; Et ſi vous voulez viure plus d'vn iour, rappellez souuent en vostre memoire, que ie vous ay deffendu de ne me plus faire la matiere de vos médisances : Mon nom remplit mal vne periode, & l'espaisseur de vostre masse carée la pourroit mieux fermer? Vous faites le Cesar, quand du feste de vostre Tribune pedagogue & bourreau de cent Escoliers? Vous regardez gemir sous vn sceptre de bois vostre petite Monarchie ; mais prenez garde qu'vn Tyran n'excite vn Brutus; car quoy que vous soyez l'espace de quatre heures sur la teste des Empereurs, vostre domination n'est point si fortement establie, qu'vn coup de cloche ne la détruise deux fois par iour ? On dit que par tout, vous vantez d'exposer, & vostre conscience & vostre salut ; Ie croy cela de vostre pieté : Mais de risquer vostre vie à cette intention, ie sçay que vous estes trop lasche, & que vous ne la voudriez pas joüer contre la Monarchie du monde ? Vous conseillez & concertez ma ruine, mais ce sont des morceaux que vous taillez pour d'autres ? Vous seriez fort aise de contempler seurement de la riuë vn naufrage en haute mer ; & cependant ie suis deuoüé au pistolet par vn Pedant bigot; Vn Pedant *in sacris*, qui deuroit pour l'exemple,

ple, si l'image d'vn pistolet auoit pris place en sa pensée, se faire exhorciser : Barbare maistre d'Escole ? Quel sujet vous ais-je donné de me tant vouloir de mal, vous feüilletez peut-estre tous les crimes dont vous estes capables, & pour lors ils vous souuint de m'accuser de l'impieté que vous reproche vostre memoire; mais sçachez que ie connois vne chose que vous ne connoissez point, que cette chose est Dieu, & que l'vn des plus forts arguments, apres ceux de la Foy, qui m'ont conuaincu de sa veritable existance, c'est d'auoir consideré que sans vne premiere & souueraine bonté qui regne dans l'Vniuers, foible & meschant comme vous estes, vous n'auriez pas vécu si long-temps impuny. Au reste, i'ay appris que quelques petits ouurages vn peu plus esleuez que les vostres, ont causé à vostre timide courage tous les emportemens dont vous auez fulminé contre moy : Mais, Monsieur, en verité ie suis en querelle auec ma pensée, de ce qu'elle a rendu ma Satyre plus piquante que la vostre, quoy que la vostre soit le fruict de la sueur des plus beaux genies de l'antiquité, vous deuez vous en prendre à la nature, & non pas

Z

à moy qui n'en puis mais; car pouuois-ie deuiner que d'auoir de l'esprit estoit vous offenser: Vous sçauez de plus, que ie n'estois pas au ventre de la jument, qui vous conçeut, pour disposer à l'humanité les organes & la complexion qui concouroient à vous faire cheual. Ie ne pretends point toutesfois que les veritez que ie vous presche, rejallissent sur le Corps de l'Vniuersité, (cette glorieuse Mere des Sciences) de laquelle si vous composez quelques membres, vous n'en estes que les parties honteuses? Y a-t'il rien dans vous qui ne soit tres-difforme, vostre ame mesme est noire, à cause qu'elle porte le deüil du trespas de vostre conscience; & vostre habit garde la mesme couleur pour seruir de petite oye à vostre ame. A la verité, ie confesse qu'vn chetif hypocondre, côme vous, ne peut obscurcir l'estime des gens doctes de vostre professiô; & qu'encore qu'vn ridicule orgueil vous persuade que vous estes habile pardessus les autres Regents de l'Vniuersité; Ie vous proteste, mon cher amy, que si vous estes le plus grand homme en l'Academie des Muses, vous ne deuez cette grandeur qu'à celle de vos membres, & que vous estes le plus grand perſonnage de voſtre College, par le meſme tiltre que ſainct Chriſtophle eſt le plus grand ſainct de Noſtre-Dame ; ce n'eſt pas que quand la fortune & la iuſtice ſeront bien enſemble, vous ne meritiez fort d'eſtre le Principal de quatre cens aſnes qu'on inſtruit à voſtre College : Ouy certes vous le meritez, & ie ne ſçache aucun Maiſtre des hautes œuures à qui le foüet ſiaye bien, comme à vous, ny perſonne à qui il appartienne plus iuſtement. Auſſi de ce grand nombre, i'en ſçay tel qui pour dix piſtoles, voudroit vous auoir eſcorché ; mais ſi vous m'en croyez vous le prendrez au mot, car dix piſtoles ſont plus que ne ſçauroit valoir la peau d'vne beſte à cornes. De tout cela, & de toutes les autres choſes que ie vous mandé l'autre iour, vous deuez conclure, ô petit Docteur, que les deſtins vous ordonnent par vne Lettre, que vous vous contentiez de faire eſchoüer l'eſprit de la ieuneſſe de Paris, contre les bancs de voſtre Claſſe, ſans vouloir regenter celuy qui ne reconnoiſt l'empire ny du Monet, ny du Theſaurus. Cependant, vous me heurtez à corne

Z ij

émouluë, & ressuscitant en vostre souuenir la memoire de vostre épouuantable, voüs en composez vn Roman, dont vous me faites le Heros : Ceux qui veulent vous excuser, en rejettent la cause sur la nature, qui vous a fait naistre d'vn pays ou la bestise est le premier patrimoine, & d'vne race dont les sept pechez mortels ont composé l'Histoire. Veritablement apres cela, i'ay tort de me fascher, que vous essayez de m'attribuer tous vos crimes, puisque vous estes en aage de donner vostre bien, & que vous paroissiez quelquefois si transporté de joye, en suputant les débordez du siecle, que vous y oubliez iusqu'à vostre nom. Il n'est pas necessaire de demander qui peut m'auoir appris cette stupide ignorance que vous pensiez secrete, vous qui tenez à gloire de la publier, & qui la beuglez si haut dans vostre Classe, que vous la faites ouyr d'Orient iusqu'en Occident : Ie vous conseille toutesfois, Maistre Picar, de changer desormais de texte à vos Harangues, car ie ne veux plus, ny vous voir, ny vous entendre, ny vous escrire ; Et la raison de cela, est que Dieu,

qui possible est aux termes de me pardonner
mes fautes, ne me pardonneroit pas celle
d'auoir eu affaire à vne beste,

Z iij

LETTRES

CONTRE
LE CARESME

LETTRE XIII.

Monsievr,

Vous auez beau canoniser le Caresme, c'est vne Feste que ie ne suis pas en deuotion de chomer ; Ie me le represente comme vne large ouuerture dans le corps de l'année, par où la mort s'introduit, ou comme vn Canibale qui ne vit que de chair humaine, pendant que nous ne viuons que de racines : Le cruel à si peur de manquer à nous détruire, qu'ayant sceu que nous deuons perir par feu dés le premier iour de son regne, il met tout le monde en cendre ; Et pour exterminer par vn deluge les restes d'vn embrasement, il fait ensuite déborder la Marée iusques dans nos Villes.

Ce Turc qui racontoit au Grand Seigneur que tous les François deuenoient foux à certain iour de l'année, & qu'vn peu de certaine poudre appliqué sur le front, les faisoit r'entrer dans leur bon sens, n'estoit pas de mon opinion ; car ie soûtiens qu'ils ne sont iamais plus sages que cette iournée ? Et si l'on m'objecte leurs Mascarades ; ie responds qu'ils se déguisent, afin que le Caresme qui les cherche ne les puisse trouuer : En effet, il ne les attrape iamais que le lendemain au lict, lors qu'ils sont démasquez. Les Saincts, qui pour auoir l'esprit de Dieu, sont plus prudens que nous, se deguisent aussi ; mais il ne se démasquent que le iour de Pasques, quand l'ennemy s'en est allé ; Ce n'est pas que le Barbare ait pitié de nous, il se retire seulement, parce qu'alors nous sommes si changez, que luy-mesme ne nous reconnoissant plus, il croit nous auoir pris pour d'autres : Vous voyez que desja nos bras se décharnent, nos ioües tombent, nos mentons s'éguisent, nos yeux se creusent, le ventru que vous connoissez commance à voir ses genoux, la nature humaine est effroyable; Bref, iusque dans les Eglises nos Saincts feroient peur, s'ils ne se cachoient ; Et puis,

doutez qu'il soit rechapé des martyrs de la rouë, de la fournaise, & de l'huile boüillante, lorsque dans six sepmaines nous verrons tant de gens se bien porter, apres auoir essuyé la furie de quarante-six Bourreau, leur presence seule est terrible : Aussi ie me figure Caresme-Prenant, ce grand iour des Metamorphoses, vn riche aisné qui se créue, pendant que cadets meurent de faim ; Ce n'est pas que la loy du jeûne ne soit vn stratagéme bien inuenté pour exterminer tous les fols d'vne Republique; mais ie trouue que les iours maigres ont tort de tuer tant de veaux en vne saison, où ils ne permettẽt pas qu'on en mange, & d'endurer que le mois de Mars soufle du costé de Rome, tant de vens de Marée si malins, qu'ils nous empeschent de manger à demy : Hé! quoy, Monsieur, il n'y a pas vn Chrestien dont le ventre ne soit vne mare à grenoüilles, ou vn jardin potager : Ie pense que sur le cadavre d'vn homme trespassé en Caresme, on void germer des bettes-raues, des chervis, des nauets & des carotes : Mais encore, il semble à ouyr nos Predicateurs, que nous ne deurions pas mesme estre de chair en ce temps ? Comment, il ne suffit pas à ce maigre impitoyable
de

SATYRIQVES.

de nous ruiner le corps, s'il ne s'efforce de corrompre nostre ame ; Il a tellement peruerty les bonnes mœurs, qu'auiourd'huy nous communiquons aux femmes nos tentations de la chair, sans qu'elles s'en offensent ? Ne sont-ce pas là des crimes pour lesquels on le deuroit chasser d'vn estat bien policé; mais ce n'est pas d'auiourd'huy qu'il gouuerne auec tant d'insolence, puis que nostre Seigneur mourut sous le premier an de son regne; La machine entiere du mõde pensa s'en éuanoüir, & le Soleil qui n'estoit pas accoustumé à ces longues diettes, tomba le mesme iour en défaillance, & ne seroit iamais reuenu de sa foiblesse, si l'on n'eut promptement cessé le Caresme : O ! trois & quatre fois, heureux celuy qui meurt vn Mardy-gras, il est quasi le seul qui se puisse vanter d'auoir vécu vne année sans Caresme ; Ouy, Monsieur, si i'estois asseuré d'abjurer l'heresie tous les Samedys Saincts, ie me ferois Huguenot tous les Mercredys des Cendres : Ma foy nos Peres reformez doiuent bien demander à Dieu que iamais le Pape ne soit mon prisonnier de guerre; car encore que ie sois assez bon Catholique, ie ne le mettrois point en liberté, qu'il n'eut reftitué pour fa rançon tous les iours gras qu'il nous a pris. Ie l'obligerois encore à dégrader du nombre des douze mois de l'année celuy de Mars, comme eftant le Ganelon qui nous trahit : Il ne fert à rien de répondre qu'il n'eft pas toufiours tout à fait contre nous, puis que des pieds ou de la tefte il trempe toufiours dans la purée ; qu'il ne fe fauue de la migraine qu'auec la crampe; & qu'enfin le Carefme eft fon gibet, ou tous les ans il fe trouue pendu par les pieds ou par le col ; Il eft donc la principale caufe des maux que nos ennemis nous font, parce que c'eft luy qui les logēt pendant qu'ils nous perfecutent, & ces perfecutions ne font pas imaginaires : Si la terre que les morts ont fur la bouche ne les empefchoit point de parler, ils en fçauroient bien que dire ; Auffi ie penfe qu'on a placé Pafques tout exprés à la fin du Carefme, à caufe qu'il ne falloit pas moins à des perfonnes, que le Carefme à tuez, qu'vne fefte de la Refurrection ? Ne vous eftonnez donc pas que tant de monde l'extermine ; car apres auoir tué tant de monde, il merite bien d'eftre rompu ; Cependant,

Monsieur, vous faites le Panegyrique du Caresme, vous loüez celuy qui m'empesche de viure, & ie le souffre sans murmurer ; Il faut bien que ie sois,

MONSIEVR,

Vostre
seruiteur,
D. B.

LETTRES

POUR
MADEMOISELLE ✶✶✶✶✶.
A MONSIEUR
LE COQ.
LETTRE XIV.

Monsieur le Coq,

Voſtre Coquete ma priée de vous enuoyer ce Poulet de ſa part, tant d'autres que vous auez receu d'elle n'ont vécu qu'en papier, mais celuy-cy eſleué auec plus de ſoin, tete, rit & reſpire; car la Poule a demeuré contre l'ordinaire de ſes ſemblables, neuf mois auant que de l'eſclore, On le prendroit ce Pouſſin pour vn petit homme ſans barbe, & ceux qui ont dreſſé ſon horoſcope ont predit qu'il ſeroit vn iour grand Seigneur à Rome, à cauſe que la premiere fois qu'il a rompu le silence, ç'a esté par le mot de Papa ; le luy ay fort recommandé de vous reprocher vostre ingratitude, & de vous conjurer de reuenir au nid de vostre aimable Poule ; mais encore qu'il ne le fasse qu'en son langage, n'ayez pas le cœur plus dur que sainct Pierre, à qui le mesme langage pût suffire autrefois pour l'appeller à resipiscence : Cessez donc, ô volage Cocq, de débaucher les femmes de vos voisins, reuenez au poulier de celle qui depuis si long-temps vous a donné son cœur, de celle dont si souuent les carresses ont preuenu vos desirs, & de celle enfin qui m'a protesté, tout ingrat que vous estes, de vous acabler de ses plus cheres faueurs, si vous luy faites seulement paroistre l'ombre d'vn repentir, mais rien ne vous émeut ; Et quoy, Coq effronté, ne voyez-vous pas que vostre barbe en rougit mesme de honte, quant au lieu de venir à ses pieds humblement traisner vos aisles contre terre, vous vous dressez sur vos ergots, pour luy chanter des satyres ; Vous voyez bien peut-estre que ce n'est pas là parler en terme de Poule, mais ie comprends bien aussi que les Airs que vous entonnez à sa loüange, ne sont pas des cocquericos : Vrayment, voila de beaux tesmoignages de gratitude, pour reconnoistre la liberalité d'vne personne qui vous enuoye sa premiere couuée ; Sans doute que l'autre iour, quand vous le fustes voir, vous ne le consideraftes qu'à demy ; regardez-le maintenant de plus prés, ce petit tableau, de vous mesme, il vous ressemble fort, aussi l'a-t'elle fait apres vous, & ie vous proteste que c'est le plus beau fruit de bon Chrestien, qu'on ait cueilly chez elle de cette Automne ; Mais à propos, ie me trompe, ce n'est pas vn fruit, c'est vn Poulet, faites donc à ce Poulet vn aussi bon acueil, qu'elle l'a fait aux vostres ; Quand ce ne seroit que par rareté, vous pourrez le monstrer à tout Paris, comme le premier Cocq qui iamais soit né sans coquille, autrement ie des-aduoüeray tout ; Et pour excuser la coqueterie de vostre Poule, ie publieray que tout ce qu'elle en a fait, n'a esté que pour faire,

MONSIEVR LE COCQ,

Vn petit Cocq-à-l'Asne.

A VN COMTE DE BAS-ALOY.

LETTRE XV.

MONSIEVR,

Ie ne sçay quelle bonne humeur de la fortune a voulu qu'au mesme temps que vous lisiez mes informations, on me faisoit voir les vostres, où il est aueré par témoins irreprochables, qu'vn Comte depuis trois iours, Comte fait à plaisir, Comte pour rire, enfin si petit Comte, qu'il ne l'est point du tout, vouloit s'eriger en braue mal-gré les salutaires conseils de son temperament pacifique;

qu'il s'estoit si fort aguerry à la bataille des manchettes, que s'estant imaginé qu'vn duel n'aboutissoit au plus qu'à la consommation d'vne demie-aulne de toile, il croyoit auoir trouué dans le linge de sa femme la matiere de mille combats ; qu'il n'auoit iamais esté sur le pré que pour paître ; & enfin qu'il n'auoit receu le Baptesme qu'en consequence de celuy que l'on donne aux cloches : Sus donc, efforcez-vous beau Damoisel, aux armes fées, grincez les dents, mordez vos doits, tapez du pied, iurez vn par la mort, & taschez de deuenir courageux : Ie ne vous conseille pas toutesfois de rien hazarder, que vous ne soyez asseuré qu'il vous soit venu du cœur ; tastez-vous bien auparauant, afin que selon qu'il vous en dira, vous presentiez la poitrine à l'espée, ou le dos au baston : Mais vous vous soûmettrez au dernier, ie le voy bien, car il ne tuë que fort rarement ; & puis, il n'est pas vray semblable que la Reyne des perles, qui vous a fait l'honneur d'eriger vostre fief en Comté, & qui dit tant de bien de vous, ait fait de vous vn méchant Comte : Ie suis fasché que vous n'entendiez mieux le François, vous iugeriez à ce compliment qu'on vous
coupe

coupe du bois; & par ma foy, vous auriez deuiné, car ie vous protefte fi les coups de bafton
pouuoient s'enuoyer par efcrit, que vous liriez ma Lettre des efpaules; & que vous y ver-
riez vn homme armé d'vn tricot fortir vifi-
blement de la place où i'ay accouftumé de
mettre,

MONSIEVR,

.

Voftre
feruiteur,
D. B.

LETTRES

A VN LISEVR DE ROMANS

LETTRE XVI.

A MOY MONSIEVR,

Parler Roman ; Hé ! dites-moy , ie vous supplie, Polexandre & Alcidiane, sont-ce des Villes que Gassion aille assieger. En verité, iusques icy, i'auois crû estre à Paris, demeurant au Marests du Temple , & ie vous auois crû vn Soldat volontaire dans nos Troupes de Flandres , quelquesfois mis en faction par vn Caporal ; mais puisque vous m'asseurez que ie ne suis plus moy-mesme, ny vous celuy-là , ie suis obligé Chrestiennement de le croire? Enfin, Monsieur, vous commandez des Armées; O! rendons graces à la fortune, qui s'est reconciliée auec la vertu : Certes, ie ne m'estonne plus, de ce que cherchant tous les Samedys voltre nom dans les Gazettes, ie ne pouuois l'y rencontrer? Vous estes à la teste d'vne Armée dans vn Climat, dont Renauldot n'a point de connoissance. Mais en voltre conscience, mon cher Monsieur, dites-moy? est-ce agir en bon François, d'abandonner ainsi voltre patrie, & d'affoiblir par l'esloignement de voltre personne le party de noltre Souuerain; Vous feriez ce me semble beaucoup plus pour voltre gloire, d'augmenter sur la mer d'Italie nostre flote de la voltre, que d'aspirer à la conqueste d'vn pays que Dieu n'a pas encore creé? Vous m'en demandez la route; par ma foy ie ne l'a sçay point; & toutefois, ie pense que vous deuez changer celle que vous auez prise; car ce n'est pas le plus court, pour arriuer aux Canaries, de passer par les Petites-maisons. Ie m'en vais donc pour la prosperité & le bon succez de voltre voyage faire des vœux, & porter vne chandelle à sainct Mathurin, & le prier que ie puisse vous voir sein quelque iour, afin que vous puissiez connoistre seinement, que tout ce que ie vous mande dans cette Lettre, n'aboutist qu'à vous tesmoigner combien ie suis,

MONSIEVR,

Vostre affectionné
seruiteur.

CONTRE LES MEDECINS.

LETTRE XVII.

Monsievr,

Puis que ie suis condamné (mais ce n'est que du Medecin) dont i'appelleray plus aisément que d'vn Arrest Preuostal, vous voulez bien que de mesme les Criminels qui preschent le peuple quand ils sont sur l'eschelle, moy qui suis entre les mains du Bourreau, ie fasse aussi des remonstrances à la jeunesse : La fiévre & le drogueur me tient le poignard sur la gorge, auec tant de rigueur, que i'espere d'eux qu'ils ne souffriront pas que mon discours vous puisse ennuyer. Il ne laisse pas, Monsieur le gradué, de me dire que ce ne sera rien, & proteste cependant à tout le monde, que sans miracle ie n'en puis releuer. Leurs presages toutesfois, encore que funestes, ne m'allarment guere ; car ie connois assez que la souplesse de leur art, les oblige de condamner tous leurs malades à la mort, afin que si quelqu'vn en eschappe, on attribuë la guerison aux puissans remedes qu'ils ont ; & s'il meurt, chacun s'écrie que c'est vn habile homme, & qu'il l'auoit bien dit. Mais admirez l'effronterie de mon Bourreau, plus ie sens empirer le mal qu'il me cause par ses remedes, & plus ie me plains d'vn nouuel accident, plus il tesmoigne s'en réjoüyr, & ne me pense d'autre chose que d'vn tant mieux ? Quand ie luy raconte que ie suis tombé dans vn sincope l'étargique, qui m'a duré prés d'vne heure, il répond que c'est bon signe ? Quand il me void entre les ongles d'vn flux de sang qui me déchire, bon dit-il, cela vaudra vne saignée ? Quand ie m'attriste de sentir comme vn glaçon, qui me gagne toutes les extremitez, il rit en m'asseurant qu'il le sçauoit bien, que ses remedes esteindroient ce grand feu; quelquefois mesme que semblable à la mort, ie ne puis parler, ie l'entends s'écrier aux miens, qui pleurent de me voir à l'extremité. Pauures nigaux, que vous estes, ne voyez-vous pas que c'est la fiévre qui tire aux abois? Voilà comme ce traite me berce; & cependant, à force de me bien porter, ie me meurs. Ie n'ignore pas que i'ay grand tort d'auoir reclamé mes ennemis à mon secours: Mais quoy! pouuois-ie deuiner que ceux, dont la science fait profession de guerir, l'employeroiēt toute entiere à me tuer; Car helas! c'est icy la premiere fois que ie suis tombé dās la fosse, & vous le deuez croire, puisque si j'y auois passé quelqu'autrefois, ie ne serois plus en estat de m'en plaindre: Pour moy, ie conseille aux foibles luiteurs, afin de se vanger de ceux qui les ont renuersez, de se faire Medecins; car ie les asseure qu'ils mettront en terre ceux qui les y auoient mis. En verité, ie pense que de songer seulement, quād on dort, qu'on rencontre vn Medecin, est capable de donner la fiévre. A voir leurs animaux etiques affublez d'vn long drap mortuaire, soustenir immobilement leur immobile Maistre, ne semble-t'il pas d'vne bierre où la parque s'est mise à califourchon; & ne peut-on pas prēdre leur houssine pour le guidon de la mort, puis qu'elle sert à conduire son Lieutenant. C'est pour cela, sans doute, que la Police leur a commandé de monter sur des Mules, & non pas sur des Cauales, de peur que la race des graduez venant à croistre, il n'y eut à la fin plus de bourreaux que de patiens. O! quel contentement i'aurois d'anatomiser leurs Mules, ces pauures Mules, qui n'ont iamais senty d'aiguillons, ny dedãs, ny dessus la chair, parce que les esperons & les bottes, sont des superfluitez, que l'esprit delicat de la faculté ne sçauroit digerer. Ces Messieurs se gouuernent auec tant de scrupule, qu'ils font mesme obseruer à ces pauures bestes (parce qu'elles sont leurs domestiques) des ieusnes plus rigoureux, que ceux des Niniuites, & quantité de tres-longs, dont le Rituel ne s'estoit point souuenu. Ils leurs attachent par les diétes la peau tout à cru dessus les os, & ne nous traitēt pas mieux, nous qui les payons bien ; car ces Docteurs morfondus, ces Medecins de neiges, ne nous font manger que de la gelée : Enfin tous leurs discours sont si froids, que ie ne trouue qu'vne difference entr'eux, & les peuples du Nort; c'est que les Noruegiens ont tousiours les mules aux talons, & qu'eux ont tousiours les talons aux mules ; ils sont tellement ennemis de

la

la chaleur, qu'ils n'ont pas si-tost connu dans vn malade quelque chose de tiede, que comme si ce corps estoit vn Montgibel: Les voilà tous occupez à seigner, à clisteriser, à noyer ce pauure estomach dans le Scené, la Casse, la Tisanne, & debiliter la vie, pour debiliter, disent-ils, ce feu qui prend nourriture, tant qu'il rencontrent de la matiere; de sorte que si la main toute expresse de Dieu, les faits rajamber vers le monde, ils l'attribuent aussi-tost à la vertu des refrigeratifs, dont ils ont assoupy cette incendie. Ils nous dérobent la chaleur & l'energie de l'estre qui est au sang; ainsi pour auoir esté trop saignez, nos Ames en s'enuolant, seruent de volant aux palettes de leurs Chirurgiens. Hé! bien, Monsieur, que vous en semble, apres cela n'auons-nous pas grand tort de nous plaindre de ce qu'ils demandent dix pistoles pour vne maladie de huict iours? N'est-ce pas vne cure à bon marché, où il n'y a point de charge d'ame : Mais côfrontez vn peu, ie vous prie, la ressemblance qu'il y a entre le procedé des drogueurs, & le procez d'vn criminel. Le Medecin ayant

Cc

consideré les vrines, interroge le patient sur la selle, & le condamne ; le Chirurgien le bande, & l'Apotiquaire descharge son coup par derriere : Les affligez mesme, qui pensent auoir besoin de leur chicane, n'en font pas grande estime. A peine sont ils entrez dans la chambre, qu'on tire la langue au Medecin, on tourne le cul à l'Apoticaire, & l'on tend le poing au Barbier : Il est vray qu'ils s'en vangent de bonne sorte, il en coûte tousiours au railleur le Cymetiere. I'ay remarqué que tout ce qu'il y a de funeste aux Enfers, est compris au nombre de trois ; On y void trois fleuues, trois chiens, trois iuges, trois parques, trois gerions, trois hecates, trois gorgones, trois furies : Les fleaux, dont Dieu se sert à punir les hommes, sont diuisez aussi par trois, la peste, la guerre & la faim ; le monde, la chair & le Diable ; la foudre, le tonnerre & l'esclair ; la saignée, la medecine & le lauement ; Enfin, trois sortes de gens sont enuoyez au monde, tout exprés, pour martyriser l'homme pendant la vie. L'Aduocat tourmente la bourse, le Medecin le corps, & le Theologien l'ame ; encor ils s'en ventent, nos escuyers à mules : Car comme vn iour le mien entroit dans ma chambre sans autre explication, ie ne luy fis que dire ? Combien, l'impudent meurtrier, qui comprit aussi-tost que ie luy demandois le nombre de ses homicides, empoignant sa grosse barbe, me répondit ? Autant, ie n'en fais point, continuat'il la petite bouche, & pour vous montrer que nous apprenons, aussi bien que les escrimeurs, l'art de tuer, c'est que nous nous exerçons de mesme eux, toute nostre vie, sur la tierce & sur la quarte. La reflexion que ie fis sur l'innocence effrontée de ce personnage, fut que si les autres disent moins, ils en font bien autant ; Que celuy-là se contentoit de tuer, & que ses camarades joignoient au meurtre la trahison ; Que qui voudroit escrire les voyages d'vn Medecin, on ne pourroit pas les compter par les Epitaphes seuls de sa Parroisse ; & qu'enfin la fiévre nous attaque, le Medecin nous tuë, & le Prestre en chante; mais ce seroit peu, à Madame la Faculté, d'enuoyer nos corps au sepulchre, si elle n'attentoit sur nostre ame; Le Chirurgien enrageroit plustost qu'auec sa charpis, tous les bleſſez qui font naufrage entre ſes mains, ne fuſſent trouuez morts couchez auec leurs tantes. Concluons donc, MONSIEVR, que tantoſt ils enuoyent & la mort & ſa faux enſeuelie dans vn grain de Mandragore, tantoſt liquifiée dans le canon d'vne Seringue, tantoſt ſur la pointe d'vne lancette, que tantoſt auec vn Iuillet, ils nous font mourir en Octobre ; & qu'enfin ils ſont accouſtumez d'enuelopper leurs venins dans de ſi beaux termes, que dernierement ie penſois que le mien m'eut obtenu du Roy vne Abbaye commandataire, quand il m'aſſeura qu'il m'alloit donner vn benefice de ventre. O ! qu'alors i'euſſe eſté réjoüy, ſi i'euſſe pû trouuer à le battre par equiuoque, comme fit vne villageoiſe, à qui l'vn de ces Bateleurs demandant ſi elle auoit du poulx, elle luy répondit auec force ſoufflets, & force eſgratigneures, qu'il eſtoit vn ſot, & qu'en toute ſa vie elle n'auoit iamais eu ny poux ny puces; mais leurs crimes ſont trop grands pour ne les punir qu'auec des equiuoques, citons-les en Iuſtice de la part des Trépaſſez. Entre tous les humains, ils ne trouueront pas vn Aduocat, il n'y aura Iuge qui n'en cōuainque quelqu'vn, d'auoir tué son pere; & parmy toutes les pratiques qu'ils ont couchez au Cymetiere, il n'y aura pas vne teste qui ne leur grince les dents. Que les pussent-elles deuorer, il ne faudroit pas craindre que les larmes qu'on jetteroit de leur perte, fissent grossir les riuieres : On ne pleure aux trépas de ces gens-là que de ce qu'ils ont trop vescu ; Ils son tellement aimez, qu'on trouue bon tout ce qui vient d'eux, mesme iusqu'à leur mort, comme s'ils estoient d'autres Messies; ils meurent aussi bien que Dieu pour le salut des hommes. Mais bons Dieux! n'est-ce pas encore là mon mauuais Ange qui s'approche, ha; c'est luy-mesme, ie le connois à sa soutane, *Vade retro Satanas*, Champagne apportez-moy le Benistier, Demon gradué ie te renonce ; O ! l'effronté Satan, ne me viens-tu pas encor ordonner quelque apofume : Misericorde, c'est vn Diable huguenot, il ne se soucie point de l'Eau-beniste, encor si i'auois des poings assez roides pour former vn casse-museau ; Mais! helas, ce qu'il m'a fait aualler s'est si bien tourné en ma

C c iij

substance, qu'à force d'vser de consommez, ie suis tout consommé moy-mesme : Venez donc vitement à mon secours, où vous allez perdre,

MONSIEVR,

Voſtre plus
fidel seruiteur,
D. C. D. B.

CONTRE
VN FAVX BRAVE.
LETTRE XVIII.

IL a menty le Deuin, les poltrons ne meurent point à vostre aage, & puis vostre vie n'est pas assez illustre pour estre de celles, dont les Astres prennent le soin de marquer la durée. Les personnes de vostre estage doiuent s'attendre de mourir sans Comette, aussi bien que beaucoup d'autres qui vous ressemblent, dont la nature, sans le sçauoir, acouche tous les iours en dormant. On m'a rapporté de plusieurs endroits que vous vous vantiez que i'auois fait dessein de vous assassiner : Helas ! mon grand amy, me croyez-vous si fol, d'entreprendre l'impossible ; Hé de grace, par ou frapper vn homme pour le tuer subitement, qui n'a ny cœur ny ceruelle. Ie veux mourir, si la façon dont vous viuez impenetrable aux injures, ne fait croire que vous auez pris à tafche d'eſſayer combien vn homme, ſans cœur, peut durer naturellement : Ces reflexions eſtoient aſſez conſiderables, pour m'obliger à vous faire ſentir ce que peſe vn tricot ; mais cette longue ſuitte de vos anceſtres, dont vous prônez l'antiquité, m'ont retenu le bras. I'y trouue meſme quelque apparence, depuis qu'vn fameux Genealogiſte m'a fait voir auſſi clair que le iour, que tous vos tiltres de Nobleſſe furent perdus dans le déluge, & qu'il m'a prouué que vous eſtes Gentil-homme auec autant d'euidence, que le prouua ce villageois au Roy François premier, quand il luy dit que Noé auoit eu trois fils dās l'Arche, & qu'il n'eſtoit pas certain duquel il eſtoit ſorty. Mais ſans cela meſme, ie me ferois touſiours bien douté que vous eſtes de bonne Maiſon, puiſque perſonne ne peut nier que la voſtre ne ſoit vne des plus neufues de ce Royaume. Ainſi, quand les blaſonneurs de ce ſiecle s'en deuroient ſcandaliſer, prenez des armes ; & ſi vous m'en croyez, vous vous donnerez celles-cy ; Vous porterez de gueules à deux feſſes, chargées de cloux ſans nombre, à la vilenie en cœur, & vn baſton briſé

ſur

sur le chef. Toutesfois, comme on ne remplit l'escu du roturier, qu'on veut anoblir, qu'apres le faict d'armes qui l'en a rendu digne, ie vous attends où ce Laquais vous conduira, afin que selon les proüesses de cheualerie que vous aurez faites, ie vous chausse les esperons : Vous ne deuez pas craindre d'y tomber pour victime, car si le sort vous attend en quelque lieu, c'est pluftost à l'estable, qu'au lict d'honneur, ou sur la bresche d'vne muraille ; Et pour moy, qui me connois vn peu en phisionomie, ie vous engage ma parole, que vostre destinée n'est pas de mourir sur le pré, ou bien se sera pour auoir trop mangé de foin. Consultez pourtant là dessus toutes les puissances de vostre ame, afin que ie m'arme viste d'vne espée, ou de ce qu'en François on appelle vn baston.

Fin des Lettres Satyriques.

D d

D'VN SONGE.
LETTRE XIX.

Monsieur,

Cette vision de Queuedo, que nous leufmes hier enfemble, laiffa de fi fortes impreffions en ma penfée du plaifant Tableau qu'il dépeint, que cette nuit ie me fuis trouué en fonge aux Enfers, mais ces Enfers-là m'ont parû bien differents du noftre ; leur diuerfité m'a fait croire que c'eftoient les châps Elizées ; & en effet, ie n'eus pas auancé fort peu de chemin, que ie reconnus lauerne, comme les Grecs, & les Romains l'ont décrite : I'y vis l'Acheron, le Fleuue de l'oubly, le vigilant Cerbere, les gorgones, les furies & les Plarques, Ixion fur la rouë, Titie deuoré par vn veautour, & beaucoup d'autres chofes qui font plus au long dans la Mithologie.

Ayant passé plus auant, ie rencontré force personnes vestuës à la Grecque & à la Romaine, dont les vns parloient Grec & les autres Latin, & i'en apperceus d'autres occupez à les conduire dans de diuers appartemens: Ils me semblerent tous forts sociables, c'est pourquoy ie me meslé à leur compagnie ; Il me souuient que i'en acosté vn, & qu'apres quelques autres discours, luy ayant fait sçauoir que i'estois estranger, il me répondit que i'estois donc venu à la bonne heure, parce qu'on changeoit ce iour-là de maison, tous les Morts qui s'estoient pleins d'auoir esté mal associez, & que si i'estois curieux, ie pouuois m'en donner le plaisir. Il me tendit ensuite la main fort courtoisement, ie luy presté la mienne ; & nous allons, continua-il, dans la Salle où l'on ordonne des départemens de ceux qui se veulent quitter, pour se loger auec d'autres : Nous aurons le plaisir de voir à nostre aise, & sans nous lasser, comme chacun si prendra, pour faire sa cause bonne. Nous marchasmes donc ensemble iusqu'au lieu, ou enfin nous arriuasmes, mon conducteur me donna place auprès de luy, & par bon-heur elle se rencontra si proche de la chaire du Iuge, que nous ouyſmes intelligiblement les querelles de toutes les parties. A meſure donc qu'ils ſortoient de leur ancienne demeure, ie remarqué qu'on les plaçoit, ſi ie ne me trompe, non pas comme vous penſeriez, les Roys touſiours auec les Roys, mais bien ſouuent des Roys auec des Paſtres, des Philoſophes, auec des Villageois, de belles perſonnes, auec d'autres fort laides, & des vieux auec des jeunes. Mais pour commencer, i'apperceus Pitagore tres-ennuyé de ſa compagnie ; c'eſtoit vne troupe de Comediens, qui par leur caquet continuel, le détournoient de ſes hautes ſpeculations ; le Iuge qui preſidoit, luy dit que l'eſtimant homme de grande memoire, puis qu'apres pour le moins quinze cents ans, il s'eſtoit ſouuenu d'auoir eſté au Siege de Troye, on l'auoit aparié auec des perſonnages qui n'en ſont pas dépourueus : Ho ! ſi ce n'eſt, s'écria-t'il, qu'à cauſe de cela que vous me logez auec ces baſteleurs, vous me pouuez mettre indifferemment auec tous les autres morts ; car il n'y a ceans preſque pas vn deffunct (ſi vous en voulez croire ſon Epitaphe) qui ne ſoit d'heureuſe memoire. Puis donc qu'ils ne ſont pas les seuls auec qui ie simpathise en memoire pour Dieu, deliurez-moy du caquet importun de ces Roys & de ces Reynes, dont le regne ne dure que deux heures. La Iustice de ses raisons entenduës, ie sçay bien qu'on le fit marcher ailleurs ; mais il ne me souuient pas ou. Aristote, Pline, Elian, & beaucoup d'autres naturalistes furent mis, parce qu'ils ont connu les bestes auec les Maures, & le Peintre Zeuxis fut pareillement logé auec eux, pource que son tableau de raisins, que les oiseaux venoient bequeter, la conuaincu d'en auoir abusé. Dioscoride ne demandoit pas mieux que d'estre planté auec des Lorrains, disant qu'il s'accorderoit bien auec eux, pource qu'il connoissoit parfaitement le naturel des simples ? Mais on s'auisa de l'enuoyer vers les filles de Delias, à la charge de leur apprendre à discerner la vertu des herbes mieux qu'elles ne firent, quand elles voulurent rajeunir leur pere. Raimond Lule, qui iuroit d'auoir rendu l'or portable, fut placé auec certains riches yurongnes qui auoient fait la mesme chose. Lucain que Neron fit tuer pour la jalousie qu'il conceut de son Poëme, des

Guerres de Pharsalle, s'associa de quelques petits enfans, que les vers ont fait mourir. Il escheut à Virgille l'appartement des Maquereaux, pour auoir débauché Didon, qui sans luy eut esté vne Dame fort sage. Ouide & Acteon, criminels par hazard, furent logez ensemble comme gens qu'auoit rendus miserables le mal des yeux. Ils choisirent pour retraite vn logement fort obscur, d'autant, disoient-ils, qu'ils craignoient de trop voir. Ie vis loger Orphée auec les Chantres du Pont-neuf, pource qu'ils ont sceu l'vn & l'autre attirer les bestes. Æsope & Apulée ne firent qu'vn ménage, à cause de la conformité de leurs miracles, car Æsope d'vn asne a fait vn homme, en le faisant parler, & Apulée d'vn homme a fait vn asne, en le faisant braire. Romulus se rangea auec des Fauconiers, pource qu'il a dressé des oiseaux à voler, non pas vne perdrix, mais l'Empire de Rome. On parloit de mettre Cæsar auec les bons joüeurs, i'en demandé la cause, & l'on me répondit que d'vn seul coup de dez, qu'il jetta sur le rubicon, il auoit gagné l'empire du monde. Toutefois, il fut trouué plus à propos de fouler son orgueil, le rangeant auec des esclaues, qu'on estimoit iadis auoir des caracteres pour courir; Vous pourrez, luy cria le Maistre des ceremonies, essayer encore vne fois vostre *veni, vidi, vici*. On mit Brutus auec ceux qui ont monté sur Lours, parce qu'il n'a point eu peur des esprits. Cassius, à qui sa mauuaise veuë causa la mort, auec les femmes grosses qui ont la veuë dangereuse. Caligula voulut estre mis dans vn appartement plus magnifique que celuy de Darius, comme ayant couru des auantures incomparablement plus glorieuses: Car, dit-il, moy Caligula, i'ay fait mon Cheual Empereur, & Darius a esté fait Empereur par le sien; Neron parût ensuite, on l'associa d'vne compagnie de Bateleurs pour se perfectionner; on l'eut bien atelé auec Timon l'ennemy des hommes, mais on craignoit que si quelque iour la nature simpatissant à leurs souhaits, ne faisoit qu'vne teste de tout le genre humain, il n'y eut dispute entr'eux à qui la couperoit. Ie vis le Roy Numa presenter vn Placet, à ce qu'on luy octroyast d'establir son domicile en la maison d'vn certain fameux hydrolique, qui auoit iadis fait faire des miracles à l'eau, comme estant aussi capable que l'autre, puis qu'il auoit fait parler la fontaine Agerie, & l'auoit renduë si clair-uoyante en matiere d'estat, qu'au lieu qu'vn autre Ingenieur l'auroit conduite, il s'en laissoit conduire. Nabucodonosor fut liuré entre les mains d'vn Charlatan, qui se promettoit de gagner beaucoup à le montrer, parce qu'on n'auoit point encor iamais veu de tels animaux. Patrocle s'estomaqua de se voir assorty auec des gens gueris de maux incurables : mais il se paya de raison, quand on luy eut apprit que c'estoit à cause qu'il auoit comme eux trompé la mort. Iason demeura fort décontenancé, de se trouuer au milieu d'vne cohuë de Courtisans d'Espagnes, pource qu'il n'entendoit pas leur langue, car il ne pût s'imaginer ce qu'on vouloit dire, quand on luy prescha que toutes les entreprises de ces Cheualiers en herbe, aussi bien que les siennes, n'auoient buté qu'à la Toison. Mais considerez ce que c'est de s'appliquer à la lecture des choses fabuleuses dans vn âge, dont la foiblesse accompagne de foy toutes ses connoissances : Ie n'ay rien parcouru dans la Fable des Payens

qui

qui ne repaſſaſt tumultuairement à ma fantaiſie. Il me ſemble que ie vis ranger Iupiter auec les foux, ſur ce que Momus auoit repreſenté qu'il auoit vn coup de hache ; Iupiter offenſé, demanda, ce me ſemble à ce boufon quel coup de hache il entendoit, c'eſt celuy-là, reſpondit le plaiſant, dont Vulcain de ſa grace vous fendit le cerueau, pour vous faire acoucher de Minerue. Le vieil Saturne qui n'y entendoit point de fineſſe, receut ſans murmurer la compagnie d'vne troupe de fauſcheurs, à cauſe de la conformité du ſceptre. On oublia Phœbus à ſuiure quelques experimentez joüeurs de palet, auec deffenſe de les abandonner tant qu'il auroit appris à ne plus prendre la teſte de ſon amy pour vn but. I'ouys ce me ſemble commander à Siziphe, d'acoſter des Caſſeurs de grais qui eſtoient-là, pour ſe défaire de ſa roche entre leurs mains. Ie ne ſçay pas s'il obeït, parce que la curioſité détourna ma veuë ſur Thetis, qui diſputoit pour choiſir vn aſſocié ; on l'a mit à la rengette à coſté d'vn certain hypocondre, qui penſant eſtre de brique, ne vouloit pas boire, de peur de ſe détremper ; car comme ſi elle eut autrefois apprehendé la mesme chose : Elle n'oza pour immortaliser entierement son fils Achille, luy tremper dans l'Occean, le talon qu'elle tenoit. Hecate se foura dans la presse pour joindre la mere de Gargantua ; car, disoit-elle, si i'ay trois faces, celle-cy en a vne si large, qu'elle en vaut bien trois. On proposa de loger Io auec Popée, la femme de Neron, pour certaines raisons dont ie ne me souuiens pas, cette Princesse en fut contente, à la charge que l'autre se garderoit de ruer, d'autant qu'elle craignoit les coups de pieds. Dedale, ce grand artisan, ne fit aucune resistance, encor qu'on luy donnast pour confreres, des Sergens, des Greffiers, des Procureurs, & autres gens de cornet, parce qu'il ouyt dire que c'estoient des personnes qui, comme luy, n'auoient pas volé sans plumes, qui comme luy, voloient pour se sauuer ; & lesquels, veu le temps, auroient esté contraints, s'ils n'eussent joüé de la harpe, de joüer de la vielle. Dalila, maistresse de Samson, fut mise auec les chauues, à cause qu'on craignoit que la logeant auec d'autres, elle ne les prist aux cheueux, comme Samson. Porcie fut rangée auec des malades de pafle-couleurs, les Iuges d'Enfer l'en foupçonnant atteinte, depuis qu'elle auoit aualé des charbons. Iocafte & Semiramis ne firent qu'vn ménage, pource qu'elles auoient efté l'vn & l'autre meres & femmes de leurs fils, & groffes deux fois d'vn mefme enfant. Ie vis tout le monde bien empefché, pour accompagner Arthemife, les vns la vouloient réjoindre à fon mary, à caufe de leur amour tant vantée, les autres la porter à l'Hofpital des femmes enceintes, alleguans que d'aualer de la cendre, comme elle auoit fait, eftoit vne enuie de femme groffe. Mais elle appaifa tous leurs contraftes, fe logeant d'elle-mefme auec des Blanchiffeufes qu'elles apperceut; A la charge, leur cria-elle, que pour la peine de vous aider à vos lefciues, i'auray les cendres à ma difpofition. Thefée demandoit de loger auec des Tifferans, fe promettant de leur apprendre à conduire le fil. Percée le braue d'Andromede, fe trouuoit efgalement bien auec tous les Inftituteurs d'Ordres, parce qu'ils ont tous, comme luy, deffendu les femmes. Neron pour la place duquel il auoit efté tant debatu, choifit enfin

E e ij

de luy-mesme l'appartement d'Eroſtrate, ce fameux inſenſé, qui brûla le Temple de Diane; car ie ſuis, dit cét Empereur en marchant, perſonne qui aime autant que luy à me chauffer de gros bois. Iuuenal, Perſe, Horace, Martial, & preſque tous les Epigrammaires & Satyriques, furent enuoyez au Manege auec les Eſcuyers d'Academie, pource que les vns & les autres ont reputation d'auoir ſceu bien piquer. On mit pareillement auec ces Poëtes force Eſpingliers, Eſguilletiers, Fourbiſſeurs & autres, dont la beſogne, ainſi que leurs ouurages, ne valent rien ſans pointe. Le Duc de Clarence qui ſe noya volontairement dans vn tonneau de Maluoiſie, alloit cherchant Diogénes, ſur l'eſperance d'auoir pour giſte la moitié de ſon tonneau; mais comme il ne ſe rencontra pas, & qu'on apperceut le grand Socrate qui n'eſtoit pas encore attelé? Voicy iuſtement voſtre fait, luy dit-on, car & vous & ce Philoſophe, eſtes tous deux morts de trop boire. Socrates fit vne profonde reuerence à ſes Iuges, & leur montra du doit le vieil Heraclite, qui attendoit vn collegue; on donna ordre aux Heros de Roman de l'emmener auec eux. C'eſt vn perſonnage, leur dit le Fourier, qui les aparia, dont vous aurez toute ſorte de contentement ; il a vn cœur de chair, vous ne luy raconterez point vos auantures, comme c'eſt entre-vous vne choſe inéuitable, ſans luy tirer des larmes, car il n'eſt pas moins que vous tendre à pleurer. Euridice prit la main d'Achille, marchons, luy dit-elle, marchons, auſſi bien ne nous ſçauroit-on mieux aſſortir, puiſque nous auōs tous deux l'ame au talon. Ie vis placer Curtieux, ce fameux Romain, qui ſe precipita dans vn gouffre pour ſauuer Rome auec vn certain brutal qui s'eſtoit fait tuer, en protegeant vne femme débauchée. Ie m'eſtonne fort de voir aſſortir des perſonnes ſi diſſemblables ; mais on me reſpondit qu'ils eſtoient tous deux morts pour la choſe publique. En ſuite on aſſocia Icare auec Promethée, pour auoir eſté l'vn & l'autre trop aſpres à voler. Echo fut logé auec nos Autheurs modernes, d'autant qu'ils ne diſent, comme elles, que ce que les autres ont dit. Le Triumuirat de Rome, auec celuy d'Enfer, c'eſt à dire Anthoine, Auguſte, & Lepide, auec Radamante, Eaque,

& Minos, sur ce qu'on representa que ceux-là, de mesme que ceux-cy, auoient esté Iuges de mort. On pensa mettre Flamel, qui se vantoit d'auoir la pierre, auec les deffuncts de cette maladie; mais il s'en offensa, criant que la sienne estoit la pierre philosophale, & qu'il y auoit vne difference presque infinie entre les vertus de ces deux sortes de pierres ; car les graueleux, continua-t'il, ne sont tourmentez de la leur, qu'apres qu'elle est formée; au contraire, de nous qui n'en sommes trauaillez que durant sa conception, outre que nous ne nous faisons iamais tailler de la nostre. Ses raisons ouyes, on l'enuoya trouuer Iosué, parce que quelques-vns se vanterent auoir aussi bien que luy fixé le Soleil. Quantité d'autres Chimistes suiuoient celuy-cy auec grand respect, & recueilloient, comme des oracles, des sottises qu'il leur debitoit, dans lesquelles ces pauures foux s'imaginoiët estre enuelopé le secret du grand œuure. On les my-partit, les vns auec des Charbonniers, comme gens de fourneau ; les autres, auec ceux qui ont donné des soufflets aux Princes. On mit Hecube auec Cerbere, pour augmenter le nombre des Portiers infernaux , elle aboya fort contre les Mareschaux des Logis, à cause de cét affront ; mais enfin on la satisfit, luy remonstrant qu'elle estoit vn Monstre à trois testes , aussi bien que l'autre , puisque comme chienne , elle en auoit vne, comme femme, deux, & qu'vn & deux faisoient trois. Ie me souuiens qu'on en mit quelques-vns à part, entre lesquels fut Midas , pource qu'il est le seul au monde , qui se soit plaint d'auoir esté trop riche. Phocion fut de mesme separé des autres , s'estant trouué le seul qui iamais ait donné de l'argent pour mourir ; Et Pigmalion pareillement , ne fut associé de personne , à cause qu'il n'y a iamais eu que luy qui ait espousé vne femme muette. Apres cette distribution, par laquelle chacun fut mis dans sa chacuniere, les images de mon songe n'estant plus si distinctes, ne me laisserent apperceuoir que des peintures generales ; Par exemple , ie vis le corps entier des Filoux s'associer auec les chasseurs d'aujourd'huy, pource qu'ils tirent en volant. Nos Autheurs de Roman auec Esculape, pource qu'ils font en vn moment des cures miraculeuse : Les

Bourreaux auec les Medecins, à cause qu'ils sont payez pour tuer. Vne grande trouppe de Tireurs d'armes, demandoient aussi d'estre logez auec Messieurs de la Faculté, parce que l'Art d'escrime leur donne, aussi bien qu'à eux, la connoissance de la tierce & de la carte ; mais on les mit auec les Cordonniers, d'autant que la perfection du mestier consiste à bien faire vne bote. Parmy le vacarme confus d'vne quantité de mécontens, ie distingué la voix de Bouteville, qui fulminoit de ce que tout le monde refusoit sa compagnie : Mais sa colere ne luy seruit de rien, personne ne l'osoit acoster, de peur de prendre querelle. Cét homme portoit la solitude auec luy, & ie vis l'heure qu'il alloit estre reduit à se faire Hermite, s'il ne se fut enfin accommodé auec les Grammeriens Grecs, qui ont inuenté le duel. Vn Operateur qui distribuoit les remedes, augmentoit la presse, à cause du nombre des sots dont il estoit enuironné; plusieurs le consultoient, & i'apperceus entr'autres la femme d'Orfée, qui demandoit vn cataplasme pour la demangeaison des yeux. Priam vint aussi luy demander de l'vnguent pour la brûlure,

mais

mais l'Operateur n'en eut pas assez, car la Ville de ce pauure Prince estoit toute brûlée. Ie vis là quantité d'Aduocats condamnez au feu, afin qu'ils vissent clair à certaines affaires trop obscures ? Quant aux Sages, ils furent mis auec les Architectes, comme gens qui doiuent vser en toutes choses de regle & de compas. Il ne fut iamais possible de separer les furies des Espiciers, tant elles auoient peur de manquer de flambeaux. Ie fus bien estonné de rencontrer Tibere, lequel en attendant qu'on le plaçast, se reposoit couché sur des cailloux. Ie luy demandé s'il ne reposeroit pas mieux sur vn lict ? Et ie craindrois, me repliqua-t'il, que la chaleur de la plume ne me causast quelque chose de pire que la pierre. Sur ces entrefaites Agrippine, la mere de Neron, le conjura de la vanger, de ce que Seneque auoit publié qu'elle auoit eu quatre enfans depuis son mariage, elle paroissoit furieuse & toute hors de soy, mais Neron l'appaisa par ces paroles. Madame, il ne faut croire d'vn médisant que la moitié de ce qu'il dit : Les Parques se contenterent de demeurer auec de paures villageoises, qui nourrissent leurs marys

F f

de leurs quenoüilles, quand on leur eut appris, qu'aussi bien qu'elles, ces paysanes auoient filé la vie des hommes. Il vint là certains Bateurs en grange, & parce qu'ils manquoient de fleau, on leur fit prendre Atila pour s'en seruir à faute d'autres. Les effrontez s'associerent des gardeurs de Lyons, afin d'apprendre d'eux à ne point changer de couleur. I'en aurois encor bien veu d'autres, si onze heures qui sonnerent à ma Montre, ne m'eussent esueillé & rappellé dans ma memoire, Qu'à toute heure de iour & de nuit ie suis & ie seray iusqu'au dernier somme,

MONSIEVR,

Vostre tres-affectionné seruiteur.

CONTRE LES FRONDEVRS.

LETTRE XX.

Le Lecteur doit estre aduerty, que cette Lettre fut enuoyée pendant le Siege de Paris, & durant la plus violente animosité des Peuples contre Monseigneur le Cardinal : On ne s'étonnera donc pas d'y voir des choses vn peu moins ajustées à l'estat present des Affaires, qui ont beaucoup changé depuis ce temps-là.

A MONSIEVR D. L. M. L. V. L. F.

MONSIEVR,

Il est vray, ie suis Mazarin, ce n'est ny la crainte, ny l'esperance qui me le font dire auec tant d'ingenuité, c'est le plaisir que me

F f ij

donne vne verité, quand ie la prononce. I'aime à la faire esclater, sinon autant que ie le puis, du moins autant que ie l'ose; & ie suis tellement anthipatique auec son aduersaire, que pour donner vn iuste démenty, ie reuiendrois de bon cœur de l'autre monde. La Nature s'est si peu souciée de me faire bon Courtisan, qu'elle ne m'a donné qu'vne langue pour mon cœur, & pour ma fortune. Si i'auois brigué les applaudissements de Paris, ou pretendu à la reputation d'éloquent, i'aurois escrit en faueur de la Fronde, à cause qu'il n'y a rien qu'on persuade plus aisément au peuple, que ce qu'il est bien-aise de croire : Mais comme il n'y a rien aussi qui marque d'auantage vne ame vulgaire, que de penser comme le vulgaire, ie fais tout mon possible pour resister à la rapidité du torrent, & ne me pas laisser emporter à la foule; Et pour commencer, ie vous declare encore vne fois que ie suis Mazarin; Ie ne suis pourtant pas si déraisonnable, que ie ne vous vueille apprendre la cause pourquoy ie me suis rangé de vostre party : Vous sçaurez donc, que c'est parce que l'ay trouué le plus iuste, & parce qu'il est vray que rien ne nous peut difpenfer de l'obeïffance que nous deuons à noftre legitime Souuerain: car bien que les Frondeurs nous en jettent des pierres, ie pretends les refronder contr'eux fi vertement, que ie les délogeré de tous les endroits, où leur calomnie a fait fort contre fon Eminence. Les premiers coups qu'ont en vain tenté les Poëtes du Pont-neuf (contre la reputation de ce grand homme) ont efté d'alleguer qu'il eftoit Italien : A cela ie réponds (non point à ces Heros de papier broüillard, mais aux perfonnes raifonnables qui meritent d'eftre def-abufées) qu'vn honnefte homme n'eft ny François, ny Aleman, ny Efpagnol, il eft Citoyen du monde, & fa patrie eft par tout ; Mais ie veux que Monfieur le Cardinal foit eftranger, ne luy fomme-snous pas d'autant plus obligez, de ce qu'il abandonne fes dieux domestiques, pour deffendre les noftres ? Et puis quand il feroit naturel Sicilien, comme ils le croyent, ce n'eft pas à dire pour cela qu'il foit vaffal du Roy d'Efpagne; car l'Hiftoire eft tefmoin, que nos Lys ont plus de droict à la fouueraineté de cét Eftat, que les Chafteaux de Caftille.

Mais ils sont tres-mal informez de son berceau: car encore que la maison des Mazarins fust originaire de Sicile, Monsieur le Cardinal est né dans Rome ; Et puis qu'il est Citoyen d'vne Ville neutre, il a pû par consequent s'attacher aux interests de la Nation qu'il a voulu choisir : On sçait bien que le peuple à Rome, & les Nobles & les Cardinaux, s'attachent ainsi à la protection particuliere ou d'vn Roy, ou d'vn Prince, ou d'vne Republique : Il y en a qui tiennent pour la France, d'autres pour l'Espagne, d'autres pour d'autres Souuerains, & son Eminence embrassant le bon droict de nostre cause, a voulu suiure l'exemple de Dieu, qui se range toûjours du party le plus iuste. Certes, l'heureux succez de nos armes a bien fait voir & l'excellence de son choix, & la iustice de nostre cause; & nostre Estat agrandy sous son Ministere, a bien tesmoigné qu'en sa faueur, le Ciel auoit fait sa querelle de la nostre. Aussi presque tous ceux qui ont demandé sa sortie, se sont depuis trouuez pensionnaires des ennemis de cette Couronne, & la gloire des belles actions de nostre grand Cardinal, qui multiplie ses rayons, ont bien fait voir que son esclat leur faisant mal aux yeux, ils ont imité les Loups de la fable, qui promettoient aux brebis de les laisser en paix, pourueu qu'elles esloignassent le chien de leur bergerie.

Enfin ces reformateurs d'Estat, qui courent leurs noirs desseins sous le masque de bien public, n'ont autre chose à rechanter, sinon que Monsieur le Cardinal est Italien. Ouy? mais dequoy se peuuent-ils plaindre, il n'auance que des François, & ceux dont la grandeur ne sçauroit faire d'ombre. Il n'a fait aucune creature; & nous voyons à la Cour trente Seigneurs Italiens de fort grande Maison, dont les vns attirez par la proximité de sang auec luy, les autres par sa renommée, sont icy depuis dix ans à se morfondre, d'autant qu'il ne les a pas iugez vtiles au seruice du Roy. Cependant quelque sagesse qu'il employe à la conduite du Gouuernement, elle déplaist à nos politiques Bourgeois, ils décrient son Ministere. Mais ce n'est pas d'auiourd'huy que les mal-heureux imputent à la bonne fortune des autres, les manuais offices de la leur. Dans le chagrin qui les ronge, ils se plaindroient de n'auoir pas dequoy se plaindre, parce que son Eminence n'a point fait de creatures, ils l'appellent ingrat; s'il en eut fait, ils l'auroient accusé d'ambition. A cause qu'il a poussé nos Frontieres en Italie, il est traistre à son Pays; & s'il n'eut point porté nos armes de ce costé-là, il se seroit entendu contre nous auecque ses compatriotes; Enfin de quelque biais qu'on auance la gloire de ce Royaume, son Eminence aura toûjours grand tort, à moins qu'elle fasse ses enuieux assez grands, pour ne luy plus porter d'enuie. Que le feu des calomnies pousse donc tant qu'il voudra sa violence contre elle, sa reputation est vn rocher au milieu des flots, que la tempeste laue au lieu d'esbranler, & cette mesme force qui le rend capable de supporter le faix d'vn Empire, ne l'abandonnera pas, quād il sera question de supporter des injures.

La seconde battrie dressée contre luy, attaque sa naissance : Hé quoy ! sommes-nous obligez d'instruire des ignorants volontaires; leur deuons-nous apprendre, à cause qu'ils font semblant de ne le pas sçauoir, que la famille des Mazarins, de laquelle est sorty le
pere

pere de Monsieur le Cardinal, est non seulement des plus nobles, mais encor des mieux alliez de toute l'Italie, & que les armes de son illustre race, sont des plus anciennes entre toutes celles dont la vieille Rome a concerué le nom. L'ignorance des sots auroit vn grand priuilege, si nous estions obligez d'escouter patiemment le rebours de toutes les veritez qui ne sont pas de sa connoissance.

Le peuple de la Place Maubert & des Hales, ne veulent pas tomber d'acord de ces veritez qui sont manifestes ; mais ce peuple ne seroit pas de la lie, s'il pouuoit estre sainement informé de quelque chose ; outre que c'est la coustume, quand il apperçoit des vertus éleuées d'vne hauteur ou sa bassesse ne peut atteindre, de s'en vanger à force d'en médire. Quoy que Monsieur le Cardinal de Richelieu fust tres-connu, qu'il sortist d'vne des plus anciennes maisons du Poitou, qu'il touchast de parenté aux Seigneurs François de la plus grande marque, & que nos Princes mesme partageassent auec luy le sang de leurs ayeuls, sa noblesse ne laissa pas de luy estre contestée. De semblables contes ne tarissent iamais dans

Gg

la bouche des seditieux, qui cherchent par tout vn pretexte de refuser l'obeïssance qu'ils doiuent à ceux que le Ciel leur a donné pour Maistres.

Ils le poursuiuent encore, & l'accusent d'auoir protegé les Cardinaux Barberins. Eust-il esté honorable à la France d'abandonner des personnes sacrées qui reclament son secours, les Nepueux d'vn Pape qui auoit esté durant tout son regne le fidelle amy de la France? Les autres Nations n'auroient-elle pas attribué ce delaissement à l'impuissance de les maintenir? Et ce tesmoignage de foiblesse n'auroit-il pas porté grand coup à sa Majesté tres-Chrestienne, de qui l'Empire se soûtient autant sur sa reputation que sur sa force?

Quand nos Calomniateurs se sentent pressez en cét endroit, ils changent de terrain, & crient qu'il a fait sur les peuples des extorsions espouuantables. Pour moy, ie ne sçay pas si la canaille entretient des intelligences dans les Royaumes estrangers, qui l'informent plus au vray du maniment des finances, que n'en sont instruits le Conseil, l'Espargne & la

Chambre des Comptes : Ie sçay bien cependant que la Cour du Parlement de Paris, qui l'accusoit du trāsport, ou du mauuais employ de tant de contants, apres auoir examiné dans vn si long loisir, les traitez & les negotiations de Cantarini, ne luy a pas mesme imputé la diuersion d'vn quart-d'escu ; & ie pense que ses ennemis n'eussent pas oublié de le charger de Peculat, s'il s'en fust trouué conuaincu, plutost que de faux crimes, dont ils ont en vain essayé de le noircir, manque de veritables ? Outre cela, le Royaume est-il chargé d'aucun impost, qui ne fust estably dés l'autre Regne ? Encor il me semble qu'on ne les exige point auec tant de rigueur, qu'il se pratiquoit alors; quoy que le fonds auancé par les traitans eust esté consommé dés le viuant de Monsieur le Cardinal de Richelieu, & qu'il ne faille pas laisser maintenant de continuer la Guerre contre les mesmes Ennemis? Croyent-ils donc qu'auec des feüilles de chesne, on paye cinq ou six Armées ? qu'on leue toutes les Campagnes de nouueaux Gens de guerre ? qu'on entretienne les correspondance qu'il faut auoir & dedans & dehors ? qu'on fasse reuolter des

Prouinces & des Royaumes entiers contre nos Ennemis? Enfin qu'vn seul Ministre domine au fort de tous les Potentats de la terre, sans de prodigieuses sommes d'argent, qui seules sont capables de nous achepter la Paix? Ouy, car Monsieur le Drapier se figure, qu'il en va du gouuernement d'vne Monarchie, comme des gages de sa Chambriere, ou de la pension de son fils Pierot.

Ils adjoûtent à leurs ridicules contes & hors de saison, que les choses ont reüssi tres-souuent au rebours de ce qu'il auoit conseillé. Ie le croy, car il est maistre de son raisonnement, non pas des caprices de la fortune. Nous voyons si souuent de bons succez authoriser de mauuaises cõduites; & ie m'estonnerois bien dauantage, qu'à trauers les tenebres de l'auenir, vn homme peust auec les yeux de sa pensée, fixer vn ordre aux euenemens hazardeux, & par son attention conduire les aleures de la fatalité.

Quand ces causeurs ont esté repoussez à cette attaque, ils luy reprochent vn Palais qu'il a fait bastir à Rome; mais qu'ils apprennent qu'en cette Cour là le moindre des Cardinaux y a le sien. Estant Cardinal François, la pompe d'vn Palais dans Rome, tourne à la gloire de la France, comme sa bassesse iroit dans l'esprit des Italiens à la honte de nostre Nation. Il y a eu de nos Roys (ie dis des plus Augustes) qui ont fourny liberalement à des Cardinaux des sommes tres-considerables pour bastir leurs Palais, à condition que sur le portail ils fairoient arborer nos Fleurs de Lys ; & mal-gré tant de motifs specieux, vn miserable petit Mercier en roulant ses rubans, ne trouue pas à propos que Monsieur le Cardinal fasse bastir à ses despens vne Maison.

La canaille murmure encore, & crie qu'il n'a aucun lieu de retraite, si la France l'abandonnoit. Hé! quoy donc, Messieurs les aueugles, à cause que pour vous proteger & conseruer, il s'est fait des ennemis par toute la terre, c'est vn homme détestable & abominable, & vous le iugez indigne de pardon. Sa faute en effet n'est pas pardonnable, d'auoir si fidellement seruy des ingrats ; Et Dieu qui le vouloit donner en exemple à ceux qui s'exposent pour le peuple, a permis que s'estāt comporté aussi genereusement que Phocion, Pericles, & Socrate, il ait rencontré d'auſſi meſ-chans Citoyens, que ceux qui condamnerent jadis ces grands hommes.

On le blaſme enſuite de ce qu'il a refuſé la Paix, & ma Blanchiſſeuſe m'a iuré que l'Eſ-pagne l'offroit à des conditions tres-vtiles & tres-honorables pour ce Royaume. I'exhor-te les Sages, qui ne doiuent pas iuger ſur des apparences, de ſe reſſouuenir que le temps auquel nos Plenipotentiers ont refuſé de la conclure, eſt lors que commancerent les plus violents accez de la reuolte de Naples, & que la fortune ſembloit alors nous offrir la reſtitu-tion d'vn Eſtat qui nous appartient. Il euſt eſté contre toutes les regles de la prudence hu-maine, d'en negliger la conqueſte, qui nous eſtoit comme aſſeurée; outre que le Roy Ca-tholique, ayant touſiours inſiſté que nous abandonnaſſions les intereſts du Roy de Por-tugal, il ne nous eſtoit pas licite (à moins de paſſer pour la plus perfide des Nations) de ſigner la Paix, ſans qu'il fuſt compris dans le traité, puis qu'il n'auoit hazardé que ſur noſtre parole de remettre la Couronne ſur la teſte de ſa race.

LES FRONDEVRS.

Mais voicy le dernier choc & le plus violent dont ils pretendent obscurcir la splendeur de sa gloire. Il est, disent-ils, autheur du Siege de Paris. Ie leur responds en premier lieu, qu'il l'a dû conseiller, la Reyne Regente ayant esté aduertie de plusieurs complots qui se brassoient contre la personne du Roy. Cependant le bruit mesme commun tombe d'accord qu'il n'a pas esté le premier à prester sa voix pour la resolution de cette entreprise; & qu'au contraire, on l'a tousiours blasmé d'auoir pris des voyes trop panchées à la douceur. Deplus, pourquoy vouloir qu'il ait ordonné luy seul l'enleuement de nostre jeune Monarque? Les gens du mestier sçauent qu'il n'est pas seul dans le Conseil, & qu'il n'y porte son opinion que comme vn autre? Bien loing donc d'auoir esté le seul autheur de ce dessein, il n'a pas mesme souffert qu'on executast contre la Ville les choses, qui sans doute eussent hasté sa reduction, parce qu'elles semblerent à son naturel humain vn peu trop cruelles: Et si les Parisiens me demandent qu'elles sont ces choses, ie leur feray connoistre qu'il pouuoit par exemple, auec beaucoup de iustice, faire punir de mort les prisonniers de Guerre en qualité de traistres & de rebelles à leur Roy : Il pouuoit d'ailleurs en vne nuit, s'il l'eut voulu, auec l'intelligence qu'il auoit au dedans, faire saccager & brûler les Faux-bourgs, qui n'estoient que fort foiblement gardez; chasser les fuyars dans la Ville pour l'affamer, ou bien les passer au fil de l'espée à l'exemple de Henry IV. qui fit des veufues en moins d'vn iour de la moitié des femmes de Paris, & diminuer par cette saignée la fiévre des Habitans : Mais au lieu de ces actes d'hostilité, il deffendit mesme d'abattre les Moulins qui sont autour de la Ville, quoy qu'il sceust que par leur moyen elle receuoit continuellement force bleds, & encore qu'il eut auis de toutes les marches de leurs Gens de guerre, il faisoit souuent détourner les Trouppes Royales des routes de nos Conuois, pour n'estre point obligé de nous affamer & nous battre en mesme temps.

Il a donc assiegé Paris, mais de qu'elle façon ? Comme celuy qui sembloit auoir peur de le prendre; comme vn bon pere à ses enfans, il s'est contenté de leur montrer les verges, &

les

les a long-temps menacez, afin qu'ils eussent le loisir de se repentir; Et puis, à parler franchement, leur maladie estant vn effet de leur débauches, il estoit du deuoir d'vn bon Medecin de les obliger à faire vne diéte. En verité, s'il estoit permis de se dispenser à la raillerie, sur vne matiere de cette importance; Ie dirois que la veille des Roys, le nostre voyant dans sa Capitale tant d'autres Roys arriuez de nuit, il sortit contr'eux, & voulut essayer de vaincre cinquante mille Monarques.

Voilà ie pense tous les chefs, par qui la canaille a tasché de rendre odieuse la personne de son Eminence, sans auoir iamais eu aucun legitime sujet de s'en plaindre: Cependant ils ne laissent pas de décrier ses plus esclatantes vertus, de blasmer son Ministere, & luy preferer son predecesseur. Mais par qu'elle raison ? ie n'en sçay aucune, si ce n'est peut-estre, parce que Monsieur le Cardinal Mazarin n'enuoye personne à la mort sans connoissance de cause ? parce qu'il n'a point vne Cour grasse du sang des peuples ? parce qu'il ne fait point trancher la teste à des Comtes, à des Mareschaux, & à des Ducs & Pairs ? parce

Hh

qu'il n'esloigne pas les Princes de la connoissance des affaires? parce qu'il n'est pas d'humeur à se vanger? enfin, parce que mesme ils le voyent si moderé, qu'ils en preuoyent l'impunité de leurs attentats. Voilà pourquoy ces Factieux ne le iugent pas grand Politique. O! stupide vulgaire, vn Ministre benin te déplaist, prends garde de tomber dans le malheur des oiseaux de la Fable, qui ayant demandé vn Chef, ne se contenterent pas du gouuernement de la Colombe, que Iupiter leur donna, qui les gouuernoit paisiblement; & crierent tant apres vn autre, qu'ils obtinrent vn Aigle qui les deuora tous. Deffunct Monsieur le Cardinal estoit vn grād homme, aussi bien que son Successeur, mais n'ayant pas assez de hardiesse pour decider de leurs merites, ie me contenteray de faire souuenir tout le monde, que Monsieur le Cardinal de Richelieu eut l'honneur d'estre choisi pour estre son Ministre par le Roy Louys XIII. le plus iuste Monarque de l'Europe ; Et Monsieur le Cardinal Mazarin, par le Cardinal de Richelieu mesme, le plus grand Genie de son siecle.

LES FRONDEVRS.

Au reste on a tort d'alleguer que nous sommes dans vn Gouuernement, ou les Armes, les Lettres & la pieté sont méprisées : Ie soûtiens au contraire, qu'elles n'ont iamais esté si bien reconnuës ? Les Armes, tesmoin Messieurs de Gassion & de Rantzau, qui par son credit & son conseil, ont esté faits Mareschaux de France, sans parler de Monsieur le Prince, qui des bien-faits de la Reyne, possede plus luy seul que quelques Roys de l'Europe. La pieté, tesmoin le Pere Vincent, qu'elle a commis pour iuger des mœurs, de la conscience, & de la capacité de ceux qui pretendent aux Benefices. Les Lettres, tesmoin le iudicieux choix qu'il a fait d'vn des premiers Philosophes de nostre temps, pour l'education de Monsieur le Frere du Roy ? Tesmoin le docte Naudé qu'il honore de son estime, de sa table & de ses presens ? Et bref, tesmoin cette grande & magnifique Bibliothecque, bastie pour le public, à laquelle par son argent & ses soins, tous les Sçauans de l'Europe contribuent : Qu'adjoûter, Messieurs, apres cela ? rien, sinon que la gloire de ce Royaume ne sçauroit monter plus haut, puis qu'elle est en son Eminence. Ne trouuez-vous pas à propos que le peuple cesse enfin de lasser la patiêce de son Prince, par les outrages qu'il fait à son Fauory, qu'il accepte auec respect le pardō qu'on luy presente sans le meriter? Non, Monsieur, il ne le merite pas ; car est-ce vne faute pardonnable, de se rebeller contre son Roy, l'Image viuante de Dieu; tourner ses armes côtre celuy qu'il nous a donné, pour exercer & sur nos biens & sur nos vies, les fonctions de sa toute puissance ? N'est-ce pas accuser d'erreur la Majesté Diuine, de controller les volontez du Maistre qu'elle nous a choisi. Ie sçay bien que l'on peut m'objecter que les particuliers d'vne Republique ne sont pas hors la voye de salut: Mais il est tres-vray neantmoins, que comme Dieu n'est qu'vn à dominer tout l'Vniuers, & que comme le Gouuernement du Royaume Celeste est monarchique, celuy de la Terre le doit estre aussi. La saincte Escriture fait foy que Dieu n'a iamais ordonné vn seul estat populaire, & quelques Rabins asseurent, que le peché des Anges fut d'auoir fait dessein de se mettre en Republique. Ne voyons nous pas mesme, qu'il a long-temps auparauant sa venuë, donné Dauid pour Roy au peuple d'Israël, & que depuis noſtre Redemption, il a fait deſcendre du Ciel la ſaincte Ampoule, dont il a voulu que nos Roys fuſſent ſacrez, afin de les diſtinguer par vn caractere ſurnaturel de tous ceux qui naiſtroient pour leur obeïr. L'Egliſe militante, qui eſt l'Image de la triomphante, eſt conduite monarchiquement par les Papes; Et nous voyons que iuſqu'aux maiſons particulieres, il faut qu'elles ſoient gouuernées par vne eſpece de Roy, qui eſt le Pere de famille; C'eſt comme vn premier reſſort dans la ſocieté, qui meut nos actions auec ordre; & c'eſt cét inſtinct ſecret, qui neceſſite tout le monde à ſe ſoûmettre aux Roys. Le peuple à beau taſcher d'eſteindre en ſon ame cette lumiere qui le guide à la ſoûmiſſion, il eſt à la fin emporté malgré luy par la force de ce premier mobile, & contraint de rendre l'obeïſſance qu'il doit. Mais cependant celuy de Paris a bien eu la temerité de leuer ſes mains ſur l'oint du Seigneur, alleguant pour pretexte, que ce n'eſt pas au Roy qu'il s'attaque, mais à ſon fauory; comme ſi de meſme qu'vn Prince eſt l'image de Dieu, vn

Hh iiij

Fauory n'eſtoit pas l'image du Prince. Mais c'eſt encor trop peu de dire l'image, il eſt ſon fils? Quand il engendre ſelon la chair, il engendre vn Prince? Quand il engendre ſelon ſa dignité, il engendre vn Fauory. En tant qu'hōme, il fait vn ſucceſſeur; En tant que Roy, il fait vne creature; Et s'il eſt vray que la création ſoit quelque choſe de plus noble que la generation, parce que la création eſt miraculeuſe, nous deuons adorer vn Fauory, comme eſtant le miracle d'vn Roy: Ainſi quand meſme ce ne ſeroit que contre ſon Eminence, qu'il prend les armes, penſe-t'il eſtre Chreſtien, lors qu'il attente aux iours d'vn Prince de l'Egliſe? Non, Monſieur, il eſt apoſtat, il offenſe le ſainct Eſprit, qui preſide à la promotion de tous les Cardinaux; & vous ne deuez point douter, qu'il ne puniſſe leur ſacrilege auſſi rigoureuſement, qu'il a puny le maſſacre du Cardinal de Lorraine, dont la mort, quoy que iuſte, ſeigna durant vingt ans par les gorges de quatre cent mille François: Mais encore, quel fruict peut-il ſe promettre d'vne rebellion, qui ne peut iamais reüſſir; Et quand meſme elle reüſſiroit, iuſqu'à renuerſer la Monarchie de fonds en comble, quel auantage en recueilleroit-il ? Tel qui ne possede aujourd'huy qu'vn manteau, n'en seroit pas alors le maistre. Il seroit autheur d'vne desolation espouuantable, dont les petits fils de ses arrieres nepueux ne voiroient pas la fin ? Encor est-il bien grossier, s'il se persuade que la Chrestienté puisse voir, sans y prendre interest, la perte du fils aisné de l'Eglise ? Tous les Roys de l'Europe n'ont-ils pas interest à la conseruation d'vn Roy, qui les peut remonter vn iour sur leurs Trônes, si leurs Sujets rebelles les en auoient fait tresbucher : Et ie veux que cette reuolution arriuast sans vn plus grand bouluersement que celuy dont saigne encor aujourd'huy la Hollande. Ie soûtiens que le gouuernement populaire est le pire fleau, dont Dieu afflige vn estat, quand il le veut chastier ? N'est-il pas contre l'ordre de la nature, qu'vn Bastelier ou vn Crocheteur, soient en puissance de condamner à mort vn General d'Armée ; & que la vie du plus grand personnage soit à la discretion des polmons du plus sot, qui à perte d'haleine, demandera qu'il meure. Mais grace à Dieu, nous sommes fort esloignez d'vn tel cahos : On se cache desia pour dire le Cardinal, sans Monseigneur ; & chacun commence à se persuader qu'il est mal-aisé de parler comme les Maraux, & de ne le pas estre. Aussi quād tout le Royaume se seroit ligué contre luy, i'estois certain de sa victoire, car il est fatal aux Iules de surmonter les Gaules. I'espere donc que nous voirons bien-tost vne révnion generale dans les esprits, & vne harmonie parfaite entre les diuers membres du corps de cét Estat. Comme Monsieur de Beaufort n'est animé que du Sang de France, il n'est pas croyable que ce Sang ne le retienne, quand il voudra rougir son fer dans le sein de sa Mere ; Et de mesme que les ruisseaux, apres s'estre esgarez quelque temps, reuiennent enfin se révnir à l'Occean, d'où ils s'estoient eschapez. Ie ne doute pas que cét illustre Sang ne se rejoigne bientost à sa source, qui est le Roy. Pour les autres chefs de party, ie n'ay garde de si mal penser d'eux, que de croire qu'ils refusent de marcher sur les pas d'vn exemple si heroïque. Il me semble que ie les voy desia s'incliner de respect deuant l'image du Prince; Ils sont trop

iustes,

iuftes, faifant reflexion fur ce que les premiers de leurs races ont receu de la faueur des Roys precedens, pour vouloir empefcher que le fort d'vne autre Maifon foit regardé à fon tour d'vn afpect auffi fauorable.

Monfieur le Coadjuteur fçait bien que le Duc de Rets, fon grand pere, fut Fauory de Henry III. Monfieur de Briffac peut auoir leu que fon ayeul fut éleué aux charges & aux dignitez par le Roy Henry IV. Monfieur de Luynes a veu fon pere eftre le tout-puiffant fur le cœur & la fortune du Roy Louys XIII. & Monfieur de la Mothe-Houdancourt fe fouuient peut-eftre encore du temps qu'il eftoit en faueur fous le Fauory mefme du Roy deffunct. Ils n'ont donc pas fujet de fe plaindre, que Monfieur le Cardinal foit dans fon Regne, ce qu'eftoient leurs ayeuls, où ce qu'ils ont efté eux-mefmes dans vn autre.

Mais quand toutes ces confiderations feroient trop foibles pour les rappeller à leur deuoir, ils font genereux, & l'apprehenfion de paroiftre ingrats aux biens-faits qu'ils ont receus de fa Majefté, fera qu'ils aimeront mieux oublier leurs mécontentements, que de passer pour méconnoissants ; Et l'exemple de mille traistres, qui ont payé les faueurs de la Cour par des injures, ne portera aucun coup sur leur esprit ? Qui sçait trop que l'ingratitude est vn vice de coquin, dont la Noblesse est incapable. Il n'appartient qu'à des Poëtes du Pont-neuf, comme Scarron, de vomir de l'escume sur la Pourpre des Roys & des Cardinaux, & d'employer les liberalitez qu'il reçoit continuellement de la Cour, en papier qu'il barboüille contre elle. Il a bien eu l'effronterie (apres s'estre vanté d'auoir receu de la Reyne mille francs de sa pension) que si on ne luy en enuoyoit encore mille, il n'estoit pas en sa puissance de retenir vne nouuelle Satyre, qui le pressoit pour sortir au iour, & qu'il conjuroit ses amis d'en auertir au plutost, parce qu'il n'estoit pas en sa puissance de la retenir plus long-temps : Hé bien ! en verité, a-t'on veu dans la suitte de tous les siecles, quelque exemple d'vne ingratitude aussi effrontée. Ha ! Monsieur, c'est sans doute à cause de cela que Dieu, qui en a preueu la grandeur & le nombre pour le punir assez, a deuancé il y a desia vingt ans, par vne mort continuë, le chaftiment des crimes qu'il n'auoit pas commis encore, mais qu'il deuoit commettre. Permettez-moy, ie vous fupplie, de détourner vn peu mon difcours pour parler à ces rebelles. Peuple feditieux, accourez pour voir vn fpectacle digne de la Iuftice de Dieu ; C'eft l'efpouuantable Scarron, qui vous eft donné pour exemple, de la peine que fouffriront aux Enfers, les ingrats, les traiftres, & les calomniateurs de leurs Princes. Confiderez en luy de quelles verges le Ciel chaftie la calomnie, la fedition & la médifance ? Venez, Efcriuains Burlefques, voir vn Hofpital toute entier dans le corps de voftre Apollon ? Confeffez, en regardant les Efcroüelles qui le mangent, qu'il n'eft pas feulement le malade de la Reyne, comme il fe dit, mais encor le malade du Roy. Il meurt chaque iour par quelque membre, & fa langue refte la derniere, afin que fes cris vous apprennent la douleur qu'il reffent. Vous le voyez, ce n'eft point vn conte à plaifir; depuis que ie vous parle, il a peut-eftre perdu le nez où le menton : Vn tel fpectacle ne vous excite-t'il point à penitence;

Admirez endurcis, admirez, les secrets iugements du Tres-haut ; Escoutez d'vne oreille de contrition cette parlante momie ; Elle se plaint qu'elle n'est pas assez d'vne, pour suffire à l'espace de toutes les peines qu'elle endure. Il n'est pas iusqu'aux Bien-heureux, qui en punition de son impieté & de son sacrilege, n'enseignent à la nature de nouuelles infirmitez pour l'accabler : Desia par leur Ministere, il est accablé du mal de sainct Roch, de sainct Fiacre, de sainct Clou, de saincte Renne, & afin que nous comprissions par vn seul mot tous les ennemis qu'il a dans le Ciel. Le Ciel, luy-mesme, a ordonné qu'il seroit malade de Sainct. Admirez donc, admirez, combien sont grands & profonds les secrets de la Prouidence ? Elle connoissoit l'ingratitude des Parisiens enuers leur Roy, qui deuoit esclater en mil six cens quarante-neuf; mais ne souhaitant pas tant de victimes, elle a fait naistre quarante ans auparauant vn homme assez ingrat, pour expier luy seul tous les fleaux qu'vne Ville entiere auoit meritée. Profitez donc, ô Peuple, de ce miracle espouuantable; & si la consideration des flâmes eternelles est vn foible motif pour vous rendre sages, & pour vous empescher de respandre vostre fiel sur l'escarlate du Tabernacle ; qu'au moins chacun de vous se retienne par la peur de deuenir Scarron. Vous excuserez, s'il vous plaist, Monsieur, ce petit tour de promenade, puis que vous n'ignorez pas que la charité Chrestienne nous oblige de courir au secours de nos semblables, qui sans l'apperceuoir ont les pieds sur le bord d'vn precipice, prés à tomber dedans : Vous n'en auez pas besoin, vous qui vous estes toûjours tenu pendant les secousses de cét Estat, fortement attaché au gros de l'arbre ; Aussi est-ce vn des motifs le plus considerable, pour lequel ie suis, & seray toute ma vie,

MONSIEVR,

Vostre tres-humble, tres-obeïssant, & tres-affectionné seruiteur,
DE CYRANO BERGERAC.

THESEE
A
HERCVLE.
LETTRE XXI.

COMME c'est de l'autre monde que ie vous escris, ô mon cher Hercule, ne vous estonnerez-vous point, qu'au delà du Fleuue d'oubly, ie me souuienne encore de nostre amitié, & que i'en conserue le souuenir en des lieux où vient faire nauffrage la memoire des hommes : Ha! ie preuoy que non, vous sçauez trop que cette communauté, dont l'estime l'vn de l'autre auoit lié nos ames, n'est point vn nœud que la Mort puisse débarasser : Et les Enfers mesme inaccessibles où ie suis retenu, ne sont pas assez loing, pour empescher que mes soûpirs aillent iusques à vous. Ie sçay qu'on vous a veu fremir, & trembler de couroux contre le tyran de la nuit, dont ie souffre le rigoureux empire, & que le grand Hercule, apres auoir escorné des Taureaux, deschiré des Lyons, estranglé des Geants, & porté sur ses espaules la Machine du monde, que Athlas n'auoit pû soustenir, il n'est pas homme à craindre les abois d'vn chien qui veille à la porte de ma prison ; C'est vn monstre qui n'a que trois testes, & l'Hidre qu'il sçeut dompter en auoit sept, dont chacune renaissoit en sept autres : Donc, ô vous triomphant Protecteur du Ciel, venez acheuer sur vos ennemis la derniere victoire; Venez en ces Cauernes obscures rauir à la mort mesme le priuilege de l'immortalité; & enfin resolüez-vous vne fois de satisfaire au suspens, où la terreur de vostre bras tient toute la nature. Vous auez assez fait voler vostre nom sur les Montagnes de la terre, & les Estoilles du firmament : Songez à ceux, qui au centre du monde, languissent accablez du poids de la terre, pour auoir combattu sous vos enseignes ? Vous imagineriez-vous bien vis à la discretion de cent mille viperes, qui n'en ont point, & qui de leurs langues toutes brûlantes de venin, ayant succé sur mes jouës le douleureux dégorgement de mon cœur, me rendoient à la place l'air de leurs sifflements pour respirer. Là ie vis ces fameux coupables, que leurs crimes ont condamnez à d'extresmes supplice, se reproduire au feu qui les consommoit, supporter dans la flâme tous les tourmens insuportables de la gelée; & sous l'impitoyable empire d'vne eternité violente, n'auoir plus rien de leur estre que la puissance de souffrir. I'y rencontre Sizife au coupeau d'vne Montagne, pleurant la perte de la Roche qui luy venoient d'eschapper : Titie ressusciter sans cesse à l'inssatiable faim du Veautour qui le bequetoit : Ixion perdre à chaque tour de la rouë qu'il fait tourner, la memoire du precedent. Tantalle deuoré par les viandes mesme, qu'il tasche en vain de deuorer; & les Danayides occupées à remplir eternellement vn vaisseau percé qu'elles ne pouuoient emplir. Il y auoit là tout proche vn buisson fort espais, sous lequel i'apperceus au trauers des fortifications de ce labirinthe vegetatif, la

A HERCVLE.

maigre enuie, qui les regards fichez affreusement contre terre, les mains jaunes & seiches, les cuisses tremblantes & décharnées, l'estomach colé sur les costes, l'haleine contagieuse, la peau corroyée par la chaleur de l'atrebille, maschoit en vomissant la moitié d'vn crapot à demy digerée. I'eus ensuite la conuersation des furies occupées à des actions si brutalles, que ie les abandonne à l'imagination, de peur que le recit n'esloigne de vostre courage, par son horreur, le dessein de me secourir. Voilà qu'elle est mon infortune, ô genereux Prince ; l'expression que ie vous en ay faite n'est point pour appeller vostre bas vangeur à mon secours, car ie flétrirois la gloire du grand Alcide, si ie donnois quelque iour à penser qu'il eust esté besoin d'employer des paroles pour l'exciter à produire vne action vertueuse ; & ie suis asseuré que le temps qu'il consommera pour la lecture de ma Lettre, est le seul qui retardera le premier pas du voyage, dont ie dois attendre ma liberté : Mais cependant, ie ne trouue pas lieu de la finir ; car auec qu'elle apparence ; moy qui suis necessiteux du seruice de tout le monde , m'oserois-ie dire , ô grand Hercule,

Vostre seruiteur,
THESEE.

SVR
VNE ENIGME,
QVE
L'AVTHEVR ENVOYOIT
à Monsieur de *****.

LETTRE XXII.

Monsievr,

Pour reconnoiftre le prefent dont m'enrichit ces iours paffez voftre belle Enigme; i'ay crû eftre obligé de m'acquiter auec vous par vne autre femblable; Ie dis femblable, à l'efgard du nom d'Enigme qu'elle porte : car quant à la fublimité du caractere de la voftre, ie reconnois le mien fi fort au deffous, que ie ferois vn temeraire d'ofer fuiure fon vol feu-

Kk iij

lement des yeux de la pensée. Si pourtant elle est assez heureuse pour se voir receuë en qualité de suiuante auprès de la vostre, son pere sera trop honoré. Ie vous aduouë qu'elle est en impatience de vous entretenir: Si donc vostre bonté luy veut accorder cette grace, vous n'auez qu'à continuer la lecture de cette Lettre.

ENIGME
Sur le Sommeil.

IE nâquis neuf cens ans auparauant ma sœur, & toutesfois elle passe pour mon aisnée; ie croy que sa laideur & sa difformité sont causes de cette méprise: Il n'y a personne qui n'abhore sa compagnie & sa conuersation; il ne sort iamais de sa bouche vne bonne nouuelle; & quoy qu'elle ait plus d'Autels sur la terre, qu'aucune des autres diuinitez, elle ne reçoit point de sacrifices agreables que les vœux des desesperez. Mais moy qui charme tout ce que i'approche, ie ne passe aucun iour

ENIGME. 261

sans voir tomber à mes pieds, ce qui respire dans l'air sur la mer & sur la terre. Ie trouue mon berceau dans le cercueil du Soleil, & dedans mon cercueil le Soleil trouue son berceau. Ce que l'homme a iamais veu de plus aimable & de plus parfait, se forma le premier iour de mon reigne. La nature a fondé mon trosne, & dressé ma couche au sommet d'vn Palais superbe, dont elle a soin, quand ie repose, de tenir la porte fermée; & l'ouurage de cét edifice est elabouré auec tant d'art, que personne iamais n'a connu l'ordre & la symetrie de son architecture: Enfin ie fais ma demeure au centre d'vn labirinthe inexplicable, où la raison du sage & du fol, du sçauant & de l'idiot, s'esgarent de compagnie. Ie n'ay point d'hoste que mon pere, & quoy qu'il soit pourueu de facultez beaucoup plus raisonnables que ne sont les miennes, ie le fais pourtant marcher où ie veux, & ie dispose de sa conduite: Cependant i'ay beau le tromper, peu d'heures le desabusent si clairement, qu'il se promet (quoy qu'en vain) de ne se plus fier à mes mensonges; car i'attache aux fers, malgré luy, les cinq esclaues qui le seruent; aussi-tost qu'ils sont fatiguez, ie les contrains bon gré, malgré, de s'abandonner à mes caprices; Ce n'est pas qu'il n'essaye de fuïr ma rencontre, mais ie me cache pour le guetter en des lieux si noirs & si sombres, qu'il ne manque iamais de tomber dans mon ambusche; Il se rend aussi-tost à la force du caractere, dont ma diuinité l'estonne, en sorte qu'il n'a plus d'yeux que pour moy; Ce n'est pas que ie n'aye d'autres puissants aduersaires, entre lesquels le plus considerable est l'ennemy iuré du silence, qui m'auroit desia plusieurs fois chassé des confins de son estat, si la plus grande partie de ses sujets ne s'estoient en ma faueur reuoltez contre luy? Et ces reuoltez-là, que la cause de la raison souleue contre leur tyran, sont les mieux reiglez ; & les seuls qui viuent sous vne iuste harmonie, ils protegent mon innocence, font taire les vacarmes & les clameurs qui conspirent à ma ruine, m'introduisent peu à peu dans leur Royaume, & à la fin m'aident eux-mesmes, sans y penser, à m'en rendre le maistre. Mais ie pousse mes conquestes encore bien plus loing, ie partage auec le Dieu du Iour, l'estenduë & la durée de son empire;

que

ENIGME.

que si la moitié que ie possede, n'est pas la plus esclatante, elle est au moins la plus douce & plus tranquille. I'ay encore au dessus de luy cét auantage, que i'empiette, quand bon me semble, sur ses terres, & qu'il ne peut empietter sur les miennes. L'astre, dont l'Vniuers est esclairé, ne descend point de l'horison, que ie n'attache au ioug de mon char la moitié du Genre humain. Ie suscite, & ie conserue le trouble parmy les peuples, pour les maintenir en repos. Ils n'ont garde qu'ils ne m'aiment, car ie les traite tous selon leurs humeurs. Les guais, ie les meine aux festins, aux promenades, aux Bals, à la Comedie, & à tous les autres spectacles de diuertissemens : Les coleriques, ie les meine à la guerre, ie les poste à la teste d'vne puissante arme, leur fais ouurir trente escadrons à coup d'espée, gagner des battailles, & prendre des Roys prisonniers. Pour les mélancoliques, ie les enfonce aux plus noires horreurs d'vne solitude espouuantable, ie les monte aux faistes de cent Rochers affreux & inaccessibles, pour faire paroistre à leur veuë les abysmes encore plus profonds : Enfin, i'accorde à toutes sortes de gens des occupations de leur gouft. Ie comble de biens les plus miferables, & quelquefois, en dépit de la fortune, ie prends plaifir à precipiter fes mignons, iufqu'au plus bas de fa roüe. I'efleue auffi, quand il me plaift, vn coquin fur le thrône, comme autrefois i'ay proftitué vne Imperatrice Romaine aux ambraffements d'vn Cuifinier? C'eft moy, qui de peur que les Amants ne s'aillent vanter de leurs bonnes fortunes, ay foin de leur clore les yeux, auant qu'ils foient aux ruelles. C'eft auffi par mon Art, qu'on vole fans plumes, qu'on marche fans mouuoir les pieds ; Et c'eft moy feul enfin, par qui l'on meurt fans perdre la vie. Ie paffe la moitié du temps à reparer l'embonpoint ; Ie recolore les ioües, & ie fais efpanoüir fur les vifages, & la rofe & le lys. Ie fuis deux chofes enfemble bien diffemblables, le truchement des Dieux, & l'interprette des fots. Quand on me voit de prés, on ne fçait qui ie fuis, & l'on ne commence à me connoiftre qu'alors qu'on m'a perdu de veuë ; l'Aigle qui regarde le Soleil fixement, fille la paupiere deuant moy.

ENIGME.

Ie ne sçay pas si parmy mes Ancestres, on a compté quelque Lyon ; mais à la campagne, le chant du Cocq me met enfuite ; Et à parler franchement, i'ay de la peine moy-mesme à vous expliquer mon estre, à moins que vous vous figuriez que ce que fait faire à son sabot, vn petit garçon quand il le foüette, ie le fais faire à tout le monde. Hé! bien, Monsieur, c'est là parler bien clair, & si ie gage que vous n'y entendez goutte ; O! bien, sur ma foy, ie ne vous l'expliqueray pas, à moins que vous me le commandiez ; car en ce cas-là, ie vous confesseray ingenument, que le mot que vous cherchez est le sommeil, & ie ne sçaurois m'en deffendre : Car ie suis, & seray toute ma vie,

MONSIEVR,

Vostre tres-obeïssant.

LETTRES AMOVREVSES,

DE M^R

DE CYRANO BERGERAC.

A MADAME*******.
LETTRE I.

adame,

Pour vne personne aussi belle qu'Alcidiane, il vous falloit sans doute, comme a esté Heroine, vne demeure inaccessible ; car puis qu'on n'abordoit à celle du Roman que par hazard, & que sans vn hazard semblable on ne peut aborder chez vous ; ie croy que par enchantement vos charmes ont transporté ailleurs, depuis ma sortie, la Prouince où i'ay eu l'honneur de vous voir; Ie veux dire, Madame, qu'elle est deuenuë vne seconde Isle flottante, que le vent trop furieux de mes soupirs poussent & font reculer deuant moy, à mesure que i'essaye d'en approcher. Mes Lettres mesme, pleines de soûmissions & de respects, malgré l'art & la routine des Messagers les mieux instruits, n'y sçauroient aborder. Il ne me sert de rien que vos loüanges qu'elles publient, les fassent voler de toutes parts, elle ne vous peuuent rencontrer; & ie croy mesme, que si par le caprice du hazard ou de la renommée, qui se charge fort souuent de ce qui s'adresse à vous, il en tomboit quelqu'vne du Ciel dans vostre cheminée, elle seroit capable de faire éuanoüir vostre Chasteau. Pour moy, Madame, apres des auantures si surprenantes, ie ne doute quasi plus que vostre Comté n'ait changé de climat auec le Pays, qui luy est Antipode; & i'apprehende que le cherchant dans la Carte, ie ne rencontre à sa place, comme on trouue aux extremitez du Septentrion, *Cecy est vne Terre où les Glaces empeschent d'aborder.* Ha! Madame, le Soleil à qui vous ressemblez,

& à

& à qui l'ordre de l'Vniuers ne permet point de repos, s'eſt bien fixé dans les Cieux pour eſclairer vne victoire, où il n'auoit preſque pas d'intereſt. Arreſtez-vous pour eſclairer la plus belle des voſtres; car ie proteſte (pourueu que vous ne faſſiez plus diſparoiſtre ce Palais enchanté où ie vous parle tous les iours en eſprit) que mon entretien muet & diſcret ne vous fera iamais entendre que des vœux, des homages & des adorations. Vous ſçauez que mes Lettres n'ont rien qui puiſſe eſtre ſuſpect? pourquoy donc apprehendez-vous la conuerſation d'vne choſe qui n'a iamais parlé. Ha Madame! s'il m'eſt permis d'expliquer mes ſoupçons, ie penſe que vous me refuſez voſtre veuë, pour ne pas communiquer auec vn profane, vn miracle plus d'vne fois: Cependant, vous ſçauez que la conuerſion d'vn incredule, comme moy, (c'eſt vne qualité que vous m'auez iadis reprochée) demāderoit que ie le viſſe plus d'vne fois. Soyez donc acceſſible aux teſmoignages de veneration, que i'ay deſſein de vous rendre. Vous ſçauez que les Dieux reçoiuent fauorablement la fumée de l'encens, que nous leurs

M m

brûlons icy bas, & qu'il manqueroit quelque chose à leur gloire, s'il n'estoient adorez? Ne refusez donc pas de l'estre; car si tous leurs attributs sont adorables, puis que vous possedez eminemment les deux principaux, la sagesse & la beauté, vous me feriez faire vn crime, m'empeschant d'adorer en vostre personne le diuin caractere que les Dieux ont imprimé; Moy principalement, qui suis & seray toute ma vie,

MADAME,

Vostre tres-humble
& tres-passionné
seruiteur,

AVTRE
LETTRE II.

MADAME,

Le feu dont vous me brûlez, à si peu de fumée, que ie défie le plus seuere Capuchon d'y noircir sa conscience; & son humeur, cette eschauffaison celeste, pour qui tāt de fois sainct Xauier pensa creuer son pourpoint, n'estoit pas plus pure que la mienne, puis que ie vous aime, comme il aimoit Dieu, sans vous auoir iamais veuë. Il est vray que la personne qui me parla de vous, fit de vos charmes vn Tableau si acheué, que tant que dura le trauail de son chef-d'œuure, ie ne pû m'imaginer qu'il vous peignoit, mais qu'il vous produisoit. C'a esté sur sa caution, que i'ay capitulé de me rendre, ma Lettre en est l'hostage. Traitez-là, ie vous

M m ij

prie, humainement, & agiſſez auec elle de bonne guerre, car quand le droict des gens ne vous y obligeroit pas, la priſe n'eſt pas ſi peu conſiderable, qu'elle en puiſſe faire rougir le conquerant. Ie ne nie pas, à la verité, que la ſeule imagination des puiſſants traits de vos yeux, ne m'ait fait tomber les armes de la main, & ne m'ait contraint de vous demander la vie. Mais auſſi, en verité, ie penſe auoir beaucoup aidé à voſtre victoire? Ie combattois, comme qui vouloit eſtre vaincu? Ie preſentois à vos aſſauts toûjours le coſté le plus foible; & tandis que i'encourageois ma raiſon au triomphe, ie formois en mon ame des vœux pour ſa défaite: Moy-meſme, contre moy, ie vous preſtois main-forte, & ſi le repentir d'vn deſſein ſi temeraire me forçoit d'en pleurer. Ie me perſuadois que vous tiriez ces larmes de mon cœur, pour le rendre plus combuſtible, ayant oſté l'eau d'vne maiſon où vous vouliez mettre le feu; & ie me confirmois dans cette penſée, lors qu'il me venoit en memoire que le cœur eſt vne place au contraire des autres, qu'on ne peut garder, ſi l'on ne la brûle. Vous ne croyez peut-eſtre pas que ie parle ſerieuſement ? Si fait en verité ; & ie vous proteſte, ſi ie ne vous vois bien-toſt, que la bille & l'amour me vont rotir d'vne ſi belle ſorte, que ie laiſſeray aux vers du Cymetiere l'eſperāce d'vn maigre deſ-jeuné ? Quoy vous vous en riez : Non, non, ie ne me mocque point, & ie preuoy par tant de Sonets de Madrigaux & d'Elegies, que vous auez receus ces iours-cy de moy (qui ne ſçay ce que c'eſt que Poëſie) que l'amour me deſtiné au voyage du Royaume des Dieux, puis qu'il m'a enſeigné la langue du Pays : Si toutefois quelque pitié vous émeut à differer ma mort, mandez-moy que vous me permet-tez de vous aller offrir ma ſeruitude ; car ſi vous ne le faites, & bien-toſt, on vous re-prochera que vous auez, ſans connoiſſance de cauſe, inhumainement tué de tous vos Ser-uiteurs, le plus paſſioné, le plus humble, & le plus obeïſſant ſeruiteur, DE BERGERAC.

AVTRE

LETTRE III.

MADAME,

Vous me voulez du bien : Ha ! dés la premiere ligne, ie suis vostre tres-humble tres-obeïssant & tres-passioné seruiteur ; car ie sens desia mon ame par l'excez de sa ioye, le répandre si loing de moy, qu'elle aura passé sur mes lévres, auparauant que i'aye le temps de finir ainsi ma Lettre : Toutefois la voilà concluë; & ie puis, si ie veux, la fermer ; Aussi bien, puisque vous m'asseurez de vostre affection, tant de lignes ne sont pas necessaires contre vne place prise, & n'estoit que c'est la coustume qu'vn Heros meure de bout, & vn Amoureux, en se plaignant, j'aurois pris congé de vous & du Soleil, sans vous le faire sçauoir ; mais ie suis obligé d'employer les derniers soûpirs de ma vie à publier, en vous disant Adieu, que i'expire d'amour, vous sçaurez bien pour qui. Vous croirez peut-estre, que le mourir des Amants, n'est autre chose qu'vne façon de parler, & qu'à cause de la conformité des noms de l'amour & de la mort, ils prennent souuent l'vn pour l'autre : mais ie suis fort asseuré que vous ne douterez pas de la possibilité du mien, quand vous aurez consideré la violence & la longueur de ma maladie, & moins encore, quand apres auoir leu ce discours, vous trouuerez à l'extremité,

MADAME,

Vostre
seruiteur.

AVTRE.

LETTRE IV.

MADAME,

Bien loin d'auoir perdu le cœur quand ie vous fis hommage de ma liberté; ie me trouue au contraire depuis ce iour-là, le cœur beaucoup plus grand: Ie pense qu'il s'est multiplié, & que comme s'il n'estoit pas assez d'vn pour tous vos coups, il s'est efforcé de se reproduire en toutes mes arteres où ie le sens palpiter, afin d'estre present en plus de lieux, & deuenir luy seul, le seul objet de tous vos traits. Cependant, Madame, la franchise, ce thresor precieux pour qui Rome autrefois a risqué l'Empire du monde : Cette charmante liberté vous me l'auez rauie; & rien de ce qui chez l'ame se glisse par les sens, n'en a

fait

fait la conqueste, voſtre eſprit ſeul meritoit cette gloire: ſa viuacité, ſa douceur, ſon étendüe, & ſa force, valoient bien que ie l'abandonnaſſe à de ſi nobles fers: Cette belle & grande ame, eſleuée dans vn Ciel, ſi fort au deſſus de celuy de la raiſonnable, & ſi proche de l'intelligible, qu'elle en poſſede éminemmēt tout le beau; Et ie dirois meſme beaucoup du ſouuerain Createur qui l'a formée, ſi de tous les attributs, qui ſont eſſentiels à ſa perfection, il ne manquoit en elle celuy de miſericordieuſe; Ouy, ſi l'on peut imaginer dans vne Diuinité quelque deffaut, ie vous accuſe de celuy-là? Ne vous ſouuiēt-il pas de ma dernier viſite, ou me plaignant de vos rigueurs, vous me promîtes au ſortir de chez vous, que ie vous retrouuerois plus humaine, ſi vous me retrouuiez plus diſcret, & que ie vinſſe, en me diſant adieu, le lendemain, parce que vous auiez reſolu d'en faire l'eſpreuue: Mais helas! demander l'eſpace d'vn iour, pour appliquer le remede à des bleſſures qui ſont au cœur? N'eſt-ce pas attendre, pour ſecourir vn malade, qu'il ait ceſſé de viure; & ce qui m'eſtonne encor d'auantage, c'eſt que vous défiant

N n

que ce miracle ne puisse arriuer, vous fuyez de chez vous pour éuiter ma rencontre funeste : Hé bien ! Madame, hé bien ! fuyez-moy, cachez-vous, mesme de mon souuenir; on doit prendre la fuite, & l'on doit se cacher quand on a fait vn meurtre? Que dis-je, grands Dieux : Ha ! Madame, excusez la fureur d'vn desesperé; non, non, paroissez, c'est vne loy pour les hommes, qui n'est pas faite pour vous ; car il est innoüy que les Souuerains ayent iamais rendu compte de la mort de leurs esclaues; Ouy, ie dois estimer mon sort tres-glorieux, d'auoir merité que vous prissiez la peine de causer sa ruine ; car du moins, puisque vous auez daigné me haïr, ce sera vn tesmoignagne à la posterité, que ie ne vous estois pas indifferent. Aussi la mort, dont vous auez crû me punir, me cause de la joye ? Et si vous auez de la peine à comprendre qu'elle peut-estre cette ioye, c'est la satisfaction secrette que ie ressens d'estre mort pour vous, en vous faisant ingrate : Ouy, Madame, ie suis mort, & ie preuoy que vous aurez bien de la difficulté à conceuoir, comment il se peut faire, si ma mort est veritable, que moy-mesme ie vous en mande la nouuelle: Cependant il n'est rien de rien de plus vray ; mais apprenez que l'homme à deux trespas à souffrir sur la terre, l'vn violent, qui est l'amour, & l'autre naturel, qui nous rejoint à l'indolence de la matiere. Et cette mort, qu'on appelle amour, est d'autant plus cruelle, qu'en commençant d'aimer, on commance aussi-tost à mourir. C'est le passage reciproque de deux ames qui se cherchent, pour animer en commun ce qu'ils aiment, & dont vne motie ne peut estre separée de sa moitié, sans mourir, comme il est arriué,

MADAME, A

Vostre fidelle seruiteur.

AVTRE

LETTRE V.

MADAME,

Suis-ie condamné de pleurer encore bien long-temps ; Héie vous prie, ma belle Maistresse, au nom de vostre bon Ange, faites-moy cette amitié, de me découurir là dessus vostre intention, afin que i'aille de bonne-heure retenir place aux Quinze-Vingts, parce que ie preuoy, que de vostre courtoisie, ie suis predestiné à mourir aueugle; Ouy aueugle (car vostre ambition ne se contenteroit pas que ie fusse simplemēt borgne?) N'auez-vous pas fait deux alambics de mes deux yeux, par où vous auez trouué l'inuention de distiler ma vie, & de la conuertir en eau toute claire ; En verité, ie soupçonnerois (si ma mort vous estoit vtile, & si ce n'estoit la seule chose que ie ne puis obtenir) de vostre pitié, que vous n'espuisez ces sources d'eau, qui sont chez moy, que pour me brûler plus facilement ; & ie commence d'en croire quelque chose, depuis que i'ay pris garde, que plus mes yeux tirent d'humide de mon cœur, plus il brûle : Il faut bien dire que mon pere ne forma pas mon corps du mesme argile, dont celuy du premier homme fut composé, mais qu'il le tailla sans doute d'vne pierre de chaux, puis que l'humidité des larmes que ie répands, m'a tantost consommé ? Mais consommé, croiriez-vous bien, Madame, de quelle façon ; ie n'oserois plus marcher dans les ruës embrasé comme ie suis, que les enfans ne m'enuironnent de fusées, parce que ie leur semble vne figure eschapée d'vn feu d'artifice, ny à la campagne qu'on ne me prenne pour vn de ces Ardents qui traisnent à la riuiere. Enfin vous pouuez connoistre tout ce que cela veut dire ; c'est, Madame, que si vous ne reuenez & bien tost, vous entendrez dire à vostre retour, quand vous demanderez où ie demeure, que ie demeure aux Thuileries, & que mon nom, c'est la beste à feu qu'on fait voir aux Badauts pour de l'argent. Alors, vous serez bien honteuse, d'auoir vn Amant Salemandre, & le regret de voir brûler dés ce monde,

MADAME,

Voſtre
ſeruiteur.

AVTRE
LETTRE VI.

MADEMOISELLE,

I'ay receu vos magnifiques braſſelets, qui m'ont ſemblé tous glorieux de porter vos chiffres ; ne craignez plus apres cela, qu'vn priſonnier arreſté par les bras & par le cœur, vous puiſſe eſchapper : Ie confeſſe, cependant que voſtre don m'eut eſté ſuſpect, à cauſe qu'il entre preſque touſiours, des cheueux & des caracteres dans la compoſition des char- mes : mais comme vous auez tant d'autres moyens plus nobles pour cauſer la mort, ie n'ay garde de vous ſoupçonner de ſortil- lege ; & puis i'aurois tort de me dérober aux ſecrets de voſtre magie, ne m'eſtant pas poſſible de me ſouſtraire mon Horoſcope ;

qui s'eft accordée auec la voftre, de ma trifte auanture. Adjoûtez à cette confideration qu'elle fera beaucoup plus recommandable, fi elle arriue par des moyens furnaturels, & s'il faut vn miracle pour la caufer. Ie m'imagine, Mademoifelle, que vous prenez cecy pour vne raillerie; Hé bien, parlons ferieufement, dites-moy donc en confcience? N'eft-ce pas acquerir vn cœur à bon marché, qui ne vous coufte que cinq ou fix coups de broffe. Par ma foy, fi vous en trouuez d'autres à ce pris là, ie vous confeille de les prendre; car il peut reuenir plus facilement des cheueux à la tefte, que des cœurs à la poictrine? Mais n'auriez-vous point choifi par malice, des cheueux à me faire prefent, pour m'expliquer en hyeroglife, l'infenfibilité de voftre cœur? Non, ie vous tiens plus genereufe; mais quelque mal intentionnée que vous foyez, ie confonds tellement dans ma ioye toutes les chofes qui me viennent de voftre part, que les mains qui m'outragent, ou qui me careffent, me font efgalement fouhaitables, pourueu qu'elles foient les voftres, & la Lettre que ie vous enuoye en eft vne

preuue

preuue, puis qu'elle ne tend qu'à vous remercier, de m'auoir lié les bras, de m'auoir tiré par les cheueux ; & par toutes ces violences, m'auoir fait,

MADEMOISELLE,

Voſtre
ſeruiteur.

LETTRES

AVTRE.
LETTRE VII.

MADAME,

Ie ne me plains pas seulement du mal que vos beaux yeux ont eu la bonté de me faire; ie me plains encore d'vn plus cruel, que leur absence me fait souffrir. Vous laissastes en mon cœur, lors que ie pris congé de vous, vne insolente, qui sous pretexte qu'elle se dit vostre idée, se vante d'auoir sur moy puissance de vie & de mort; encore elle encherit tyraniquement sur vostre empire, & passe à cét excez d'inhumanité, de deschirer les playes que vous auiez fermées, & d'en creuser de nouuelles dans les vieilles qu'elle sçait ne pouuoir guerir. Mandez-moy, ie vous prie, quand cét Astre, qui semble n'auoir esclipsé que pour moy, reuiendra dissiper les nuages de mes inquietudes? N'est-ce pas assez donner d'exercice à cette constance, à qui vous promettiez le triomphe ? Ne m'auiez-vous pas iuré, en partant pour vostre voyage, que toutes mes fautes estoient effacées, que vous les oubliez pour iamais, & que iamais vous ne m'oublierez : O ! belles esperances, qui se sont éuanoüies auec l'air qui les a formées, à peine eustes-vous acheué ces paroles trompeuses, répandu quelques larmes perfides, & poussé des soûpirs artificieux, dont vostre bouche & vos yeux démentoient vostre cœur, que fortifiant en vostre ame vn reste de cruauté cachée, vous redoublastes vos caresses, afin d'éterniser en ma memoire le cruel souuenir de vos faueurs que i'auois perduës : Mais vous fistes encore dauātage, vous vous esloignastes des lieux, ou ma veuë auroit peut-estre esté capable de vous toucher de pitié; & vous vous absentastes de moy, pendant mon supplice, cōme le Roy s'esloigne de la place où l'on execute les criminels, de peur d'estre importuné de leur grace ; Mais à quoy, Madame, tant de precautions, vous connoissez trop bien la puissance de vos coups, pour en apprehender la guerison. La medecine, qui parle de toutes les maladies, n'a rien escrit de celle qui

Oo ij

me tue, à cause qu'elle en parle, comme les pouuant traitter; mais celle qu'à produit en moy vostre amour, est vne maladie incurable; car le moyen de viure, quand on a donné son cœur, qui est la cause de la vie ? Rendez le moy donc, ou me donnez le vostre à la place du mien; autrement, dans la resolution où ie suis, de terminer par vne mort sanglante ma pitoyable destinée, vous allez attacher aux conquestes, que méditent vos yeux vn trop funeste augure, si la victime que ie vous dois immoler, se rencontre sans cœur. Ie vous conjure donc encore vne fois, puisque pour viure vous n'auez pas besoin de deux cœurs, de m'enuoyer le vostre, afin que vous sacrifiant vne Hostie entiere, elle vous rende & l'amour & la fortune propices; & m'empesche de faire vne mauuaise fin, quand mesme ie ferois tomber au bas de ma Lettre, mal à propos, que ie suis & seray, iusques dans l'autre monde,

MADAME,

Vostre fidelle
esclaue,

AVTRE

LETTRE VIII.

Madame,

Vous vous plaignez d'auoir reconnu ma passion dés le premier moment que la fortune m'obligea de voſtre rencontre ; mais vous à qui voſtre miroir fait connoiſtre, quand il vous monſtre voſtre image, que le Soleil à toute ſa lumiere & toute ſon ardeur, dés l'inſtant qu'il paroiſt ? Quel motif auez-vous de vous plaindre, d'vne choſe à qui ny vous ny moy ne pouuons apporter d'obſtacle. Il eſt eſſentiel à la ſplendeur des rayons de voſtre beauté d'illuminer les corps, comme il eſt naturel au mien de refleſchir vers vous cette lumiere que vous jettez ſur moy, & de meſme qu'il est de la puissance du feu de vos brûlans regards, d'allumer vne matiere disposée; il est de celle de mon cœur d'en pouuoir estre consommé ? Ne vous plaignez donc pas, Madame, auec injustice de cét admirable enchaisnement, dont la nature à joint d'vne societé commune, les effects auec leurs causes. Cette connoissance impreueuë est vne suitte de l'ordre, qui compose l'harmonie de l'Vniuers; & c'estoit vne necessité preueuë au iour natal de la creation du monde, que ie vous visse, vous connusse, & vous aimasse ; mais parce qu'il n'y a point de causes qui ne tendent à vne fin, le point auquel nous deuions vnir nos ames estant arriué, vous & moy tenterions en vain d'empescher nostre destinée. Mais admirez les mouuements de cette predestination, ce fut à la pesche où ie vous rencontré ? Les filets que vous dépliates, en me regardant, ne vous annonçoient-ils pas ma prise; & quand i'eusse esuité vos filets, pouuois-ie me sauuer des hameçons pendus aux lignes de cette belle Lettre, que vous me fistes l'honneur de m'enuoyer quelques iours apres, dont chaque parole obligeante n'estoit composée de plusieurs caracteres, qu'afin de me charmer : Aussi ie l'ay receuë auec des respects dont ie ferois l'expression, en disant que ie l'adoré, si i'estois capable d'adorer quelqu'autre chose que vous. Ie l'a baisé au moins auec beaucoup de tendresse, & ie m'imaginois, en pressant mes lévres sur vostre chere Lettre, baiser vostre bel esprit, dont elle est l'ouurage : Mes yeux prenoient plaisir de repasser plusieurs fois sur tous les caracteres que vostre plume auoit marquez; Insolents de leur fortune, ils attiroient chez eux toute mon ame, & par de longs regards, s'y attachoient pour ce joindre à ce beau crayon de la vostre. Vous fussiez-vous imaginé, Madame, que d'vne feüille de papier, i'eusse pû faire vn si grand feu; il n'esteindra iamais pourtant, que le iour ne soit esteint pour moy ; Que si mon ame & mon amour se partagent en deux soûpirs, quand ie mourray, celuy de mon amour partira le dernier. Ie conjureray à la Gonie, le plus fidelle de mes amis, de me reciter cette aimable Lettre, & lors qu'en lisant, il sera paruenu à la fin où vous vous abaissez, iusqu'à vous dire ma seruante : Ie m'escrieray iusqu'à la mort, ha! cela n'est pas possible, car moy-mesme i'ay tousiours esté,

MADAME,

Vostre tres-humble, tres-fidelle & tres-obeïssant esclaue, DE BERGERAC.

FIN.

LE PEDANT

PRIVILEGE DV ROY.

LOVIS PAR LA GRACE DE DIEV, ROY DE FRANCE ET DE NAVARRE: A nos amez & feaux Conseillers, Les Gens tenans nos Cours de Parlements, Maistres des Requestes ordinaires de nostre Hostel, Baillifs, Seneschaux, Preuosts, leurs Lieutenans, & à tous autres nos Iusticiers & Officiers qu'il appartiendra; SALVT. Nostre cher bien amé le Sieur DE BERGERAC, Nous a fait remonstrer qu'il a composé vn Liure intitulé, *Les Ouures Diuerses*, qu'il desireroit faire imprimer, s'il auoit nos Lettres à ce necessaires, lesquelles il nous a supplié de luy vouloir accorder: A CES CAVSES, voulans gratifier l'Exposant, Nous luy auons permis & permettons par ces presentes, de faire imprimer, vendre & debiter en tous les lieux de nostre obeïssance, par tel Imprimeur ou Libraire qu'il voudra choisir *Lesdites Oeuures*, conjointement ou separément, en vn ou plusieurs Volumes, en telles marges, en tels caracteres, & autant de fois que bon luy semblera, durant l'espace de neuf ans, à compter du iour que *Lesdites Oeuures* auront esté acheuées

P p

d'imprimer pour la premiere fois, pendant lequel temps Nous faisons deffences à tous Imprimeurs, Libraires & autres, d'imprimer, vendre ny distribuer lesdits Liures, sans le consentement de l'Exposant, ou de ceux qui auront droict de luy en vertu des presentes, sur peine aux Contreuenants de trois mil liures d'amande, appliquable vn tiers à Nous, vn tiers à l'Hostel-Dieu de nostredite ville de Paris, & l'autre tiers audit Exposant, confiscation des Exemplaires contrefaits, & de tous despens, dommages & interests, à condition qu'il sera mis deux Exemplaires de chacun desdits Liures en nostre Bibliothecque publique, & vn en celle de nostre tres-cher & feal le Sieur Molé Cheualier, Garde des Sceaux de France, auant que de les exposer en vente ; & à la charge aussi que ces presentes seront registrées aux Registres de la Communauté des Libraires de nostre bonne Ville de Paris, suiuant l'Arrest de nostre Cour de Parlement du huictiesme Avril 1653. à peine de nullité. SI VOVS MANDONS, que du contenu en cesdites presentes vous fassiez joüyr & vser pleinement & paisiblement ledit Exposant, ou ceux qui auront droict de luy, faisant cesser tous troubles & empeschemens au contraire. VOVLONS aussi qu'en mettant au commencement ou à la fin dudit Liure vn Extraict des Presentes, elles soient tenuës pour deuëment signifiées, & que foy soit adjoustée comme au prefent Original, aux coppies deuëment collationnées par l'vn de nos amez & feaux Confeillers & Secretaires. MANDONS en outre au premier noftre Huiffier ou Sergent fur ce requis, de faire pour l'execution des prefentes tous Exploicts neceffaires fans demander autre permiffion, nonobftant Clameur de Haro, Chartre Normande, prife à partie, & autres Lettres à ce contraires. CAR tel eft noftre plaifir. DONNE'à Paris le trentiefme iour de Decembre, l'An de Grace mil fix cens cinquante-trois: Et de noftre Regne le vnziefme. Par le Roy en fon Confeil, GALLONYE; Et fcellé du grand Sceau de cire jaune.

Regiftré fur le Liure de la Communauté le huiEtiefme Ianuier 1654. fuiuant l'Arreft du Parlement du huiEtiefme Avril 1653. BALLARD, Scindic.

Ledit Sieur DE CYRANO BERGERAC a cedé & tranfporté fon Priuilege à CHARLES DE SERCY, Marchand Libraire à Paris, pour en jouyr durant le temps porté par iceluy, fuiuant l'accord fait entr'eux.

Les Exemplaires ont efté fournies.

Acheué d'imprimer pour la premiere fois le douziefme May 1654.

ACTEVRS.

GRANGER, Pedant.

CHASTEAVFORT, Capitan.

MATHIEV GAREAV, Païsan.

DE LA TREMBLAYE, Gentilhomme amoureux de la Fille du Pedant.

CHARLOT GRANGER, Fils du Pedant.

CORBINELI, Valet du jeune Granger, Fourbe.

PIERRE PAQVIER, Cuistre du Pedant, faisant le Plaisant.

FLEVRY, Cousin du Pedant.

MANON, Fille du Pedant.

GENEVOTE, Sœur de M. de la Tremblaye.

CVISTRES.

La Scene est à Paris au College de Beauuais.

LE PEDANT IOVÉ,

COMEDIE.

Par M. DE CYRANO BERGERAC.

A PARIS,

Chez CHARLES DE SERCY, au Palais, dans la Salle Dauphine, à la Bonne-Foy couronnée.

M. DC. LIV.

Auec Priuilege du Roy.

LE PEDANT
IOVÉ,
COMEDIE.

ACTE PREMIER.
SCENE PREMIERE.
GRANGER, CHASTEAVFORT.

GRANGER.

PAR les Dieux jumeaux tous les Monstres ne sont pas en Affrique. Et de grace, Satrape du Palais Stigial, donne moy la définition de ton indiuidu. Ne serois-tu point vn estre de raison, vne chimere, vn accident sans substance, vn elixir de la

A

matiere premiere, vn spectre de drap noir? Ha! tu n'es sans doute que cela, ou tout au plus vn grimaut d'Enfer qui fait l'escole bissoniere.

CHASTEAVFORT.

Puis que ie te voy curieux de connoistre les grandes choses, ie veux t'apprendre les miracles de mon berceau. La Nature se voyant incommodée d'vn si grand nombre de Diuinitez, voulut opposer vn Hercule à ces Monstres. Cela luy donna bien iusques à la hardiesse de s'imaginer qu'elle me pouuoit produire. Pour cet effet elle empoigna les ames de Samson, d'Hector, d'Achille, d'Aiax, de Cirus, d'Epaminondas, d'Alexandre, de Romule, de Scipion, d'Annibal, de Sylla, de Pompée, de Pyrrhus, de Caton, de Cæsar, & d'Antoine; puis les ayant puluerisées, calcinées, rectifiées, elle reduisit toute cette confection, en vn spirituel sublimé qui n'attendoit plus qu'vn fourreau pour s'y fourer. Nature glorieuse de son reüssit ne pût gouster modérement sa ioye, elle clabauda son chef-d'œuure par tout; l'Art en deuint jaloux; & fâché, disoit-il, qu'vne teigneuse emportast toute seule la gloire de m'auoir engendré, la traitta d'ingrate, de superbe, luy déchira sa coiffe: Nature de son costé prit son ennemy aux cheueux; Enfin l'vn & l'autre batit, & fut batu. Le tintamare des démentis, des soufflets, des bastonades, m'éueilla;

COMEDIE.

ie les vis, & iugeant que leurs démeslez ne portoient pas la mine de prendre si-tost fin, ie me creé moy-mesme. Depuis ce temps-là leur querelle dure encore; par tout vous voyez ces irreconcillables ennemis se prester le colet, & les descriptions de nos Escriuains d'auiourd'huy ne sont lardées d'autre chose que des faits d'armes de ces deux gladiateurs, à cause que prenant à bon augure d'estre né dans la guerre, ie leur commanday en memoire de ma naissance de se batre iusques à la fin du mõde, sans se reposer. Donc afin de ne pas demeurer ingrat, ie voulus dépestrer la Nature de ces Dieutelets, dõt l'insolence la mettoit en ceruelle. Ie les mandé, ils obeïrent; enfin ie prononcé cet immuable Arrest. Gaillarde troupe, quand ie vous ay conuoquez, la plus misericordieuse intention que i'eusse pour vous, estoit de vous annihiler; mais craignant que vostre impuissance ne reprochast à mes mains l'indignité de cette victoire, voicy ce que i'ordonne de vostre sort. Vous autres Dieux qui sçauez si bien courir comme Saturne pere du temps, qui mangeant & deuorant tout court à l'hospital : Iupiter qui comme ayant la teste fêlée depuis le coup de hache qu'il receut de Vulcain doit courir les ruës : Mars qui comme soldat court aux armes : Phebus qui comme Dieu des Vers court la bouche des Poëtes : Venus qui comme putain court l'esguillette : Mercure qui comme Messager court la Poste ; Et Diane qui cõme Chasseresse court les Bois ; Vous prendrez la peine

A ij

s'il vous plaist de monter tous sept à califourchon sur vne Estoile. Là vous courerez de si bonne sorte, que vous n'aurez pas le loisir d'ouurir les yeux.

PAQVIER.

En effet les Planetes sont iustement ces sept là.

GRANGER.

Et des autres Dieux qu'en fistes vous ?

CHASTEAVFORT.

Midy sonna, la faim me prit, i'en fis vn saupiquet pour mon disner.

PAQVIER.

Domine, ce fut asseurément en ce temps-là que les Oracles cesserent.

CHASTEAVFORT.

Il est vray ; & dés lors ma complexion prenant part à ce salmigondis de Dieux, mes actions ont esté toutes extraordinaires : Car si i'engendre, c'est en Deucalion : si ie regarde, c'est en Basilic : si ie pleure, c'est en Heraclite ; si ie ris, c'est en Democrite : si

COMEDIE. 5

i'efcume, c'eſt en Cerbere : ſi ie dors, c'eſt en Morphée : ſi ie veille, c'eſt en Argus : ſi ie marche, c'eſt en Iuiferrant : ſi ie cours, c'eſt en Pacolet : ſi ie vole, c'eſt en Dédale : ſi ie m'arreſte, c'eſt en Dieu Terme : ſi i'ordonne, c'eſt en Deſtin. Enfin vous voyez celuy qui fait que l'Hiſtoire du Phœnix n'eſt pas vn conte.

GRANGER.

Il eſt vray qu'à l'âge où vous eſtes n'auoir point de barbe, vous me portez la mine auſſi bien que le Phœnix, d'eſtre incapable d'engendrer. Vous n'eſtes ny maſculin, ny feminin, mais neutre : Vous auez fait de voſtre Dactile vn Troquée, c'eſt à dire que par la ſouſtraction d'vne bréue vous vous eſtes rendu impotent à la propagation des indiuidus. Vous eſtes de ceux dont le ſexe femel

Ne peut oüir le nominatif
A cauſe de leur genitif,
Et ſouffre mieux le vocatif
De ceux qui n'ont point de datif,
Que de ceux dont l'accuſatif
Apprend qu'ils ont vn ablatif.
I'entends que le diminutif
Qu'on fit de vray trop exceſſif
Sur voſtre flaſque genitif
Vous prohibe le conionctif.
Donc puis que vous eſtes paſſif,

LE PEDANT IOVE,

Et ne pouuez plus estre actif,
Témoin le poil indicatif
Qui m'en est fort persuasif;
Ie vous fais vn imperatif
De n'auoir iamais d'optatif
Pour aucun genre subiunctif
De nunc, iusqu'à l'infinitif;
Où ie fais sur vous l'adiectif
Du plus effroyant positif
Qui iamais eut comparatif:
Et si ce rude partitif
Dont ie seray distributif,
Et vous le sujet collectif,
N'est le plus beau superlatif,
Et le coup le plus sensitif
Dont homme soit memoratif;
Ie iure par mon iour natif
Que ie veux pour ce seul motif
Qu'vn sale & sanglant vomitif
Surmontant tout confortatif,
Tout lenitif, tout restrictif,
Et tout bon corroboratif,
Soit le chastiment primitif
Et l'effroyable exprimitif
D'vn discours qui seroit fautif.
Car ie n'ay le bras si chetif,
Ni vous le talon si fuitif,
Que vous ne fussiez portatif

COMEDIE.

D'un coup bien significatif.
O visage! ô portrait naïf!
O souuerain expeditif
Pour guerir tout sexe lascif
D'amour naissant, ou effectif:
Genre neutre, genre metif,
Qui n'estes homme qu'abstractif,
Grace à vostre copulatif
Qu'a rendu fort imperfectif
Le cruel tranchant d'un ganif;
Si pour soudre ce Locogrif
Vous auez l'esprit trop tardif,
A ces mots soyez attentif.

Ie fais vœu de me faire Iuif,
Au lieu d'eau de boire du suif,
D'estre mieux damné que Caïf,
D'aller à pied voir le Cherif,
De me rendre à Tunis captif,
D'estre berné comme escogrif,
D'estre plus maudit qu'un Tarif,
De deuenir ladre & poussif,
Bref par les mains d'un sort hâtif
Couronné de Ciprés & d'If,
Passer dans le mortel Esquif
Au païs où l'on est oisif;
Si iamais ie deuiens rétif
A l'agreable executif
Du vœu dont ie suis l'inuentif;

*Et duquel le preparatif
Est, beau Sire, vn baston mascif,
Qui sera le dissolutif
De vostre demy substantif:
Car c'est mon vouloir decisif,
Et mon testament mort ou vif.*

Mais vous parler ainsi c'est vous donner à soudre les emblémes d'vn Sphinx; c'est perdre son huile & son temps; c'est escrire sur la Mer, bastir sur l'Arene, & fonder sur le Vent. Enfin ie connois que si vous auez quelque teinture des Lettres, ce n'est pas de celle des Gobelins, car par Iupiter Ammon, vous estes vn ignorant.

CHASTEAVFORT.

De Lettres! ah que me dites-vous? des ames de terre & de bouë pourroient s'amuser à ces vetilles; mais pour moy ie n'escris que sur les corps humains.

GRANGER.

Ie le voy bien. C'est peut-estre ce qui vous donne enuie d'appuyer vostre plume charnelle sur le parchemin vierge de ma fille. Elle n'en seroit pas contristée, la pauurette; car vne femme auiourd'huy aime mieux les bestes que les hommes, suiuant la regle *as petit hæc.* Vous aspirez aussi bien qu'Hercule à ses Colones yuoirines; mais l'orifice, l'orée, & l'ourlet de ses
guestres

gueſtres eſt pour vous vn *Ne plus vltra*. Premierement à cauſe que vous eſtes Veuf d'vne pucelle qui vous fit faire plus de chemin en deux iours, que le Soleil n'en fait en huit mois dans le Zodiaque : Vous courraſtes de la Vierge au Chancre en moins de vingt-quatre heures, d'où vous entraſtes au Verſeau ſans auoir veu d'autre Signe en paſſant que celuy du Capricorne. La ſeconde objection que ie fais, eſt que vous eſtes Normand; Normandie *quaſi* venu du Nort pour mandier. De voſtre nation les ſeruiteurs ſont traiſtres, les égaux inſolens, & les maiſtres inſupportables. Iadis le Blaſon de cette Prouince eſtoit trois Faux, pour monſtrer les trois eſpeces de faux qu'engendre ce climat; *ſcilicet*, Faux-ſauniers, Faux-témoins, & Faux-monoyeurs; ie ne veux point de Fauſſaires en ma maiſon. La troiſiéme, qui m'eſt vne raiſon inuincible, c'eſt que voſtre bourſe eſt malade d'vn flux de ventre, dont la mienne apprehende la contagion. Ie ſçay que voſtre valeur eſt recommandable, & que voſtre mine ſeule feroit trembler le plus ferme manteau d'auiourd huy ; Mais en cet âge de Fer on iuge de nous par ce que nous auons, & non pas par ce que nous ſommes. La pauureté fait le vice, & ſi vous me demandez *Cur tibi deſpicior?* ie vous répons, *Nunc omnibus itur ad aurum.* D'vn certain riche Laboureur la charruë m'éblouït, & ie ſuis tout à fait reſolu que puis que *hic dat or ; I longum ponat* dans ſon *O communè.* C'eſt pourquoy ie vous conſeille de ne

B

plus approcher ma fille en Roy d'Egypte, c'est à dire qu'on ne vous voye point aupres d'elle dresser la Pyramide à son intention. Quoy que i'aime les regles de la Grammaire, ie ne prendrois pas plaisir de vous voir accorder ensemble le Masculin auec le Feminin; & ie craindrois que *Si duo continuè iungantur fixa nec vna, sit res*, vn maneuole n'inferast, *Optant sibi iungere casus*.

CHASTEAVFORT.

Il est vray, Dieu me damne, que vostre fille est folle de mon amour; Mais quoy, c'est mon foible de n'auoir iamais pû regarder de femme sans la blesser. La petite gueule toutefois a si bien sceu friponner mon cœur; ses yeux ont si bien sceu paillarder ma pensée, que ie luy pardonne quasi la hardiesse qu'elle a prise de me donner de l'amour. Genereux Gentilhomme, me dit-elle l'autre iour, la pauurette ne sçauoit pas mes qualitez, l'Vniuers a besoin de deux Conquerans; la race en est esteinte en vous, si vous ne me regardez d'vn œil de misericorde : Comme vous estes vn Alexandre, ie suis vne Amazone; faisons sortir de nous deux vn plusque Mars, de qui la naissance soit vtile au genre humain, & dont les armes apres auoir dispensé la mort aux deux bouts de la Terre, fassent vn si puissant empire, que iamais le Soleil ne se couche pour tous ses peuples. I'auois de la peine à me rendre entre les bras de cette passion, mais enfin ie vainquis en me vainquant tout ce qu'il y a de grand au monde, c'eſt à dire que ie l'aimay: Ie ne veux pas pourtant que tant de gloire vous rende orgueilleux; que deueniez inſolent ſur les petits; mais humiliez vous en voſtre neant que i'ay voulu choiſir pour faire hautement éclater ma puiſſance. Vous craignez, ie le voy bien, que ie ne mépriſe voſtre pauureté; mais quand il plaira à cette eſpée, elle fera de l'Amerique & de la Chine, vne baſſe-court de voſtre maiſon.

GRANGER.

O! Microcoſme de viſions fanatiques, *Vade retro,* autrement apres vous auoir apoſtrophé du bras gauche, *Addetur huic dexter, cui ſincopa fiet vt alter*; & pour toute emplaſtre de ces balafres, vous ſerez medicamenté d'vn *Sic volo, ſic iubeo, ſit pro ratione voluntas.* Loin donc d'icy, prophane, ſi vous ne voulez que ie mette en vſage pour vous punir toutes les regles de l'Arithmetique. Ma colere *primò* commencera par la Démôſtration, puis marchera en ſuite vne Poſition de ſouflets; *Item,* vne Addition de baſtonades; *Hinc,* vne Fraction de bras; *Illinc,* vne Souſtraction de iambes. De là ie feray greſler vne Multiplication de coups, tapes, taloches, horions, fandans, eſtocs, reuers, eſtramaçons, & caſſemuſeaux ſi épouuantables, qu'apres cela l'œil d'vn Linx ne pourra pas faire la moindre Diuiſion, ny Subdiuiſion, de la plus groſſe

LE PEDANT IOVE',
parcelle de vostre miserable indiuidu.

CHASTEAVFORT.

Et moy, chetif excommunié, i'aurois déja fait sortir ton ame par cent playes, sans la dignité de mon Estre, qui me defend d'oster la vie à quelque chose de moindre qu'vn Geant : & mesme ie te pardonne, à cause qu'infailliblement l'ignorance de ce que ie suis t'a jetté dans ces extrauagances. Cependant me voicy fort en peine, car pouuoit il me méconnoistre, puis que pour sçauoir mon nom il ne faut qu'estre de ce móde? Sçachez donc, Messire Iean, que ie suis celuy qu'on ne peut exterminer sans faire vne Epitaphe à la Nature; & le Pere des Vaillans, puis qu'à tous ie leur ay donné la vie.

GRANGER.

Pardonnez, grand Prince, à mon peu de foy. Ce n'est pas....

CHASTEAVFORT.

Releuez-vous, Monsieur le Curé, ie suis content: Choisissez viste où vous voulez regner, & cette main vous bastit vn Trône dont l'Escalier sera fait des cadavres de six cens Roys,

COMEDIE.

GRANGER.

Mon Empire fera plus grand que le monde, fi ie regne fur voftre cœur. Protegez moy feulement contre ie ne fçay quel Gentillaftre qui a bien l'infolence de marcher fur vos brifées, & ...

CHASTEAVFORT.

Ne vous expliquez pas, i'aurois peur que mes yeux en couroux ne iettaffent des eftincelles, dont quelqu'vne par mégarde vous pourroit confumer. Vn mortel aura donc eû la temerité de fe chauffer á mefme feu que moy, & ie ne puniray pas les quatre Elemens qui l'ont fouffert ? Mais ie ne puis parler, la rage me tranfporte ; Ie m'en vay faire pendre l'Eau, le Feu, la Terre, & l'Air ; & fonger au genre de mort dont nous exterminerons ce Pigmée qui veut faire le Coloffe.

SCENE II.

GRANGER, PAQVIER.

GRANGER.

HE' bien, *Petre*, ne voila pas vne digue que ie viens d'opposer aux terreurs que me donne tous les iours Monsieur de la Tremblaye? Car la Tremblaye à cause de Chasteaufort, Chasteaufort à cause de la Tremblaye, désisteront de la poursuite de ma fille. Ce sont deux poltrons si éprouuez, que s'ils se battent iamais, ils se demanderont tous deux la vie. Me voicy cependant embarqué sur vne mer où la moitié du monde a fait naufrage. C'est l'amour chez moy, l'amour dehors, l'amour par tout. Ie n'ay qu'vne fille à marier, & i'ay trois gendres pretendus. L'vn se dit braue, ie sçay le contraire; l'autre riche, mais ie ne sçay; l'autre Gentilhomme, mais il mange beaucoup. O! Nature, vous croiriez vous estre mise en frais, si vous auiez fagoté tant seulement trois belles qualitez en vn indiuidu. Ha! Pierre Paquier, le monde s'en va renuerser.

COMEDIE.

PAQVIER.

Tant mieux, car autrefois i'entendois dire la mesme chose, que tout estoit renuersé. Or si l'on renuerse auiourd'huy, ce qui estoit renuersé, c'est le remettre en son sens.

GRANGER.

Mais ce n'est pas encore là ma plus grãde playe; i'aime, & mon fils est mon riual. Depuis le iour que cette furieuse pensée a pris giste au ventricule de mon cerueau, ie ne mange pour toute viande, qu'vn *penitet, tædet, miseret*. Ha, c'en est fait, ie me vais pendre.

PAQVIER.

La, la, esperez en Dieu, il vous assistera: Il assiste bien les Allemans qui ne sont pas de ce païs-cy.

GRANGER.

Si ie l'enuoyois à Venise? *haud dubiè*, c'est le meilleur. C'est le meilleur? O! oüy sans doute. Bien donc dés demain ie le mettray sur mer.

PAQVIER.

Au moins ne le laissez pas embarquer sans attacher

sur luy de l'Anis à la Reyne, car les Medecins en ordonnent contre les vents.

GRANGER.

Va-t'en dire à Charlot Granger qu'il auole subitement icy: S'il veut sçauoir qui le demande, dis luy que c'est moy.

SCENE III.

GRANGER seul.

DONC seiongant de nos Lares ce vorace absorbeur de biens, chaque sol de rente que ie soulois auoir deuiendra parisis? & le marteau de la ialousie ne sonnera plus les longues heures, du desespoir dans le clocher de mon ame. D'vn autre costé me puis-je resoudre au mariage, moy que les Liures ont instruit des accidens qu'il tire à sa cordele? Que ie me marie, ou ne me marie pas, ie suis asseuré de me repentir. N'importe, ma femme pretenduë n'est pas grande, ayant à vestir vne here, ie ne la puis prendre trop courte. On dit cependant qu'elle veut plastroner sa
virginité

COMEDIE. 17

virginité, contre les estocades de mes perfections. Hé! à d'autres, vn'pucelage est plus difficile à porter qu'vne cuirasse. Toutes les Femmes ne sont-elles pas semblables aux arbres, pourquoy donc ne voudroit-elle pas estre arrousée? *Ac primò* comme les arbres elles ont plusieurs testes; comme les arbres, si elles sont ou trop ou trop peu humectées, elles ne portent point; comme les arbres elles ont les fleurs auparauant les fruits; comme les arbres elles déchargent quand on les secoüe: Enfin Iean Despotere le confirme, quand il dit, *Arboris est nomen muliebre*. Mais ie croy que Paquier a beu de l'eau du fleuue *Lethé*, ou que mon fils s'approche à pas d'Escreuisse; ie m'en vais *obuiam* droit à luy.

SCENE IV.

CHARLOT, PAQVIER.

CHARLOT.

IE ne puis rien comprendre à ton galimathias.

PAQVIER.

Pour moy ie ne trouue rien de si clair.

CHARLOT.

Mais enfin ne me sçaurois-tu dire qui c'est qui me demande ?

PAQVIER.

Ie vous dis que c'est moy.

CHARLOT.

Comment toy ?

PAQVIER.

Ie ne vous dis pas moy : Mais ie vous dis que c'est, Moy ; car il m'a dit en partant, dis luy que c'est, Moy.

CHARLOT.

Ne seroit-ce point mon Pere que tu veux dire ?

PAQVIER.

Hé ! vramant oüy. A propos ie pense qu'il a enuie de vous enuoyer sur la Mer.

CHARLOT.

Hé quoy faire, Paquier ?

COMEDIE.

PAQVIER.

Il ne me l'a point dit; mais ie croy que c'est pour voir la campagne.

CHARLOT.

I'ay trop voyagé, i'en suis las.

PAQVIER.

Qui vous ? ie vay gager chapeau de Cocu, qui est vn des vieux de vostre Pere, que vous n'auez iamais veu la Mer que dans vne Huistre à l'escaille.

CHARLOT.

Et toy, Paquier, en as-tu veu dauantage?

PAQVIER.

Oüy da ; i'ay veu les Bons Hommes, Chaillot, Saint Clou, Vaugirard.

CHARLOT.

Et qu'y as-tu remarqué de beau, Paquier ?

PAQVIER.

A la verité ie ne les vis pas trop bien, pource que les murailles m'empeschoient.

C ij

CHARLOT.

Ie pense, ma foy, que tes voyages n'ont pas esté plus longs que sera celuy dont tu me parles. Va, tu peux l'asseurer que ie ne désire pas...

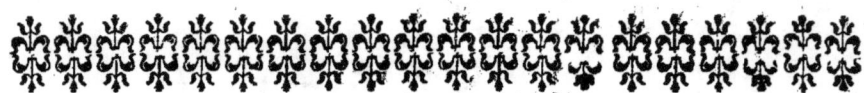

SCENE V.

GRANGER, CHARLOT, PAQVIER.

GRANGER.

QVe tu demeures plus long-temps icy. Viste, Charlot, il faut partir. Songe à l'Adieu dont tu prendras congé des Dieux Foyers, protecteurs du toict paternel; car demain l'Aurore porte safran ne se sera pas pluftost iettée des bras de Tithon dans ceux de Cephale, qu'il te faudra fier à la discretion de Neptun Guide-nefs. C'est à Venise où ie t'enuoye, *Tuus enim patruus* m'a mandé, qu'estant orbe d'hoirs masles, il auoit besoin d'vn personnage sur la fidelité duquel il pût se reposer du maniement de ses facultez. Puis que donc tu n'as iamais voulu t'abreuuer aux Marests, fils de l'ongle du Cheual emplumé, & que la Lyrique harmonie du sçauant meurtrier de Pithon n'a iamais enflé ta parole, Essaye si dans la marchandise Mercure aux pieds aislez te prestera son Caducée. Ainsi le turbulent Eole te soit aussi affable qu'aux pacifiques Nids des Alcions. Enfin, Charlot, il faut partir.

CHARLOT.

Pour où aller, mon Pere?

GRANGER.

A Venise, mon fils.

CHARLOT.

Ie voy bien, Monsieur, que vous voulez éprouuer si ie serois assez lâche pour vous abandonner, & par mon absence vous arracher d'entre les bras vn fils vnique: Mais non, mon pere, si vos tendresses sont assez grandes pour sacrifier vostre ioye à mon auancement, mon affection est si forte, qu'elle m'empeschera de vous obeïr: Aussi quoy que vous puissiez alleguer, ie demeureray sans cesse aupres de vous, & seray vostre baston de vieillesse.

GRANGER.

Ce n'est pas pour prendre vostre aduis, mais pour

vous apprendre ma volonté, que ie vous ay fait venir. Donc demain ie vous emmaillote dans vn Vaisseau, pendant que l'air est serain; car s'il venoit à nebulifier, nous sommes menassez par les Centuries de Nostradamus, d'vn temps fort incommode à la Nauigation.

CHARLOT.

C'est donc serieusement que vous ordonnez de ce voyage? Mais apprenez que c'est ce que ie ne puis faire, & que ie ne feray iamais.

SCENE VI.

FLEVRY, GRANGER, PAQVIER.

FLEVRY.

HE' bien, mon Cousin, nostre Laboureur est-il arriué? ferons-nous ce mariage?

GRANGER.

Helas! mon Cousin, vous estes arriué sous les presagieux Auspices d'vn oyseau bien infortuné. Soyez toutefois le fatal arbitre de ma noire ou blanche Destinée, & le fidele estuy de toutes mes pensées. Ce riche gendre n'est pas encore venu; ie l'attendois icy; mais lors que ie ne pensois vaquer qu'à la joye, ie me vois inuesty des glaiues de la douleur. Mon fils est fol, mon Cousin, le pauure enfant doit vne belle chandelle à Saint Mathurin.

FLEVRY.

Bon Dieu! depuis quand ce malheur est-il arriué?

GRANGER.

Helas! tantost comme ie le caressois, il a voulu se ietter à mon visage, & désiner à mes despens le portrait d'vn Maniaque sur mes ioües. Il gromele en pietinant qu'il n'ira point à Venise. Ho, ho, le voicy, cachons nous, & l'escoutons.

SCENE VII.

CHARLOT, FLEVRY, GRANGER, CVISTRES.

CHARLOT.

MOy i'irois à Venise? & i'abandonnerois la chose pour laquelle seule i'aime le iour? l'iray pluſtoſt aux Enfers; pluſtoſt d'vn poignard i'ouuriray le sein de mon barbare Pere, & pluſtoſt de mes propres mains ayant choiſi son cœur dans vn ruiſſeau de sang, i'en battray les murailles.

FLEVRY.

O! grand Dieu, quelle rage?

CHARLOT.

Non, mon Pere, ie n'y puis conſentir.

FLEVRY fuyant.

Liez-le, mon Couſin, liez-le; il ne faut qu'vn malheur.

GRANGER.

GRANGER.

Piliers de Classes, Tire-gigauts, Ciseaux de Portion, Executeurs de Iustice Latine; *Adeste subito, adeste, ne dicam aduolate.* Iettez moy promptement vos bras Achillains sur ce Microcosme erronée de chimeres abstractiues, & liez-le aussi fort que Promethée sur le Caucasse.

CHARLOT.

Vous auez beau faire, ie n'iray point.

GRANGER.

Gardez bien qu'il n'échape, il feroit vn Haricot de nos scientifiques substances.

CHARLOT.

Mais mon Pere, encore dites-moy pour quel sujet vous me traittez ainsi? Ne tient-il qu'à faire le voyage de Venise pour vous contenter? I'y suis tout prest.

GRANGER.

Osez-vous attenter au tableau viuant de ma docte Machine, Goujats de Ciceron? Songez à vous; *Iratus* est Rex, Reginaque non sine causa. Apprenez que i'en dis moins que ie n'en pense, & que, *Supprimit Orator quæ rusticus edit ineptè.*

CHARLOT.

Oüy mon Pere, ie vous promets de vous obeïr en toutes choses; mais pour aller à Venise, il n'y faut pas penser.

GRANGER.

Comment Freslons de College, Roüille de mon Pain, Cangrene de ma substance, cet obsedé n'a pas encor les fers aux pieds ? Viste, qu'on luy donne plus d'entraues que Xerces n'en mit à l'Ocean quand il le voulut faire Esclaue.

CHARLOT.

Ah! mon Pere, ne me liez point, ie suis tout prest à partir.

GRANGER.

Ha! ie le sçauois bien que mon fils estoit trop bien moriginé pour donner chez luy passage à la frenesie. Va mon Dauphin, mon Infant, mon Prince de Gales, tu seras quelque iour la benediction de mes vieux ans. Excuse vn esprit préuenu de faux rapports;

ie te promets en recompense d'allumer pour toy mon amour au centuple dés que tu seras là.

CHARLOT.

Où, là, mon Pere?

GRANGER.

A Venise, mon fils.

CHARLOT.

A Venise, moy? plustost la mort.

GRANGER.

Au fou, au fou, ne voyez-vous pas comme il m'a jetté de l'escume en parlant? Voyez ses yeux tous renuerlez dans sa teste: Ha! mon Dieu, faut-il que i'aye vn enfant fou? Viste, qu'on me l'empoigne?

CHARLOT.

Mais encore apprenez moy pourquoy on m'attache?

VN CVISTRE.

Parce que vous ne voulez pas aller à Venise.

CHARLOT.

Moy, ie n'y veux pas aller ? On vous le fait accroire, Helas! mon Pere, tant s'en faut, toute ma vie i'ay souhaité auec passion de voir l'Italie, & ces belles Contrées qu'on appelle le Iardin du Monde.

GRANGER.

Donc mon fils, tu n'as plus besoin d'Ellebore. Donc ta teste reste encor aussi saine que celle d'vn Chou cabus apres la gelée. Vien m'embrasser, vien mon Toutou, & va-t'en aussi-tost chercher quelque chose de gentil & à bon marché, qui soit rare hors de Paris, pour en faire vn present à ton Oncle; car ie te vais toute à cette heure retenir vne place au Coche de Lion.

SCENE VIII.

CHARLOT seul.

QVe de fâcheuses conjonctures où ie me trouue embarassé! Apres toute ma feinte il faut encore ou abandonner ma Maistresse, c'est à dire mourir, ou

COMEDIE.

me resoudre à vestir vn pourpoint de pierre, cela s'appelle S. Victor, ou S. Martin.

SCENE IX.

CORBINELI, CHARLOT.

CORBINELI.

SI vous me voulez croire, vostre voyage ne sera pas long.

CHARLOT.

Ha! mon pauure Corbineli, te voila. Sçais-tu donc bien les malheurs où mon Pere m'engage?

CORBINELI.

Il m'en vient d'apostropher tout le *Tu autem*. Il vous enuoye à Venise; vous deuez partir demain: Mais pourueu que vous m'écoutiez, ie pense que si le bon homme, pour tracer le plan de cette Ville, attend vostre retour, il peut dés maintenant s'en fier à la

Carte. Il vous commande d'acheter icy quelque bagatele à bon marché qui soit rare à Venise, pour en faire vn present à voltre Oncle: C'est vn cousteau qu'il vient d'émoudre pour s'égorger. Suiuez moy seulement.

FIN DV PREMIER ACTE.

COMEDIE.

ACTE II.
SCENE PREMIERE.

CHASTEAVFORT seul.

Ovs vous estes batu? Et donc? Vous auez eu auantage sur vostre ennemy? Fort bien. Vous l'auez desarmé? Facilement. Et blessé? Hon. Dangereusement, s'entend? A trauers le corps. Vous vous éloignerez? Il le faut. Sans dire adieu au Roy? Ha, a, a. Mais cet autre, mordiable, de quelle mort le ferons-nous tomber? De l'étrangler comme Hercule fit Anthée, ie ne suis pas Bourreau. Luy feray-je aualer toute la mer? Le monument d'Aristote est trop illustre pour vn ignorant. S'il estoit Maquereau, ie le ferois mourir en eau douce. Dans la flâme, il n'auroit pas le temps de bien gouster la mort. Commanderay-je à la Terre de l'engloutir tout vif? Non, car comme ces petits Gentillastres sont accoustumez de manger leurs terres, celuy-cy pourroit bien manger celle qui le couuriroit. De le déchirer par morceaux, ma colere ne seroit pas contente, s'il restoit de ce malheureux vn atome apres sa mort. O! Dieux, ie suis reduit à n'oser pas seulement luy defendre de viure, parce que ie ne sçay comment le faire mourir.

SCENE II.

IEAN GAREAV, CHASTEAVFORT.

GAREAV.

Vartigué, vela de ces mangeux de petis enfans; La vegne de la Courtille; belle montre, & peu de rapport.

CHASTEAVFORT.

Où vas tu bon homme?

GAREAV.

Tout deuant moy.

COMEDIE.

CHASTEAVFORT.

Mais ie te demande où va le chemin que tu suis?

GAREAV.

Il ne va pas, il ne bouge.

CHASTEAVFORT.

Pauure ruſtre, ce n'eſt pas cela que ie veux ſçauoir: Ie te demande ſi tu as encore bien du chemin à faire aujourd'huy.

GAREAV.

Nanain da, ie le trouuaray tout fait.

CHASTEAVFORT.

Tu parois, Dieu me damne, bien gaillard, pour n'auoir pas diſné.

GAREAV.

Dix nez? Qu'en fera-je de dix? il ne m'en faut qu'vn.

CHASTEAVFORT.

Quel Docteur! Il en ſçait autant que ſon Curé.

E

GAREAV.

Auſſi-ſije; N'eſt-il pas bien curé qui n'a rien au ventre? Hé la ris Iean, on te frit des œufs. Teſtigué, eſt-ce à cauſe qu'ous eſtes Monſieu, qu'ous faites tant de menes? Dame, qui tare a guare a. Tenez n'auous point veu malva? Bonjou donc, Monſieu, s'tules; Hé qu'eſt-ce donc? Ie penſe donc qu'ous me prendrais pour queuque inorant? Hé ſi tu es riche, diſne deux fois. Aga quien, qui m'a angé de ce galouriau? Boneſi ſſeſmon! vela vn homme bien vidé; vela vn angein de belle dégueſne; vela vn biau vaiſſiau s'il auoit deux ſaicles ſur le cul. Par la morguoi, ſi i'auoüas vne ſarpe ei vn baſton, ie feroüas vn Gentizome tout au queu. C'eſt de la Nobleſſe à Maquieu Furon, va te couché, tu ſouperas demain. Eſt-ce donc pelamor qu'ous auez vn engain de far au coſté qu'ous fetes l'Olbrius & le Vaſpaſian? Vartigué ce n'eſt pas encore come-ça. Dame acoutez ie vous dorois bian de la gaule par ſous l'huis; mais par la morguoy ne me joüez pas des Trogedies, car ie vous feroüas du bezot. Iarnigué ie ne ſis pas vn gniais; i'ay eſté ſans repruche Marguillier, i'ay eſté Beguiau, i'ay eſté Portofrande, i'ay eſté Chaſſe-chien, i'ay eſté Guieu & Guiebe, ie ne ſçay pus qui ie ſis. Mais ardé de tout ça bre r r r, i'en dis du Mirliro, parmets que i'aye de Stic.

COMEDIE.

CHASTEAVFORT.

Malheureux excommunié, voila bien du haut stile.

GAREAV.

Monsieu de Marsilly m'apelet bien son bastar. Il ne s'en est pas sally l'espoisseur d'vn tornas qu'il ne m'ait fait apprenty Conseillé. Vien-çà, ce me fit-il vne fois, gros fils du Putain, car i'esquions tout comme deux freres ; Ie veux, ce fit il, que tu venais, ce fit-il, autour de moy, ce fit-il, dans la Turquise, ce me fit-il. O! ce l'y fis-je, cela vous plaist à dire: Non-est, ce me fit-il. O! si est, ce l'y fis-je. O! ce me fis-je à par moy : Escoute Iean, ne faut point faire le bougre, faut sauter. Dame ie ne fesy point de disfigurance dauantage ; ie me bouty auec ly cahin caha, tout à la maxite Françoase. Mais quand on g'ny est, on g'ny est. Bonne-fy pourtant ie paraissy vn sot basquié, vn sot basquié ie paraissy ; car Martin Binet... Et y à propos Denis le Balafré son onque, ce grand ecné, s'en venit l'autre iour la remontée lantarner enuiron moy. Ah! ma foy, ma foy, ie pense que Guieu-marcy, ie vous l'y ramenis le pus biau chinfregniau sus le moustafa, qu'oul l'y en demeury les badigoines escaboüillées tout auaux l'hyuar. Que Guiebe aussi! Tous les iours que Guieu feset, ce bagnoquier la me

E ij

rauaudet comme vn Satan. C'estet sa sœur qui espousit le grand Tiphoine. Acoutez, ol n'a que faire de faire tant de l'enhasée, ol n'a goute ne brin de biau. Parmafy, côme dit l'autre, ce n'est pas grand chance; la Reyne de Nior, malhureuse en biauté. Pour son homme quand oul est des-habillé, c'est vn biau cor-nu. Mais regardez vn petit, ce n'estet encore qu'vne varmene, & si ol feset desia tant la deuargódée, pour autant qu'ol sçauet luire dans les Sessiaumes, qu'on n'en sçauet cheuir. Ol se carret comme vn pou dans eune rogne : Dame aussi ol auet la voix, reuerence parlé, aussi finement claire qu'eune iau de roche. Len diset que Monsieu le Curé auet bien trampé souuent son Goupillon dans son Benaisquié; mais ardé sont des médiseux, les faut laisser dire; & pis quand oul auret ribaudé vn tantinet, c'est à ly à faire, & à nous à nous taire, pis qu'il donne bien la pollution aux autres, il ne l'oublie pas pour ly. Monsieu le Vicaire itou estet d'vne humeur bien domicile & bien turquoise; mais ardé...,

CHASTEAVFORT.

Et de grace, Villageois, acheue nous tes auantures du voyage de Monsieur de Marsilly.

GAREAV.

Ho, ho, ous n'estes pas le Roy Minos, ous estes le

COMEDIE.

Roy Priant. O donc, ie voyagiſme ſur l'Or riant & vers la Mardy Terre Année.

CHASTEAVFORT.

Tu veux dire au contraire vers l'Orient, ſur la Mediterranée.

GAREAV.

Hé bian ie me reprens, vn var ſe reprent bian. Mais guian ſi vous panſiais que ie deuiſieſme entendre tous ces tintamares là, comme vous autres Latiniſeurs, Dame nanain : Et vous, comme guiebe déharnachez vous voſtre Philophie ? I'ariuiſmes itou aux Deux Trois de Gilles le baſtard, dans la Tranſvilanie, en Bethlian de Galilene, en Harico, & pis au païs... au païs... au païs.. du Beure.

CHASTEAVFORT.

Que Diable veux-tu dire, au païs du Beure ?

GAREAV.

Oüy au païs du Beure. Tant quia que c'eſt vn païs qui eſt mou comme beure, & où les gens ſont durs comme piare. Ha ! c'eſt la Graiſſe ; hé bian les gens n'y ſont-ils pas bien durs, pis que ce ſont des Grets ?

Et pis apres cela ie nous en allismes, reuerence parlé, en vn païs si loin, si loin; ie pense que mon Maistre appelet cela le païs des Bassins, où le monde est noir come des Antrechrits. Ardé, ie croy fixiblement que ie n'eussiesmes pas encor cheminé deux glieuës, que i'eussiesmes troué le Paradis & l'Enfar. Mais tenez, tout ce qui me semblit de pus biau à voir, c'est ces petis Sarasins d'Italie; cette petite grene d'andoüille n'est pas pus grande que sauequoy, & s'ils sçauót desia parler Italian. Dame ie ne sesismes là guere d'ordure. Ie nous bandismes nos quaisses tout au bout du móde dans la Turquise, inoy & mon Maistre. Parmasy pourtant, ie disis biantost à mon Maistre qu'oul s'en reuenist. Hé quement, quelle vilanie? Tous ces Turs là sont tretous huguenots comme des chiens. Oul se garmantet par escousse de leur bailler des exultations à la Turquoise.

CHASTEAVFORT.

Il faut dire des exhortations à la Turque.

GAREAV.

O bian, tanquia qu'il les sarmonet comme il falet.

CHASTEAVFORT.

Ton Maistre sçauoit donc l'Idiome Turc?

COMEDIE.

GAREAV.

Hé vramant oüy oul sçauet tous ces Gerosmes là; les auet-il pas veus dans le Latin? Son frere itou estet bien sçauant, mais oul n'estet pas encore si sçauant, car n'en marmuset qu'oul n'auet appris le Latin qu'en François. C'estet vn bon Nicolas, qui s'en allet tout deuant ly, hurlu, brelu, n'en n'eust pas dit qu'oul y touchet, & stanpandant oul marmonet tousiours dans vne bastelée de Liures. Ie ne me sçauras tenir de rire, quand ie me ramenteu des noms si biscornus, & si par le sanguoy tout ça estet vray, car oul estet moulé. D'auquns s'intiloient, s'intuloient: oüay? ce n'est pas encore comme ça: S'inlutiloient, i'y sis casi : S'intilutoient: sin, sin, sin; Tanquia que ie m'entens bian.

CHASTEAVFORT.

Tu veux dire s'intituloient.

GAREAV.

Oüy, oüy, sin, sin, hela qui se fesoient comme vous dites: Vela tout comme il le défrinchet. Ie ne sçay pus où i'en sis, vous me l'auez fait pardre.

CHASTEAVFORT.

Tu parlois du nom de ces Liures.

GAREAV.

Ces Liures donc, pis que Liures y a. Oüay? Ha ie sçay bian; Oul y auet des Amas de Gaules, des Cadets de Tirelire, & des Aisnez de Vigile.

CHASTEAVFORT.

Il faut dire, mon grand amy, des Amadis de Gaule, des Decades de Tite-Liue, des Eneïdes de Virgile. Mais poursuis.

GAREAV.

O! par le sangué va t'en charcher tes poursuiueux. Aga qu'il est raisonnabe auiourd'hy, il a mangé de la soupe à neuf heures. Hé si ie ne veux pas dire comme ça moy? Tanquia qu'à la parfin ie nous en reuinsmes. Il apportit de ce païs-là tant de Guiamans rouges, des Hemoroïdes vartes, & vne grande espée qui atteindret d'icy à demain. C'est à tout ces farremens que ces mangeux de petis enfans se batont en deüil. Il aportit itou de petis engingorniaux remplis de naissance, à celle fin de conseruer, ce feset-il, l'humeur
ridicule

COMÉDIE. 41

dicule, à celle fin, ce fefet-il, de viure auffi long-
ems que Maquieu falé. Tenez n'auons point veu
Nique-doüille, qui ne fçauret rire fans montrer les
ants?

CHASTEAVFORT.

e ne ris pas de la vertu de tes effences.

GAREAV.

guian fçachez que les naiffances ont de marueil- *Il le frape.*
ufes propretez; C'eft vn certain oignement dont
s Ancians s'oignient quand ils eftient morts, dont
s viuient fi longuement. Mais morgué il me viant
e fouuenir que vous vouliais tantoft que ie vous difi
e nom de ces Liures. Et ie ne veux pas moy; & vous
tes vn fot dres là; & teftigué ous eftes vn inorant
à-dedans. Car yentregué fi vous eftes vn fi bon dieux, morgué tapons nous donc la gueule comme il
aut. Dame il ne faut point tant de beure pour faire
n cartron; Et quien & vela pour toy.

CHASTEAVFORT.

Ce coup ne m'offence point, au contraire il publie
mon courage inuincible à fouffrir. Toutefois afin
que tu ne te rendes pas indigne de pardon par vne feconde faute, encore que ce foit ma couftume de don-

F

ner pluſtoſt vn coup d'eſpée qu'vne parole, ie veux bien te dire qui ie ſuis. I'ay fait en ma vie ſeptante mille combats, & n'ay iamais porté bote qui n'ait tué ſans confeſſion. Ce n'eſt pas que i'aye iamais ferraillé le fleuret, ie ſuis adroit la grace à Dieu; & partant la ſcience que i'ay des armes, ie ne l'ay iamais apriſe que l'eſpée à la main. Mais que cet auertiſſement ne t'effraye point; Ie ſuis tout cœur, & il n'y a point par conſequent de place ſur mon corps où tu puiſſes adreſſer tes coups ſans me tuer. Sus donc, mais gardons la veuë, ne portons point de meſme temps, ne pouſſons point de pres, ne tirons point de ſeconde: Mais viſte, viſte, ie n'aime pas tant de diſcours; Mardieu depuis le temps ie me ſerois mis en garde, i'aurois gagné la meſure, ie l'aurois rompuë, i'aurois ſurpris le fort, i'aurois pris le temps, i'aurois coupé ſous le bras, i'aurois marqué tous les batemens, i'aurois tiré la flanconade, i'aurois porté le coup de deſſous, ie me ſerois allongé de tierce ſur les armes, i'aurois quarté du pied gauche, i'aurois marqué feinte à la pointe & dedans & dehors, i'aurois eſtramaçoné, ébranlé, empieté, engagé, volté, porté, paré, ripoſté, carté, paſſé, deſarmé, & tué trente hommes.

GAREAV,

Vramant, vramant, vela bien la Muſicle de S. Innocent, la pus grande piqué du monde. Quel embro-

COMEDIE.

heux de Limas: Et quien, quien, vela encore pour *Il le frape en-*
'agacer. *core.*

CHASTEAVFORT.

e ne sçay, Dieu me damne, ce que m'a fait ce marault, *Il le frape.*
e ne me sçaurois fâcher contre luy. Foy de Caualier, *Il le frape en-*
ette gentillesse me charme. Voila le faquin du plus *core.*
rand cœur que ie vis iamais. Il faut necessairement, *Il est frapé*
u que ce belistre soit mon fils, ou qu'il soit Demonia- *derechef.*
ue. D'égorger mon fils à mon essient, ie n'ay garde;
e tuer vn possedé, i'aurois tort, puis qu'il n'est pas
oupable des fautes que le Diable luy fait faire. Tou-
efois, ô! pauure Paisan, sçache que ie porte à mon
osté la Mere nourrice des Fossoyeurs; que de la teste
u dernier Sophy ie fis vn pomeau à mon espée; que
u vent de mon chapeau ie submerge vne Armée na-
ale; & que qui veut sçauoir le nombre des hommes
ue i'ay tuez, n'a qu'à poser vn 9, & tous les grains
e sable de la mer en suite qui seruiront de Zeros.
Quoy que tu fasses, ayant protesté que ie gagnerois *Il est encore*
ela sur moy mesme, de me laisser battre vne fois en *batu.*
ma vie, il ne sera pas dit qu'vn marault comme toy
me fasse changer de resolution. Quelque faquin *Gareau se re-*
e cœur bas, & raualé, auroit voulu mesurer son espée *tire en vn*
uec ce vilain; mais moy qui suis Gentilhomme, & *coin du Thea-*
entilhomme d'extraction, ie m'en suis fort bien sceu *tre, & le Ca-*
arder. Il ne s'en est cependant quasi rien fallu que *pitan demeu-*
e l'aye percé de mille coups, tant les noires vapeurs *re seul.*

F ij

de la bile offufquent quelquefois la clarté des plu[s]
beaux Genies. En effet i'allois tout maffacrer: Ie iur[e]
donc auiourd'huy par cette main, cette main difpen[-]
fatrice des Couronnes & des Houletes, de ne plu[s]
dorefnauant receuoir perfonne au combat, qu'il n'ai[t]
leu deuant moy fur le pré fes Lettres de Nobleffe ; &
pour vne plus grande preuoyance ie m'en vais fair[e]
promptement auertir Meffieurs les Marefchaux qu'il[s]
m'enuoyent des Gardes pour m'empefcher de me ba[t-]
tre; car ie fens ma colere qui croift, mon cœur qu[i]
s'enfle, & les doigts qui me démangent de faire v[n]
homicide. Vifte, vifte, des Gardes, car ie ne répond[s]
plus de moy : Et vous autres Meffieurs qui m'écoutez
allez m'en querir toute à l'heure, ou par moy tantof[t]
vous n'aurez point d'autre lumiere à vous en retour[-]
ner, que celle des éclairs de mon fabre, quand il vou[s]
tombera fur la tefte; Et la raifon eft, que ie vay, fi i[e]

Gareau re-
uenant le fra- n'ay vn Garde, fouffler d'icy le Soleil dans les Cieux
pe encore, & comme vne chandelle. Ie te maffacrerois, mais [tu]
le Capitan as du cœur, & i'ay befoin de foldats.
s'en-va.

COMEDIE. 45

SCENE III.

GRANGER, GAREAV, MANON, FLEVRY.

MANON.

Q VEL démeflé donc, mon pauure Iean, auois tu auec ce Capitaine?

GAREAV.

A ga, ou me venet rauodé de sa Philophie. Ardé tenez, c'eſt tout fin dret comme ce grand Cocſigruë de Monſieu du Meny; vous ſçauez bian, qui auet ces grands penaches quand ie demeurais chez Mademoirelle de Carnay. Dame pelamor qu'oul eſtet braue cóme le tems, qu'oul luiſet dans le moulé, qu'oul iargonet par eſcouſſe des Aſnes à Batiſte, des Peres-Paticiers, il velet que ie l'y fiſieſmes tretous l'obenigna. Pelamor itou, à ce que ſuchequient les mediſeux, qu'auec Mademoirelle noſtre Metraiſſe, il boutet cety cy dans cety-la, (ce n'eſt pas ce nonobſtant, comme dit l'autre, pour ce chore la, car ardé bonne renomée vaut mieux que ceinture dorée) Mais par la morguoy sphesmon, c'estet vn bel oisiau pour torner quatre broches; & pis étou l'en marmuset qu'oul estet vn tantet tarabusté de l'entendement. Bonnesy la barbe l'y estet venuë deuant eune bonne Ville, ol luy estet venuë deuant Sens. Ce Iean qui de tout se mesle, il y a desia eune bonne escousse da, s'en venit me ramener auos les eschegnes eune houssene de dix ans. Vartigué ie n'estes pas centizome pour me batre en deüil, mais.. O don c'estet Mademoiselle nostre Mestraisse qui m'auet loüé, & stanpandant il voulet, ce dit-il, me faire, ce dit-il, enfiler la porte. O, ce me fit-il, ie te feray bien enfiler la porte, ce fit-il. Guian cette parole la me prenit au cœur. O par la morguoy, ce l'y fis-je, vous ne me feraiz point enfiler la porte; & pis au fons, ce l'y fis-je, c'est Mademoiselle qui m'a loüé: si Mademoiselle veut que ie l'enfile, ie l'enfileray bian, mais non pas pour vous.

GRANGER.

Or ça nostre cendre, mettons toutes querelles sous le pied, & donnons leur d'vn oubly à trauers les hypocondres. Si l'Hymenée porte vn flambeau, ce n'est pas celuy de la Discorde; Il doit allumer nos cœurs, non pas nostre fiel: C'est le sujet qui nous assemble tous. Voila ma fille qui voudroit desia qu'on dist d'elle & de vous, *Sub, super, in, subter, casu iunguntur vtroque, in vario sensu.*

MANON.

Mon Pere, ie ne suis pas capable de former des souhaits, mais de seconder les vostres : Conduisez ma main dans celle que vous auez choisie, & vous verrez vostre fille d'vn visage égal, ou descendre, ou monter.

GRANGER.

Rien donc ne nous empesche plus de conclure cet accord, aussi-tost que nous sçaurons les natures de vostre bien.

FLEVRY.

Là donc, ne perdons point de temps.

GRANGER.

Vos facultez consistent-elles en rentes, en maisons, ou en meubles ?

GAREAV.

Dame oüy, i'ay tres-bian de tout ça, par le moyan d'vn heritage.

GRANGER.

Qu'on donne promptement vn siege à Monsieur.

Manon, faluez voftre mary. Cette fucceffion eft-el
grande?

GAREAV.

Elle eft de vint mile frans.

GRANGER.

Vifte, Paquier, qu'on mette le couuert.

GAREAV.

Il fe met dans vne Chaife-

La, la, vous moquez-vous, rafubez voftre bonet
entre nous autres, il ne faut point tant de frefmes ny
de fimonies. Hé! qu'es-ce donc? Noftre-dinfe, n'er
diret que ie ne nous connoiffiens plus. Quoy ou
auez bouté en obliuiance de quand ous efquiais a
Chaquiau? Parguene alez, ous n'efquiais qu'vn pe
tit Nauet en ce tems-là, ous eftes à cette heure cy eun
Citroüille bian groffe. Vramant laiffez faire, ie penf
que Guieu marcy, i'auons bian farmoné de vous, fe
noftre mainagere & moy. Si vous eftet venu des cor
nes toutes les fois que les oreilles vous ont corné (ce
que ien dis pourtãt ce n'eft pas que i'en parle, ce crois-j
bian qu'ous en auez affez fans nous) Tanquia que
ô! donc, pour reuenir à noftre conte, ierniguoy i'ef
quiefmes tous deux de mefchantes petites varmenes.
l'alliefmes vreder auaux ces bois. Et y à propos, ce
biau

COMEDIE. 49

biau marle qui sublet si finement haut; hé bian regardez, ce n'estet que le Clocu Fili Daui! Ous esquiais vn vray Iui d'Auignon en ce tems-là: Ous esquiais trejours à pandiller entour ces cloches, & y à sauter comme vn Maron. O bian, mais ce n'est pas le tout que des choux, il faut de la graisse.

GRANGER.

Auez-vous icy les Contracts acquisitoires de ces heritages là?

GAREAV.

Nanain vramant, & si l'on ne me les veut pas donner; mais ie me doute bian de ce qu'oul y a. Testigué ie m'amuse bian à des papiers, moy. Hé ardé, tous ces brinborions de Contracts, ce n'est que de l'escriture qui n'est pas vraye, car ol n'est pas moulée. Hobian, acoutez la, c'est eune petite sussion qui est vramant bian grande da, de Nicolas Girard; héla, le pere de ce petit Louis Girard qui estet si semillant; ne vous sçauriais vous recorder? c'est ly qui s'alit neger à la grand Mare. O bian son pere est mort, & si ie l'auons conduit en tare, s'il a plû à Guieu, sans repruche, comme dit l'autre. Ce pauure Guiebe estet allé dénicher des Pies sur l'Orme de la comere Massée; Dame comme oul estet au Copiau, le vela bredi, breda, qui commence à griller tout auaux les branches, & cheit

G

LE PEDANT IOVE,

eune grande efcouffe, pouf, à la renuarfe. Guieu benit la Crefquianté, ie croy que le cœur l'y efcarboüillit dans le ventre, car oul ne fonit iamais mot, ne groüillit, finon qu'oul grimonit en trépaffant, Guiebe fet de la Pie, & des Piaux. O donc ly il eftet mon Compere, & fa femme ma Comere. Or ma Comere, pis que Comere y a, auparauant que d'auoir efpoufé mon Compere, auet efpoufé en preumieres nopces, le Coufain de la Brû de Piare Oliuier, qui touchet de bian pres à Iean Henault, de par le gendre du Biau-frere de fon Onque. Or cely-cy, retenez bian, auet eu des enfans de Iaquelaine Brunet qui mourirent fans enfans : Mais il fe trouue que le Neueu de Denis Gauchet auet tout baillé à fa Femme par Contract de mariage, à celle fin de fruftrifer les heriquers de Thomas Plançon qui deuient y rentrer, pis que fa Mere-grand n'auet rian laiffé aux Mineurs de Denis Vanel l'efné : Or il fe trouue que ie fomes parens en queuque magniere de la Veufue de Denis Vanel le ieune, & par confequent ne deuons-je pas auoir la fuffion de Nicolas Girard ?

GRANGER.

Mon amy, ie fais ouurir à ma conception plus d'yeux que n'en euft iamais le Berger Gardien de la Vache Io, & ie ne vois goute en voftre affaire.

GAREAV.

O Monfieu, ie m'en vas vous l'éclaircir auffi finement

claire, que la voix des enfans de cœur de noſtre Vilage.
Acoutez donc : Il faut que vous ſçachiais que la Veuſue de Denis Vanel le ieune, dont ie ſommes parens en queuque magniere, eſtet fille du ſecond lit de Georges Marquiau le Biau-frere de la Sœur du Neueu de Piare Brunet dont i'auons tantoſt fait mention : Or il eſt bian à clair que ſi le Couſain de la Brû de Piare Oliuier, qui touchet de bian pres à Iean Henault, de par le gendre du Biau-frere de ſon Onque, eſtet Pere des Enfans de Iaquelaine Brunet trépaſſez ſans enfans, & qu'apres tout ce tintamare là, on n'auet rian laiſſé aux Mineux de Denis Vanel le ieune, i'y deuons rentrer, n'eſt-ce pas?

GRANGER.

Paquier, repliez la nappe, Monſieur n'a pas le loiſir de s'arreſter. Ma foy, beau Sire, depuis le iour que Cupidon ſegregea la Lumiere du Cahos, il ne s'eſt point veu ſous le Soleil vn démeſlé ſemblable. Dedale & ſon Labirinthe en ont bien dans le dos. Ie vous remercie cependant de l'honneur qu'il vous plaiſoit nous faire : Vous pouuez promener voſtre Charruë ailleurs que ſur le champ virginal du ventre de ma Fille.

MANON.

Les Valets de la Feſte vous remerſiſſont.

FLEVRY.

Vous auez bon courage, mais les jambes vous faillent.

GAREAV.

Ma foy voire; Auſſi bian n'en velay-je pus. J'aime bian mieux eune bonne groſſe Mainagere qui vous trauaille de ſes dix doits, que non pas de ces Madames de Paris qui ſe feſont courtiſer des Courtiſans. Vous verrais ces galouriaux tant que le iour eſt long, leur dire, Mon cœur, Mamour, Parcy, Parla, Ie le veux bian, Le veux-tu bian? Et pis c'eſt à ſe ſabouler, à ſe patiner, à plaquer les mains au commencement ſur les ioües, pis ſur le cou, pis ſur les tripes, pis ſur le brinchet, pis encore pus pas, & ainſi le vitſe gliſſe. Stanpendant moy qui ne veux pas qu'on me faſſe des Trogedies, ſi i'auoüas trouué queuque Ribaut licher le moruiau à ma femme, comme cet affront là frape bian au cœur, peut-eſtre que dans le deſeſpoir ie m'emporteroüas à jeter ſon chapiau par les freneſtres, pis ce ſeret du ſcandale; Tigué queuque gniais.

GRANGER.

O eſperances futiles du concept des humains! De meſme les Chats tu ne flates que pour égratigner, Fortune malicieuſe!

COMEDIE.

SCENE IV.

CORBINELI, GRANGER, PAQVIER.

CORBINELI.

Elle n'est pas seulement malicieuse, elle est enragée. Helas! tout est perdu, vostre Fils est mort.

GRANGER.

Mon Fils est mort, es-tu hors du sens?

CORBINELI.

Non, ie parle serieusement : Vostre Fils à la verité n'est pas mort ; mais il est entre les mains des Turcs.

GRANGER.

Entre les mains des Turcs ? soustiens moy, ie suis mort.

CORBINELI.

A peine estions nous entrez en batteau pour passer de la porte de Nesle au Quay de l'Escole....

GRANGER.

Et qu'allois tu faire à l'Escole, Baudet?

CORBINELI.

Mon Maistre s'estant souuenu du commandement que vous luy auez fait, d'acheter quelque bagatelle qui fust rare à Venise, & de peu de valeur à Paris, pour en regaler son Oncle; s'estoit imaginé qu'vne douzaine de Cotrets n'estant pas chers, & ne s'en trouuant point par toute l'Europe de mignons comme en cette Ville, il deuoit en porter là: C'est pourquoy nous passions vers l'Escole pour en acheter; mais à peine auons-nous éloigné la coste, que nous auons esté pris par vne Galere Turque.

GRANGER.

Hé! de par le Cornet retors de Triton Dieu Marin, qui iamais oüit parler que la Mer fust à S. Clou? qu'il y eust des Galeres, des Pyrates, ny des Escueils?

COMEDIE.

CORBINELI.

C'est en cela que la chose est plus merueilleuse. Et quoy que l'on ne les aye point veus en France que cela, que sçait-on s'ils ne sont point venus de Constantinople iusques icy entre deux Eaux?

PAQVIER.

En effet, Monsieur, les Topinambours qui demeurent quatre ou cinq cens lieuës au dela du monde, vinrent bien autrefois à Paris; & l'autre iour encore les Polonois enleuerent bien la Princesse Marie en plein iour à l'Hostel de Neuers, sans que personne osast branler.

CORBINELI.

Mais ils ne se sont pas contentez de cecy, ils ont voulu poignarder vostre Fils.

PAQVIER.

Quoy sans confession?

CORBINELI.

S'il ne se rachetoit par de l'argent.

GRANGER.

Ah! les miserables; c'estoit pour incuter la peur dans cette ieune poitrine.

PAQVIER.

En effet les Turcs n'ont garde de toucher l'argent des Chrestiens, à cause qu'il a vne Croix.

CORBINELI.

Mon Maistre ne m'a iamais pû dire autre chose, sinon; Va-t'en trouuer mon Pere, & luy dis... Ses larmes aussi-tost suffoquant sa parole, m'ont bien mieux expliqué qu'il n'eust sceu faire, les tendresses qu'il a pour vous.

GRANGER.

Que Diable aller faire aussi dans la Galere d'vn Turc? D'vn Turc! *Perge.*

CORBINELI.

Ces Escumeurs impitoyables ne me vouloient pas accorder la liberté de vous venir trouuer, si ie ne me fusse jetté aux genoux du plus apparent d'entr'eux. Hé!

COMEDIE.

Hé! Monsieur le Turc, luy ay-je dit, permettez moy d'aller auertir son Pere, qui vous enuoyera tout à l'heure sa rançon.

GRANGER.

Tu ne deuois pas parler de rançon, ils se feront moquez de toy.

CORBINELI.

Au contraire; A ce mot il a vn peu resserené sa face. Va, m'a-t'il dit; mais si tu n'es icy de retour dans vn moment, j'iray prendre ton Maistre dans son College, & vous estrangleray tous trois aux antennes de nostre Nauire. I'auois si peur d'entendre encore quelque chose de plus fâcheux, ou que le Diable ne me vint emporter estant en la compagnie de ces excommuniez, que ie me suis promptement ietté dans vn Esquif pour vous auertir des funestes particularitez de cette rencontre.

GRANGER.

Que Diable aller faire dans la Galere d'vn Turc?

PAQVIER.

Qui n'a peut-estre pas esté à confesse depuis dix ans.

GRANGER.

Mais penses-tu qu'il soit bien resolu d'aller à Venise?

CORBINELI.

Il ne respire autre chose.

GRANGER.

Le mal n'est donc pas sans remede. Paquier, donne-moy le receptacle des instrumens de l'Immortalité, *Scriptorium, scilicet.*

CORBINELI.

Qu'en desirez-vous faire?

GRANGER.

Escrire vne Lettre à ces Turcs.

CORBINELI.

Touchant quoy?

GRANGER.

Qu'ils me renuoyent mon fils, parce que i'en ay affaire;

COMEDIE.

Qu'au reste ils doiuent excuser la jeunesse qui est sujette à beaucoup de fautes ; & que s'il luy arriue vne autrefois de se laisser prendre, ie leur promets foy de Docteur, de ne leur en plus obtondre la faculté auditiue.

CORBINELI.

Ils se moqueront par ma foy de vous.

GRANGER.

Va-t'en donc leur dire de ma part, Que ie suis prest de leur répondre par-deuant Notaire, Que le premier des leurs qui me tombera entre les mains, ie le leur renuoyeray pour rien. (Ha! que Diable, que Diable, aller faire en cette Galere?) Ou dis leur qu'autrement ie vais m'en plaindre à la Iustice. Si-tost qu'ils l'auront remis en liberté, ne vous amusez ny l'vn ny l'autre, car i'ay affaire de vous.

CORBINELI.

Tout cela s'appelle dormir les yeux ouuerts.

GRANGER.

Mon Dieu, faut-il estre ruiné à l'âge où ie suis? Va-t'en auec Paquier, prens le reste du Teston que ie luy donnay pour la dépense il n'y a que huit iours. (Aller sans dessein dans vne Galere!) Prens tout le reliquat de cet piece. (Ha! malheureuse geniture, tu me coustes plus d'or que tu n'es pesant.) Paye la rançon, & ce qui restera, employe le en œuures pies. (Dans la Galere d'vn Turc!) Bien, va-t'en. (Mais miserable, dis-moy, que Diable allois-tu faire dans cette Galere?) Va prendre dans mes armoires ce pourpoint découpé que quitta feu mon Pere l'année du grand Hyuer.

CORBINELI.

A quoy bon ces fariboles? Vous n'y estes pas. Il faut tout au moins cent pistoles pour sa rançon.

GRANGER.

Cent pistoles! Ha! mon fils, ne tient-il qu'à ma vie pour conseruer la tienne? mais cent pistoles! Corbineli, va-t'en luy dire qu'il se laisse pendre sans dire mot; cependant qu'il ne s'afflige point, car ie les en feray bien repentir.

CORBINELI.

Mademoiselle Geneuote n'estoit pas trop sotte, qui refusoit tantost de vous espouser, sur ce que l'on l'asseuroit que vous estiez d'humeur, quand elle seroit

COMEDIE. 61

Esclaue en Turquie, de l'y laisser.

GRANGER.

Ie les ferai mentir. S'en aller dans la Galere d'vn Turc! Hé quoy faire, de par tous les Diables, dans cette Galere? O! Galere, galere, tu mets bien ma bource aux galeres.

SCENE V.

PAQVIER, CORBINELI.

PAQVIER.

Voila ce que c'est que d'aller aux galeres. Qui Diable le pressoit? Peut-estre que s'il eust eu la patience d'attendre encore huit iours, le Roy l'y eust enuoyé en si bonne compagnie, que les Turcs ne l'eussent pas pris.

CORBINELI.

Nostre *Domine* ne songe pas que ces Turcs me déuoreront.

PAQVIER.

Vous estes à l'abry de ce costé-là, car les Mahumetans ne mangent point de Porc.

SCENE VI.

GRANGER, CORBINELI, PAQVIER.

GRANGER.

Granger reuient lui donner vne bource, & s'en retourne à méme temps.

Tien, va-t'en, emporte tout mon bien.

SCENE VII.

CORBINELI *frappant à la porte de la Tremblaye.*

Monioye Saint Denis ; Ville gagnée, *Accede* Granger le ieune, *accede*. O le plus heureux des hommes ! ô le plus chéry des Dieux ! Tenez, prenez

COMEDIE.

parlez à cette bource, & luy demandez ce que ie vaux.

CHARLOT.

Allons viste, allons inhumer cet argent mort pour mon Pere, au coffre de Mademoiselle Geneuote: Ce sera de bon cœur, & sans pleurer, que ie rendray les derniers deuoirs à ce pauure trépassé; Et cependant admirons la médisance du peuple qui iuroit que mon Pere bien loin de consentir au mariage de Mademoiselle Geneuote & de moy, prétendoit lui-méme à l'espouser; & voicy que pour découurir l'imposture des calomniateurs, il enuoye de l'argent pour faire les frais de nos ceremonies.

SCENE VIII.

GRANGER, PAQVIER.

GRANGER.

Fortune, ne me regarderas-tu iamais qu'en rechignant? Iamais ne riras-tu pour moy?

PAQVIER.

Ne sçauez-vous pas qu'elle est sur vne rouë, Damoiselle Fortune ? Elle seroit bien ladre d'auoir enuie de rire. Mais, Monsieur, asseurément que vous estes ensorcelé.

GRANGER.

As tu quelquefois entendu fretiller sur la minuit dans ta chambre quelque chose de noir ?

PAQVIER.

Vrament, vrament, Tantost i'entens traisner des chaisnes à l'entour de mon lit; tantost ie sens coucher entre mes draps vne grande masse lourde; tantost i'apperçois à nostre Atre vne Vieille toute ridée se graisser, puis à califourchon sur vn balet s'enuoler par la cheminée; Enfin ie pense que nostre College est l'Icon, le Prototipe, & le Pere-grand du Chasteau de Bicestre.

GRANGER.

Il seroit donc à propos, ce me semble, de prendre garde à moy. Quelque Incube pourroit bien venir habiter auec ma fille, & faire pis encore, butinant les
reliques

reliques de mon chetif & malheureux *Gaza*. Ma foy pourtant, Diables Folets, si vous attendez cela pour disner, vous n'auez qu'à dire Graces: Ie m'en vais faire prendre à toutes mes Châbres chàcune vne Medecine d'eau beniste. Ils pourroient bien toutefois me voler d'vn costé, quand ie les conjurerois de l'autre. N'importe: Paquier, va-t'en chercher sous mes grandes armoires vn vieux Liure de Plain-chant; déchire-le par morceaux, & en attache vn feüillet à châque auenuë de ma Chambre, comme aux portes, aux fenestres, à la cheminée; & principalement enduis en vn certain coffre fort, fidele dépositaire de mon magasin. Escoute, escoute, Paquier, il vient de me souuenir que les Démons s'emparent des Tresors égarez ou perdus: De peur que quelqu'vn d'eux ne vienne à se méprendre, souuiens-toy bien d'écrire sur la piece de game qui couure la serrure, mais en gros caracteres; *Il n'est ègaré ny perdu, car ie sçay bien qu'il est là.* Ie me veux diuertir de ces pensées mélancoliques; Ces imaginations sepulchrales vsent bien souuent l'ame auparauant le corps. Paquier *adesto*: Va-t'en au logis de ma toute belle Navre-cœur: Souhaite luy de ma part le bon jour qu'elle ne me donne pas: Parle luy auantageusement de mon amour: Et sur tout ne l'entretiens que de Feux, de Charbons, & de Traits. Va viste, & reuiens m'apporter la réponse.

I

SCENE IX.

PAQVIER, GENEVOTE.

PAQVIER seul.

DE Feux, de Charbons, & de Traits: Cela n'est pas si aisé qu'on diroit bien.

GENEVOTE arriuant.

Comment se porte ton Maistre, Paquier?

PAQVIER.

Il se porte comme se portoit S. Laurent sur le Gril; roussy, noircy, rosty, & tout cela par Feu.

GENEVOTE.

Ie ne sçay pas s'il souffre ce que tu dis; mais ie te puis asseurer que du iour qu'il commença de m'aimer, ie commençay de meriter la Couronne du Martyre. O!

Paquier, fidele témoin de ma passion, dis à ton Maistre, que sa chere & malheureuse Geneuote, verse plus d'eau de ses yeux, que sa bouche n'en boit, qu'elle soûpire autant de fois qu'elle respire, & que....

PAQVIER.

Mademoiselle, ie vous prie, laissons là toutes ces choses; parlons seulement de ce dont mon Maistre m'a commandé de vous entretenir. Dites-moy, auez-vous beaucoup de bois pour l'Hyuer? car mon Maistre ne se peut passer de Feu.

GENEVOTE.

Sans mentir, i'aurois bien le cœur de roche, s'il n'estoit pénetrable aux coups des perfections de ton Maistre.

PAQVIER.

Bon Dieu, quel Coc-à-l'asne! Répondez-moy categoriquement; N'auez-vous iamais veu de Feu Saint Elme?

GENEVOTE.

Ie ne sçay dequoy tu me parles; ie voudrois seulement que Monsieur Granger.....

I ij

PAQVIER.

Vous ne sçauez donc pas que vostre frequentation a remply mon Maistre de Feu sauuage?

GENEVOTE.

Mon pauure Paquier, si tu m'aimes, ie te supplie entretiens-moy d'autre chose; parle-moy de l'Amour que ton Maistre me porte.

PAQVIER.

Ce n'est pas là ce dont i'ay à vous parler. Mais à quoy Diable vous sert de tourner ainsi la Truye au foin? Dites-moy donc, ferez-vous cette année du feu Gregeois à la Saint Iean?

GENEVOTE.

Plût à Dieu que ie pûsse découurir ma flâme à ton Maistre sans l'offencer, car ie brusle pour luy...

PAQVIER.
Ha, bon cela.

GENEVOTE.
D'vne amour si violente, que ie souhaiterois qu'vne

COMEDIE.

moitié de luy deuint vne moitié de moy-mesme : mais la glace de son cœur...

PAQVIER.

Hé bien, ne voila pas tousiours quitter nostre propos ? Et tout cela de peur que vostre ame ne prenne feu parmi tant d'autre : Mais ma foy il n'en ira pas ainsi. Il y a trois Feux dans le Monde, Mademoiselle : Le premier est le Feu Central ; le second, le Feu Vital ; & le troisiéme, le Feu Elementaire. Ce premier en a trois sous soy qui ne diferent que par les Accidens ; le Feu de Collision, le Feu d'Attraction, & le Feu de Position.

GENEVOTE.

As-tu fait dessein de continuer tes extrauagances iusques au bout du Iugement ?

PAQVIER.

Mais vous-mesme, auez-vous fait dessein de me faire enrager iusques à la fin du Monde ? Vous me venez parler de l'amour que vous portez à mon Maistre : voila de belles sottises ; ce n'est pas cela qu'on vous demande. Ie veux seulement que vous sçachiez que Monsieur Granger n'est qu'vn Feu Folet depuis qu'il vous a veuë ; que bien-tost aussi bien que luy, vous arderez, s'il plaiſt à Dieu, du Feu S. Antoine, & que... Mais où Diable peſcher de nouueau Feu? Ha! par ma foy i'en tiens. Mademoiſelle, Feu voſtre Pere & Feu voſtre Mere, auoient-ils fort aimé Feu leurs parens? car Feu le Pere & Feu la Mere de Monſieur Granger auoient chéry paſſionnément Feu les Trépaſſez; & ie vous iure que le Feu eſt vne choſe ſi inſeparable de mon Maiſtre, qu'on peut dire de luy (quoy qu'il ſoit plein de vie) Feu le pauure Monſieur Granger Principal du College de Beauuais. Or çà il me reſte encore les Charbons & les Traits.

GENEVOTE.

Ie ſouhaiterois autant de ſcience qu'en a ton Maiſtre, pour répondre à ſon Diſciple.

PAQVIER.

O! Mademoiſelle, ie vous ſouhaiterois, non point autant de ſcience, mais autant de Charbons de peſte, & de cloux qu'il en a. Quoy vous en riez? Et ie vous proteſte moy, qu'à force de bruſler, il s'eſt tellement noircy le corps, que ſi vous le voyiez, vous le prendriez pluſtoſt pour vn grand Charbon, que pour vn Docteur. I'en ſuis maintenant aux Traits.

GENEVOTE.

Tu luy pourras témoigner combien ie l'aime, si tu l'as compris par mes discours; & cependant ie suis bien asseurée que son affection n'est pas reciproque.

PAQVIER.

Pour cette particularité, Mademoiselle, vous auez tort de vous en mettre en peine; car il proteste tout haut de se ressentir des traits que vous luy ioüez; de reuerberer sur vous les traits dont vous le nayrez; & de peur que par trait de temps, les traits de vostre visage ne soient offencez des traits de la Mort, il vous peint auec mille beaux traits d'esprit, dans vn Liure intitulé, *La tres-belle, tres-parfaite, & tres-accomplie Geneuote, par son tres-humble, tres-obeïssant, & tres-affectionné seruiteur, Granger.*

GENEVOTE.

Tu diras à ton Maistre que i'estois venuë icy pour le voir; mais que l'arriuée de ce Capitaine m'a fait en aller. Ie reuiendray bien-tost; Adieu.

SCENE X

CHASTEAVFORT, PAQVIER.

CHASTEAVFORT.

HE! mon Dieu, Messieurs, i'ay perdu mon Garde. Personne ne l'a-t'il rencontré? Sans mentir i'en feray reproche à la Connestablie, d'auoir fié à vn ieune Homme, la garde d'vn Diable comme moy. Si i'allois maintenant rencontrer ma partie, que seroit-ce? Il faudroit s'égorger comme des bestes farouches. Pour moy, encor que ie sois vaillant, ie ne suis point brutal. Ce n'est pas que ie craigne le cóbat, au contraire, c'est le pain quotidien que ie demande à Dieu tous les iours en me leuant. On le verra, on le verra; car, par la Mort, aussi-tost que i'auray retrouué ce Garde qui me gardoit, ie proteste de desobeïr à quiconque, horsmis à ce pauure Garde, me voudroit détourner de tirer l'espée. Hola, Garde Mulet, ne l'as-tu point veu passer, mon Garde? C'est vn Garde que les Mareschaux de France m'ont enuoyé, pour m'empescher de faire vn Duel le plus sanglant qui
jamais

iamais ait rougy l'herbe du Pré aux Clercs. Ventre, que dira la Noblesse de moy, quand elle sçaura que ie n'ay pas eu le soin de bien garder mon Garde? O! toy donc, malheureux petit homme, va-t'en signifier à tous les Braues qu'ils ayent à me laisser en patience d'oresnauant, pource qu'encore que mon Garde ne soit pas icy, ie suis sensé comme l'ayant. Ie luy donnois deux pistolles par iour ; & si ie le puis retrouuer, ie promets à mon bon Ange vn Cierge blanc de dix liures, & à luy, de luy donner par iour quatre pistolles, au lieu de deux : Enfin ie le rendray si content de moy, qu'il ne souffrira pas que ie m'échape de luy, ou ce sera le plus ingrat homme du monde.

PAQVIER.

Hé bien, Monsieur, qu'importe, puis que vous voulez tuer vostre ennemy, que ce Garde vous ait abandonné? Vous pouuez à cette heure vous battre sans obstacle.

CHASTEAVFORT.

O! Chien de Mirmidon, Chien de Filou, Chien de Gripe-manteau, Chien de Traisne-gibet, que tu es brute en matiere de démeslez. Où sera donc la foy d'vn Caualier? Quoy, tu te figures que ie sois si peu sensible à l'honneur, que de me resoudre à tromper laschement, perfidement, traistreusement, la vigilance d'vn honneste homme qui me gardoit, & qui à l'heure que ie parle, ne s'attend nullement que ie me batte? Ah! pluſtoſt le Ciel eſchapé à ſes liens pour tomber ſur ma teſte. Moy aggrauer la faute d'vn imprudent, par vne plus grande! Si ie penſois qu'vn ſeul homme ſe le fut imaginé, pour me vanger d'vn Indiuidu ſur toute l'Eſpece, i'enuoyerois defendre au Genre Humain d'eſtre viuant dans trois iours.

PAQVIER.

Adieu, adieu.

GRANGER.

Va toy-meſme à Dieu, poltron, & luy dis de ma part, que ie luy vais enuoyer bien-toſt tout ce qui reſte d'hommes ſur la Terre.

FIN DV SECOND ACTE

COMEDIE.

ACTE III.
SCENE PREMIERE.

PAQVIER, GRANGER.

PAQVIER.

AR par les Feux ie l'ay brûlée, par les Charbons ie l'ay enteſtée, & par les Traits ie l'ay percée.

GRANGER.

Ha! Paquier, tu t'es auiourd'huy ſurpaſſé toy-méme. N'eſpere pas toutéfois de l'aureole condigne à cet exploit; vn tel ſeruice merite des Empires, & la Fortune cette ennemie de la Vertu, ne m'en a pas donné: Mais vien chez ma Maiſtreſſe me voir entrer dans la Place dont tu m'as ouuert la brêche.

K ij

PAQVIER.

Ne courez point si viste; vous cherchez vostre Asn[e]
quand vous estes dessus. Ne vous ay-je pas dit qu'ell[e]
vous doit venir trouuer icy?

GRANGER.

Il ouure vn grand Bahu, d'où il tire de vieux habits, auec vn miroir, &c.

Il m'en souuient: Ie n'ay donc plus qu'à choisir le[quel] me siéra le mieux de mes habits Pontificaux. O[Deesse Paphiene, sois-moy en aide & confort en cett[e] presente mienne tribulation. Et vous, sacrez haillo[ns] de mes Ancestres, qui ne gagnez des crotes qu'au[x] bons iours; vous qui n'auez point veu le iour depu[is] celuy du mariage de mon Bisayeul; qu'il n'y ait su[r] vostre Texte, tache, trou, balafre, ou déchirure, qu[i] ne reçoiue vn sanglot, vne larme, & vne quérimon[ie] particuliere. Amour, flàme folete, qui n'est iama[is] qu'au bord d'vn précipice; Ardant qui brilles pou[r] nous éblouïr; Feu qui brusles, & ne consumes point[;] Guide aueugle qui creues les yeux à ceux que tu con[duis; Boureau qui fais rire en tuant; Poison que l'o[n] boit par les yeux; Assassin que l'Ame introduit dans [sa] maison par les fenestres; Amour, petit Poupar, c'es[t] à tes costez douïllettement fretillars, que ie viens pera[n]ger les reliques de la iournée. Plantons nous diamé[-]tralement deuant ce chef-d'œuure Venitien, & fai[-]

COMEDIE. 77

...ons auec vn cõpte exact la reueuë de tous les traits de ...on visage. Que le poil de ma barbe qui paroistra hors ...œuure, soit chastié comme vn passe-volant. Essayons ...uel personnage il nous siera mieux de representer de...ant elle, de Caton, ou de Momus. Ie tâche à rire & pleurer sans interuale, & ie n'en puis venir à bout. ...ais que viens-je de voir? Quand ie ris, ma machoire ...insi que la muraille d'vne Ville batuë en ruine, dé...ouure à costé droit vne brêche à passer vingt hom...nes. C'est pourquoy, mon visage, il vous faut stiler ...ne plus rire qu'à gauche, & pour cet effet ie vais ...arquer sur mes jouës de petits points, que ie defens ... ma bouche quand ie riray, d'outrepasser. On m'a ...it que i'ay la voix vn peu casse, il faut surprendre ...ec l'oreille mon image en ce Miroir, auant qu'elle ... taise. *Ie saluë tres-humblement le Bastion des Graces, ... la Citadelle des Rigueurs de Mademoiselle Geneuote.* ...y-je parlé trop haut, ou trop bas? Il seroit bon, ce ...e semble, d'auoir des Lieux communs tous prests ...our chaque Passion que ie voudray vestir. Il faudra ...e éclater, selon que ie seray bien ou mal receu, le ...édain, la Colere, ou l'Amour. Cà pour le *Dédain*. ...*Quoy*, tu penserois que tes yeux eussent feru ma ...oitrine au defaut de la cuirasse? Non, non, tes traits ...ont si doux, qu'ils ne blessent personne. Quoy, ie ...aurois aimée, chetif Esgout de concupiscence, Vase ...e necessité, Pot de chambre du Sexe masculin? He...s! petite gueuse, regarde moy seulement, admire, & ... tais.

Il rit & il pleure en même temps.

Pour la *Colere*.

O! trois & quatre fois Mégere impitoyable, puisse le Ciel en couroux ébouler sur ton chef des Halebardes au lieu de pluye: puisses-tu boire autant d'Ancre, que ton amour m'a fait verser de larmes: puisses-tu cent fois le iour seruir aux Chiens de muraille pour pisser: Enfin puisse la Destinée, tisser la trame de tes iours auec du Crin, des Chardons, & des Estoupes.

Pour l'*Amour*.

Soleil, principe de ma vie, vous me donnez la mort; & desia ie ne serois plus qu'vne Ombre vaine & gemissante, qui marqueroit de ses pas la riue blesme de l'Achéron, si ie n'eusse redouté de faire périr en moy vostre amour qui ne doit pas moins viure que sa cause. Peut-estre, ô belle Tigresse! que mon chef negeux vous fait peur: Ie sçay bien aussi, que les jeunes ont dans les yeux moins de rouge & plus de feu que nous; que vous aimez mieux nostre bourse au singulier qu'au pluriel; qu'au déduit amoureux vne femme est insatiable; & que si la premiere nuit, *Optat vt excedat digito*, la seconde nuit elle en veut, *Pede longior vno*. Mais sçachez qu'vn iour l'âge ayant promené sa charruë sur les roses & sur les lys de vostre teint, fera de vostre front vn grimoire en Arabe; & que ieunes & vieux sont quotidiennement Epitaphez, à cause que, *Compositum simplexque modo simili gradiuntur*.

SCENE II.

GRANGER, PAQVIER, GENEVOTE.

GRANGER.

MAdemoiselle, soyez vous venuë autant à la bonne heure, que la grace aux Pendus quand ils sont sur l'eschelle.

GENEVOTE.

Est ce l'Amour qui vous a rendu criminel ? Vraiment la faute est trop illustre pour ne vous la pas pardonner. Toute la penitence que ie vous en ordonne, c'est de rire auec moy d'vn petit conte que ie suis venuë icy pour vous faire. Ce Conte toutefois se peut bien appeller vne Histoire, car rien ne fut iamais plus veritable. Elle vient d'arriuer il n'y a pas deux heures au pius facecieux personage de Paris ; & vous ne sçauriez croire à quel poinct elle est plaisante. Quoy, vous n'en riez pas ?

GRANGER.

Mademoiselle, ie croy qu'elle est diuertissante au dela de ce qui le fut iamais; Mais....

GENEVOTE.

Mais vous n'en riez pas?

GRANGER.

Ha, a, a, a, a.

GENEVOTE.

Il faut auant que d'entrer en matiere, vous anatomiser ce Squelete d'homme & de vestement, aux mesmes termes qu'vn Sçauant m'en a tantost fait la description. Voicy l'heure enuiron que le Soleil se couche, c'est l'heure aussi par consequent que les lambeaux de son manteau se viennent rafraischir aux Estoilles. Leur Maistre ne les expose iamais au iour, parce qu'il craint que le Soleil prenant vne matiere si combustible pour le berceau du Phœnix, ne bruslast & le nid & l'oiseau. Ce manteau donc, cette cape, cette casaque, cette simare, cette robe, cette soutane, ce lange, ou cet habit, car on est encore à deuiner ce que c'est, & le Sindic des Tailleurs y demeureroit à *quia*, fait bien dire aux gausseurs, qu'il

fait

fait peur aux Larrons en leur montrant la corde. Certains Dogmatiſtes diſent auoir appris par tradition, qu'il fut apporté du Caire où on le trouua dans vne vieille Caue, à l'entour de ie ne ſçay quelle Momie, ſous les ſaintes Maſures d'vne Piramide éboulée. A la verité les figures groteſques que les trous, les pieces, les taches, & les filets, y compoſent biſarerement, ont beaucoup de rapport auec les figures Hieroglifiques des Egiptiens. C'eſt vn plaiſir ſans pareil, de contempler ce Fantoſme arreſté dans vne ruë. Vous y verrez amaſſer cent Curieux, & tout en extaſe diſputer de ſon origine : L'vn ſoûtenir, que l'Imprimerie ny le papier n'eſtant pas encore trouuez, les Doctes y auoient tracé l'Hiſtoire vniuerſelle; & ſur cela remontant de Pharamond à Ceſar, de Romule à Priam, de Promethée au premier homme, il ne laiſſera pas échaper vn filet qui ne ſoit au moins le Simbole de la décadence d'vne Monarchie : Vn autre veut que ce ſoit le Tableau du Cahos : Vn autre la Metempſicoſe de Pitagore : Vn autre diuiſant ſes guenilles par chapitres, y trouuera l'Alcoran diuiſé par Azoares : Vn autre le Siſteſme de Copernic : Vn autre enfin iurera que c'eſt le manteau du Prophete Elie, & que ſa ſechereſſe eſt vne marque qu'il a paſſé par le feu : Et moy pour vous blaſoner cet Eſcu, ie dis qu'il porte de Sable, engreſlé ſur la bordure, aux Lambeaux ſans nombre : Du manteau ie paſſerois aux habits, mais ie penſe qu'il ſuffira de dire, que chaque

L

piece de son acoûtrement est vn antique. Venons de l'estoffe à la doublure, de la guaisne à l'espée, & de la Chasse au Sainct; Traçons en deux paroles le crayon de nostre ridicule Docteur. Figurez-vous vn rejeton de ce fameux Arbre Cocos, qui seul fournit vn païs entier des choses necessaires à la vie. Premierement en ses cheueux on trouue de l'huile, de la graisse, & des cordes de Luth: Sa teste peut fournir de corne les Couteliers, & son front les Négromanciens de grimoire à inuoquer le Diable: Son cerueau, d'Enclume: Ses yeux, de cire, de vernis, & d'escarlate; Son visage, de rubis: Sa gorge, de cloux: Sa barbe, de décrotoires: Ses doigts, de fuseaux: Sa peau, de lime: Son haleine, de vomitif: Ses cotaires, de pois: Ses dartres, de farine: Ses oreilles, d'aisles à moulin: Son derriere, de vent à le faire tourner: Sa bouche, de four-à ban: Et sa personne, d'Asne à porter la Mounée. Pour son Nez il merite bien vn égratignure particuliere. Cet autentique Nez arriue par tout vn quart d'heure deuant son Maistre; Dix Saueriers de raisonnable rondeur vont trauailler dessous à couuert de la pluye. Hé bien, Monsieur, ne voila pas vn joly Ganimede? & c'est pourtant le Heros de mon Histoire. Cet honeste homme regente vne Classe dans l'Vniuersité, C'est bien le plus faquin, le plus chiche, le plus auare, le plus sordide, le plus mesquin; Mais riez donc.

GRANGER.

Ha, a, a, a, a,

GENEVOTE.

Ce vieux Rat de College a vn Fils qui ie pense est le receleur des perfections que la Nature a volées au Pere. Ce chiche penard, ce radoteur....

GRANGER.

Ah! malheureux, ie suis trahy; c'est sans doute ma propre histoire qu'elle me conte. Mademoiselle, passez ces epithetes, il ne faut pas croire tous les mauuais rapports; outre que la vieillesse doit estre respectée.

GENEVOTE.

Quoy, le connoissez-vous?

GRANGER.

Non, en aucune façon.

GENEVOTE.

O bien, escoutez donc. Ce vieux Bouc veut enuoyer son Fils en ie ne sçay quelle Ville, pour s'oster vn riual; & afin de venir à bout de son entreprise, il luy veut faire acroire qu'il est fou. Il le fait lier, & luy fait ainsi promettre tout ce qu'il veut: Mais le Fils n'est pas long-temps creancier de cette fourbe. Comment? vous ne riez point de ce vieux bossu, de ce maussadas à triple estage?

GRANGER.

Baste, baste, faites grace à ce pauure vieillard.

GENEVOTE.

Or escoutez le plus plaisant. Ce Gouteux, ce Loup-garou, ce Moine-bourru....

GRANGER.

Passez outre, cela ne fait rien à l'Histoire.

GENEVOTE.

Commanda à son Fils d'acheter quelque bagatelle pour faire vn present à son Oncle le Venitien; & son Fils vn quart d'heure apres luy manda qu'il venoit d'estre pris prisonnier par des Pirates Turcs, à l'embouchure du Golphe des Bons-Hommes; & ce qui n'est pas mal plaisant, c'est que le bon homme aussi-tost enuoya la rançon. Mais il n'a que faire de craindre pour sa pecune, elle ne courra point de risque sur la Mer de Leuant.

GRANGER.

Traiſtre Corbineli, tu m'as vendu, mais ie te feray donner la Salle. Il eſt vray, Mademoiſelle, que ie ſuis interdit; Mais iugez auſſi par le trouble de mon viſage, de celuy de mon ame. L'image de voſtre beauté iouë inceſſamment dans mon cœur à Remu-ménage. Ce n'eſt pas toutefois du deſordre d'vn eſprit égaré que ie pretens meriter ma récompenſe; c'eſt de la force de ma paſſion que ie pretens vous prouuer par quatre Figures de Rhetorique; les Antitheſes, les Metaphores, les Comparaiſons, & les Argumens. Et pour les déplier, eſcoutez parler *l'Antitheſe*.

Si, Mais ie ne dis point ſi, il eſt plus veritable que la verité : *Si*, dis-je, l'amere douceur, & la douce amertume; le poiſon medecinal, & la medecine empoiſonnée, qui partent ſans ſortir de vous, ô Monſtre indefectueux, n'embraſoient mon eſprit en le glaçant, & n'y faiſoient tantoſt viure, tantoſt mourir, vn immortel petit Geant (i'appelle ainſi les flâmes viſibles dont le plus grand & le plus petit des Dieux, m'échauffe & me fait trembler) Ou *ſi* ces aueugles clair-voyans (ie veux dire vos yeux, belle Tigreſſe, ces innocens coupables) ſe publiant ſans dire mot, amis ennemis de l'eſclaue liberté des hommes, n'auoient contraint volontairement mon genie dans la libre prison de vostre sorciere beauté ; luy qui faisoit gloire auparauant d'vne fermeté constante en son inconstance : *Si*, dis-je, tout cela n'auoit fait faire & défaire à mes pensées beaucoup de chemin en peu d'espace : *Si* bref vous ne m'auiez apporté des tenebres par vos rayons, *Ie* n'aurois pas appellé de mon Iuge à mon Iuge, pour demander ce que ie ne veux pas obtenir ; c'est, pitoyable inhumaine, la santé mortelle d'vne aigre douce maladie, qu'on rendroit incurable si on la guerissoit.

GENEVOTE.

Comment appellez-vous cette Figure là ?

GRANGER.

Nos Ancestres iadis le Baptiserent *Antithese*.

GENEVOTE.

Et moy qui la Confirme auiourd'huy, ie luy change son nom, & luy donne celuy de Galimathias.

GRANGER.

Voicy la Metaphore & la Comparaison qui viennent à vos pieds demander audience.

GENEVOTE.

Faites les entrer.

GRANGER.

Tout ainſi qu'vn negeux Torrent, fier enfant de l'Olimpe, quand ſon chenu coupeau acrauanté d'orages, & courbant ſous le faix des froidureux cotons; franc qu'il ſe voit de l'eſtroite Conciergerie où le calme le tenoit ſerf, *Qua data porta ruit*, va rauager inſolemment le ſein fertil des pierreuſes campagnes, & deshonorant ſans vergogne par le gueret champeſtre la perruque dorée de Cerés aux paſles couleurs, fait brouter ilec le troupeau eſcaillé, où le coutre tranchant du meſnager Laboureur pieça ſe promenoit; Ainſi mes eſperances ne pouuant plus tenir contre l'impetuoſité de mon déplaiſir, le Huiſſier de ma triſteſſe tenant en main la baguete de mes ſoûpirs, a fait faire place à la grandeur de mes douleurs; i'ay débarricadé mes clameurs, laſché la bride à mes ſanglots, donné de l'eſpron à mes larmes, & foüetté mes cris deuant moy. Ils feront bon voyage, car il me ſemble que ie voy déja la ſentinelle auancée de voſtre bonté, paroiſtre entre les creſneaux & ſur la platte-forme de vos graces, qui crie à mes ſoûpirs, *Qui va là?* Puis ayant appellé le Coporal de voſtre iugement, donné l'alarme au Corps-de garde de vos pudicitez, demádé le mot du guet à mes ſoûpirs, les auoir reconnu pour amis, laissé passer à cause du paquet de perseuerance, & bref les articles de bonne intention signez de l'Amant & de l'Aimée, voir la Paix vniuerselle entre les deux Estats de nostre Foy matrimoniale regner és siecles des siecles.

GENEVOTE.

Amen.

GRANGER.

Donc pour nous y acheminer, soyez comme vn Iupiter qui s'appaise par de l'encens; Ie seray comme Alexandre à vous en prodiguer. Soyez de méme que le Lion qui se laisse fleschir par les larmes; Ie seray de méme qu'Heraclite à force de pleurer. Soyez tout ainsi que le Naphte auprés du feu; Et ie seray tout ainsi que le Mont Ætna qui ne sçauroit s'esteindre. Soyez ne plus ne moins que le bon Terroir qui rend ce qu'on luy preste; Et ie seray ne plus ne moins que Triptoleme à vous ensemencer. Soyez ainsi que les Abeilles qui changent en miel, les fleurs; Et les fleurs de ma Rhetorique, ainsi que celles d'Attique, se chargeront de Manne. Soyez telle en fermeté que la Remore qui bride la Nef au plus fort de la tempeste; Et ie seray tel que le Vaisseau de Caligula qui en fut arresté. *Ne multus sim*, Soyez à la façon des Trous qui ne refusent point de mortier; Et ie seray à la façon de la Truelle qui bouchera vostre creuasse.

GRANGER.

COMEDIE.

GENEVOTE.

Vrayment, Monsieur, quoy que vous soyez incomparable, vous n'estes pas vn homme sans comparaison.

GRANGER.

Ce n'est pas par la Metaphore seule, pain quotidien des Scholares, que ie pretens capter vostre beneuolence: Voyons si mes argumens troueront forme à vostre pied; car si ce contingent Metaphisique auoit couru du *Possible ad factum*, ie iure par toutes les Eaux infernales, par les Palus trois fois saincts du Cocite & du Stix, par la Couronne de fer de l'enfumé Pluton; par l'eternel Cadnas du Silence; par la Bequille de Vulcain; bref par l'Entousiasme prophetique du Tripier Sibilin, de vous rendre en beauté, non point la Déesse Paphienne, mais celle qui fera honte à celle-là. Et pour en descendre aux preuues, i'argumente ainsi. Du Monde, la plus belle partie, c'est l'Europe. La plus belle partie de l'Europe, c'est la France, *Secundum Geographos*. La plus belle Ville de France, c'est Paris. Le plus beau quartier de Paris, c'est l'Vniuersité, *Propter Musas*. Le plus beau College de l'Vniuersité, ie soûtiens à la barbe de Sorbonne, de Nauarre, & de Harcour, que c'est Beauuais; & son nom est le respondant de sa beauté, puis qu'on le nomma Beauuais, *quasi* beau à voir. La plus belle

M

Chambre de Beauuais, c'est la mienne. *Atqui*, le plus beau de ma Chambre, c'est moy. *Ergo*, ie suis le plus beau du monde. *Et hinc inferoy* que vous Pucelete Mignardelete, Mignardelete Pucelete, estant encore plus belle que moy, il seroit, ie dis *sole ipso clarius*, que vous incorporant au Corps de l'Vniuersité en vous incorporant au mien, vous seriez plus belle que le plus beau du monde.

GENEVOTE.

Vraymant si i'auois dormy vne nuit auprés de vous, ie serois docte comme Hesiode, pour auoir dormy sur le Parnasse.

GRANGER.

Mais i'ay d'autres armes encore qui sont toutes neufues à force d'estre vieilles, dont ie présume outrepercer vostre tendrelete poitrine: C'est l'Eloquence du franc Gaulois. Or oyez.

Et déa, Royne de haut parage, Mie de mes pensées, Cresme, Fleur, & Parangon des Infantes, vous qui cheuauchez par illec du fin feste de cestuy vostre magnifique & moult doucereux palfroy, iouxte lequel gesir souliez en bonne conche; prenez émoy de ma déconuenuë. Las oyez le méchef d'vn dolent moribond qui creué d'anhan sur vn chétif grabat, onques ne sentit au cœur ioye. Point ne boutez en

COMEDIE. 91

sourde obliuiance cil a qui pieça Fortune porte guignon. Las! helas! réconfortez vn pauuret en marisson, à qui il conuiendra soy gendarmer contre soy, s'occir, ou se déconfir par quelqu'autre tour de malengin, se ne vous garmantez de luy donner soulas; car desiner ainsin pieça ne luy chaut. Or soyez, ma Pucelle aux yeux vers, comme vn Faucon, quant à moy ie seray vostre coint Damoisel, qui par rémuneration d'vne si grande mercy, se aucune chose auez à besogner de son auoir, à tout son tranchant glaiue il redressera vos torts, & défera vos griefs; il déconfira des Cheualiers felons; il hachera des Andriaques; il fera des Chapelis inénarrables; il martellera des Paladins ores à dextre, ores à senestre; bref tant & si beau ioustera, qu'il n'y aura piece de fiers, orgueilleux, outrecuidez, & démesurez Geans, lesquels en dépit des armes Fées, & du Haubert de fine trempe, il ne pourfende ius les arçons. Quel ebaudissement de voir adonc issir le sang à grand randon du flanc pantois de l'endémene Sarasin; & pour festoyement de cas tant beau, se voir leans guerdoné d'vn los de pleniere Cheualerie.

GENEVOTE.

Monsieur, il est vray, ie ne le puis celer, c'est à ce coup que ie rends les armes; Enfin ie m'abandonne tout à vous; Vsez de moy aussi librement que le Chat fait de la Souris; Rognez, tranchez, taillez;

M ij

faites-en comme des Choux de vostre jardin.

PAQVIER.

Ie trouue pourtant bien du *distinguo* entre les Femmes & les Choux; car des Choux la teste en est bonne, & des Femmes c'est ce qui n'en vaut rien.

GRANGER.

Auriez vous donc agreable, Mademoiselle, lors que la nuit au visage de More, aura de ses haillons noirs embeguiné le minois souffreteux de nostre Zenit; que ie transporte mon indiuidu aux Lares domestiques de vostre toit, pour humer à longs traits vostre Eloquence melliflue; & faire sur vostre couche vn sacrifice à la Déesse tutelaire de Paphos?

GENEVOTE.

Oüy venez, mais venez auec vne eschelle, & montez par ma fenestre, car mon frere serre tous les iours les clefs de nostre maison sous son cheuet.

GRANGER.

O! que ne suis-je maintenant Iulius Cæsar, ou le Pape Gregoire, qui firent passer le Soleil sous leur

COMEDIE.

férule: Ie ne le reculerois ni ne l'arresterois en Thieste ou en Iosué; mais ie le contraindrois de marquer minuit à six heures.

SCENE III.

GENEVOTE, LA TREMBLAYE, GRANGER le jeune, CORBINELI.

GENEVOTE.

IE pensois aller plus loing vous faire rire; mais ie vois bien qu'il me faut décharger icy.

GRANGER le jeune.

Aux despens de mon Pere?

GENEVOTE.

C'est bien le plus bouffon personnage de qui iamais la teste ait dansé les sonnettes; & moy par contagion ie suis deuenuë facetieuse, iusques à luy permettre d'escalader ma chambre. A bon entendeur, salut:

94 *LE PEDANT IOVE´,*
il se fait tard ; les machines sont peut-estre déja
chemin ; retirons-nous.

SCENE IV.
LA TREMBLAYE, CORBINELI.

LA TREMBLAYE.

Il heurte à la porte de Manon.

VA donc auertir Mademoiselle Manon. Tou[t]
va bien : La beste donnera dans nos panneau[x]
ou ie suis mauuais Chasseur.

SCENE V.
LA TREMBLAYE, CORBINELI, MANON

LA TREMBLAYE.

IE m'en vais amasser de mes amis pour m'assister
en cas que son College voulust le secourir. Mai[s]
vne autre difficulté m'embarasse : C'est que ie crains

COMEDIE.

si ie ne suis arriué assez tost, qu'il n'entre dans la chambre de ma sœur; & comme enfin elle est fille, qu'elle n'ait de la peine de se dépestrer des poursuites de ce Docteur échauffé; Et qu'au contraire, s'il trouue la fenestre fermée, contre la parole qu'il a receuë d'elle, qu'il ne s'en aille, pensant que ce soit vne burle.

CORBINELL.

O de cela n'en soyez point en peine, car ie l'arresteray en sorte, qu'il ne courra pas fort viste escalader la chambre, & n'osera pour quelqu'autre raison que ie vous fais, retourner en son logis. C'est pourquoy ie vais m'habiller pour la Piece.

LA TREMBLAYE.

I'estois venu pour imaginer auec vous vn moyen de haster nostre mariage; mais vostre Pere luy-méme nous en donne vn fort bon. Il va tout à l'heure assie- ger nostre Chasteau pour voir ma sœur, & moy ie.... *Il luy parle bas à l'oreille*

MANON.

C'est par là qu'il s'y faut prendre, n'y manquez pas. Adieu.

FIN DV TROISIESME ACTE.

ACTE IV.
SCENE PREMIERE.

GRANGER, PAQVIER, CORBINELI

GRANGER.

TOVT est endormy chez nous d'vn somme de fer; Tout y ronfle, iusques aux Grillons & aux Crapaux. Paquier, auance ton eschelle : Mais que c'est bien pour moy l'eschelle de Iacob, puis qu'elle me va monter au Paradis d'Amour.

PAQVIER.

Il tôbe, ayant appuyé son eschelle sur le dos de Corbineli.

Ie croy que voicy la maison. Ah! ie suis mort. C'est ma faute, ie ne luy auois pas donné assez de pied.

GRANGER.

COMEDIE.

GRANGER.

Monte encore vn coup, pour voir si elle est bien appuyée. *Il l'y met encore, & môte.*

PAQVIER.

J'ay peur d'auoir donné trop de pied. Comment, ie ne rencontre point de mur? Nostre machine tiendroit-elle bien toute seule? *Domine*, plantez vous-mesme vostre eschelle, ie n'y oserois plus toucher. *Il nage des bras dans la nuit pour toucher le mur.*

GRANGER.

Vade retro, mauuaise beste, ie l'appliqueray bien moy-mesme. Ie pense que i'y suis; voicy la porte, ie la connois aux clous, sur chacun desquels i'ay composé iadis maintes bonnes Epigrammes. *Stande* pour sçayer si elle est ferme.

PAQVIER.

Ha! miserable que ie suis, on vient d'arracher les dents à mon eschelle. Misericorde, mon eschelle vient d'enfanter. Qui l'auroit engrossie? Ne seroit ce point moy, car i'ay monté dessus? Mais quoy l'enfant est desia aussi gros que la mere.

Corbineli transpose l'eschelle d'vn costé & d'autre auec tant d'adresse, que Paquier faisant aller sa main à droit & à gauche, frappe tousiours vn des costez de l'eschelle, sans trouuer d'eschelons.

N

LE PEDANT IOVÉ,
GRANGER.

Tais-toy, Paquier, i'ay veu tout à l'heure passer ne sçay quoy de noir. C'est peut-estre vne de c Larues au teint blesme, dont nous parlions tantost qui vient pour m'effrayer.

PAQVIER.

Domine, on dit que pour épouuanter le Diable, il fa témoigner du cœur ; Toussez deux ou trois fois, vou vous rasseurerez.

Granger tousse.

GRANGER.
Qui es-tu ?

PAQVIER.
Vn peu plus haut.

GRANGER.
Qui es-tu ?

PAQVIER.
Encore plus fort.

GRANGER.
Qui es-tu donc ?

PAQVIER,

Granger chante.

Chantez vn peu pour vous rasseurer. Bon, Fort Faites à croire au spectre que vous ne le craignez point.

COMEDIE.

Domine, c'eſt vn Diable Huguenot, car il ne ſe ſoucie point de la Croix.

GRANGER.

la peur luy-meſme, car il n'oſe parler. Mais, Paquier, ne ſeroit-ce point mon Ombre, car elle eſt veſtuë tout comme moy; fait tous mes meſmes geſtes; recule quand i'auance, auance quand ie recule? Il faut que ie m'éclairciſſe. Noſtre-Dame elle me frappe. *Il donne vn coup, & Corbineli le luy rend.*

PAQVIER.

Monſieur, il ſe peut faire que les Ombres de la Nuit eſtant plus épaiſſes que celles du iour, ſont auſſi plus robuſtes, & qu'ainſi elles pourroient fraper les gens. Entrez, voila la porte ouuerte. *Corbineli entre viſtement auec vn paſſe-par tout, & Granger court apres pour entrer auſſi.*

GRANGER.

Ma foy l'Ombre eſt plus habile que moy. Eſcoutez donc, me voicy, c'eſt moy.

PAQVIER.

Non vraman-da, ce n'eſt pas mon Maiſtre qui eſt chez vous, ce n'eſt que ſon Ombre. Que Diable, Monſieur, voſtre Ombre eſt elle folle, de marcher

N ij

deuant vous, & d'entrer toute seule en vn logis où elle ne connoist personne? Ho asseurément que nous nous sommes trompez, car si c'estoit vne Ombre, la Lune l'auroit faite, & cependant la Lune ne luit pas. Helas! *profecto*, ie le viens de trouuer; nous en estions bien loin. C'est vostre Ame, car ne vous souuient-il pas qu'hier vous la donnastes à Mademoiselle Geneuote? Or n'estant plus à vous, elle vous aura quitté; cela est bien visible, puis que nous la rencontrons en chemin qui s'y en va. Ah! perfide Ame, vous ne deuiez pas trahir vn Docteur de la façon; Ce qu'il en auoit dit n'estoit qu'en riant; Cependant vous l'abandonnez pour vne niaiserie. Ie m'en vais bien voir si c'est elle, car si ce l'est, peut-estre qu'en la flatant vn peu, elle se repentira de sa faute. Ie t'adjure par le grand Dieu viuant, de me dire qui tu es?

CORBINELI par la fenestre.

Ie suis le grand Diable Vauuert. C'est moy qui fais dire la Patenostre du Loup: Qui nouë l'Esguillette aux nouueaux mariez: Qui fais tourner le Sas: Qui petris le Gasteau triangulaire: Qui rends inuisibles les Freres de la Rose-Croix: Qui dicte aux Rabins la Cabale & le Talmud: Qui donne la Main de Gloire, le Trefle à quatre, la Pistole volante, le Guy de l'An-neuf, l'Herbe de Fouruoyement, la Graine de Fougere, le Parchemain vierge, les Gamahez, l'Emplastre

COMEDIE.

Magnetique. l'enseigne la composition des Breuets, des Sorts, des Charmes, des Sigilles, des Caracteres, des Talismans, des Images, des Miroirs, des Figures constellées. Ie prestay à Socrate vn Démon familier; Ie fis voir à Brutus son mauuais Genie : l'arrestay Drusus à l'Apparition d'vn Lutin : I'enuoye les Démons familiers, les Esprits folets, les Martinets, les Gobelins, le Moine-bouru, le Loup-garou, la Mule ferrée, le Marcou, le Cochemar, le Roy Hugon, le Connestable, les Hommes noirs, les Femmes blanches, les Ardans, les Lemures, les Farfadets, les Ogres, les Larues, les Incubes, les Succubes, les Lamies, les Fées, les Ombres, les Manes, les Spectres, les Fantosmes; Enfin ie suis le grand Veneur de la Forest de Fontainebleau.

GRANGER.

Ha! Paquier, qu'est-ce cy?

PAQVIER.

Voila vn Démon qui n'a pas eu toute sa vie les mains dans ses pochettes.

GRANGER.

Qu'augures-tu de cette vision?

PAQVIER.

Que c'est vn Diable Femelle, puis qu'il a tant de caquet.

GRANGER.

En effet, ie croy qu'il n'est pas meschant; car i'ay remarqué qu'il ne nous a dit mot, iusques à ce qu'il s'est veu armé d'vn Corcelet de pierre.

PAQVIER.

Ma foy, Monsieur, ne craignez point les Diables, iusques à ce qu'ils vous emportent. Pour moy ie ne les apprehende que sur les espaules des femmes.

SCENE II.

LA TREMBLAYE, GRANGER, PAQVIER, CHASTEAVFORT.

LA TREMBLAYE.

Avx voleurs, aux voleurs: Vous serez pendus, coquins; ce n'est pas d'auiourd'huy que vous

COMEDIE.

vous en meslez. Peuple, vous n'ayez qu'à chanter le *Salue*, le patient est sur l'eschelle.

PAQVIER.

En mourra-t'il, Monsieur?

LA TREMBLAYE.

Tu t'y peux bien attendre.

PAQVIER.

Seigneur, ayez donc pitié de l'ame de feu mon pauure Maistre Nicolas Granger. Si vous ne le connoissez, Seigneur, c'est ce petit homme qui auoit vn chapeau à grand bord, & vn haut de chausse à la Culote.

GRANGER.

Au secours, Monsieur de Chasteaufort; c'est vostre amy Granger que la Tremblaye veut poignarder.

CHASTAVFORT par sa fenestre.

Qui sont les Canailles qui font du bruit là-bas? Si ie descens, ie lâcheray la bride aux Parques.

LE PEDANT IOVÉ,

LA TREMBLAYE.

Soldats, qu'on leur donne les offelets.

GRANGER.

Ah! Monsieur de Chasteau-tres-fort, enuoyez de l'Arsenal de vostre puissance, la foudre craquetante, sur la temerité criminelle de ces chetifs mirmidons.

CHASTEAVFORT descendu sur le Theatre.

Vous voila donc, marauts. Hé! ne sçauez-vous pas qu'à ces heures muettes, i'ordonne à toutes choses de se taire, horsmis à ma Renommée? Ne sçauez-vous pas que mon espée est faite d'vne branche des Ciseaux d'Atropos? Ne sçauez-vous pas que si i'entre, c'est par la bréche : si ie sors, c'est du combat : si ie monte, c'est dans vn Thrône : si ie descends, c'est sur le pré : si ie couche, c'est vn homme par terre : si i'auance, ce sont mes conquestes : si ie recule, c'est pour mieux sauter : si ie iouë, c'est au Roy dépoüillé : si ie gagne, c'est vne bataille : si ie perds, ce sont mes ennemis : si i'escris, c'est vn cartel : si ie lis, c'est vn Arrest de mort : Enfin si ie parle, c'est par la bouche d'vn canon ? Donc, pendart, tu sçauois ces choses, & tu n'as pas redouté mon Tonnerre? Choisis toy-mesme le genre

de

de ton supplice; mais dépesche-toy de parler, car ton heure est venuë.

LA TREMBLAYE.

Ah quelle frenesie!

GRANGER.

Monsieur de Chasteaufort, *à minori ad maius*; Si vous traittez de la sorte vn malheureux, que feriez-vous à vostre riual?

CHASTEAVFORT.

Mon riual! Iupiter ne l'oseroit estre auec impunité.

GRANGER.

Cet homme ose donc plus que Iupiter.

CHASTEAVFORT.

Ce grimaut, ce fat, ce farfadet? Docteur, vous auez grand tort; Ie l'allois faire mourir auec douceur; maintenant que ma bile est échauffée, sans vous mettre au hazard d'estre accablé du Ciel qui tombera de peur, ie ne le sçaurois punir. N'auez-vous point sceu cob Estramaçon dont les siecles ont tant parlé. Certain fat auoit marché dans mon Ombre ; Mon temperament s'en alluma. Ie laissay tomber celuy de mes reuers, qu'on nomme l'Archi-épouuantable, auec vn tel fracas, que le vent seul de ma Tueuse ayant estoufé mon ennemi, le coup alla foudroyer les Omoplates de la Nature. L'Vniuers de frayeur, de carré qu'il estoit, s'en ramassa tout en vne boule : Les Cieux en virent plus de cent mille Estoiles : La Terre en demeura immobile : L'Air en perdit le Vent : Les Nuës en pleurerent ; Iris en prit l'escharpe : Le Soleil en courut comme vn Fou : La Lune en dressa les cornes : La Canicule en enragea : Le Silence en mordit ses doigts : La Sicile en tremble ; Le Vesuue en ietta feu & flâme : Les Fleuues en garderent le lit : La Nuit en porta le deüil : Les Fols en perdirent la raison : Les Chimistes en gagnerent la pierre : L'Or en eut la iaunisse : La Crote en secha sur le pied : Le Tonnerre en groda : L'Hiuer en eut le frisson : L'Esté en sua : L'Automne en auorta : Le Vin s'en aigrit : L'Escarlate en rougit : Les Rois en eurent eschec & mat : Les Cordeliers en perdirent leur Latin : Et les Noms Grecs en vinrent au Duel.

LA TREMBLAYE

Pour éuiter vn semblable malheur, ie vous fais commandement de me suiure. Allons, Monsieur l'Archi-

épouuantable, ie vous fais prisonnier à la Requeste de
l'Vniuers.

CHASTEAVFORT.

Vous voyez, Docteur, pour ne vous pas enueloper
dans le desastre de ce coquin, i'ay pû me resoudre à
luy pardonner.

SCENE III.

MANON, GRANGER, PAQVIER,
LA TREMBLAYE, CHASTEAVFORT.

MANON.

AH ! Monsieur de la Tremblaye, mon cher Monsieur, donnez la vie à mon Pere, & ie me donne
à vous. Bon Dieu ! i'estois dans le College attendant
qu'il fust arriué pour fermer les portes de nostre montée, lors que i'ay entendu vn grand bruit dans la ruë.
Le cœur m'a dit qu'indubitablement il auoit eu quelque mauuaise rencontre. Helas ! mon bon Ange ne
m'auertit point à faux. Il est vray, Monsieur, qu'il
merite la mort, d'auoir esté surpris en volant vostre

maison, mais ie sçay bien aussi que tous les Gentils-hommes sont genereux, & tous les genereux pitoyables. Vous m'auez autrefois tant aimée; Ne puis-je en deuenant vostre femme, obtenir la grace de mon Pere? Si vous croyez que cecy soit dit seulement pour vous amuser, allons consommer nostre mariage, pourueu qu'auparauant vous me promettiez de luy donner la vie. Encore qu'il ne témoigne pas d'y consentir, excusés-le, Monsieur; c'est qu'il a le cœur vn peu haut, & tout homme courageux ne fléchit pas facilement: Mais pour luy sauuer la vie, ie ferois bien pis que de luy desobeïr.

GRANGER.

O Dieux! quelle fourbe. Sans doute la miserable est d'intelligence auec son traistre d'Amoureux. Non, non, ma fille, non, vous ne l'épouserez iamais.

MANON.

Ah! Monsieur de la Tremblaye, arrestez; Ie connoy à vos yeux que vous l'allez tuer. Bon Dieu! faut-il voir massacrer mon Pere deuant moy, ou mourir ignominieusement par les mains de la Iustice? Donc à l'âge où ie suis, il faut que ie perde mon Pere? Hé! pour l'amour de Dieu, mon Pere, mon pauure Pere, sauuez-vous, sauuant la vie & l'honneur à vos enfans.

Vous voyez que la Tremblaye est vn brutal qui ne vous pardonnera iamais, si vous ne deuenez son beau pere. Pensez-vous que vostre mort, ne me touche point? O dame si est. Sçachez que ie ne vous survivrois gueres, & que mesme pour vous sauuer d'vn peril encore moindre que celui-cy, ie ne balancerois point de me prostituer: A plus forte raison pour vous sauuer du gibet, n'ayant qu'à deuenir la femme d'vn braue gentilhomme, pourquoy ne le ferois-je pas?

GRANGER.

Quo vertam, mes amis, l'Optique de ma veuë & de mes esperances? C'est à vous, Monsieur de la Tremblaye. *Ne reminiscaris delicta nostra*. Ie me reposois sur la protection de Chasteaufort, & ie croyois que ce Tranche-montagne...

CHASTEAVFORT.

Que Diable voulez-vous que ie fasse? Perdray-je tous les hommes pour vn?

GRANGER.

Oserois-je en ce piteux estat vous offrir ma fille, & demander vostre sœur? Ie sçay que si vous ne détournez les yeux de mes fautes, ie cours fortune de rester

LE PEDANT JOVÉ,

un pitoyable racourci des Catastrophes humaines.

LA TREMBLAYE.

Desirer cela, c'est me le commander. Mais n'oublion pas à punir ce grotesque Rodomont, de son impertinence.

La Tréblaye frape, & Chasteaufort cô-pte les coups.

CHASTEAVFORT.

Vn, deux, trois, quatre, cinq, six, sept, huit, neuf, dix, onze, douze. Ah! le rusé, qu'il a fait sagement s'il en eust donné treize, il estoit mort.

LA TREMBLAYE.

Il le iette à terre d'vn coup de pied.

Voila pour vous obliger à ce meurtre.

CHASTEAVFORT.

Aussi bien me voulois-je coucher.

LA TREMBLAYE.

Allons chez nous passer l'accord.

GRANGER.

Entrez toustours, ie vous suis. Ie demeure icy vn

moment pour donner ordre que nous ayons dequoy
nous ébaudir.

✤✤✤✤✤✤✤✤✤✤✤✤✤✤✤✤✤

SCENE IV.

GRANGER, PAQVIER, CORBINELI.

GRANGER

Paquier, và t'en *subito* m'accerser les Confreres
d'Orphée. Mais d'abord que tu leur auras parlé,
reuiens, & ameñe-les; car c'est vn lieu où ie te defens
de prendre racine; encore que la viande aërée de ces
Messieurs, aussi bien que le chef de Meduse, ait droict
de te pétrifier ou t'immobilifier, par la mesme force
dont vsa le violon Thracien, pour tenir les bestes
penduës à son Harmonie. Pour toy, Corbineli, ie te
pardonne ta fourbe en faueur de ma conjonction
matrimoniale.

CORBINELI.

Monsieur, c'est aujourd'huy Sainte Cecile. Si Paquier ne trouue leurs maisons aussi vuides que leurs
instrumens, ie veux deuenir As de pique. Et puis le

pauure garçon a bien des affaires, il doit aller en témoignage.

GRANGER.

En témoignage, & pourquoy ?

CORBINELI.

Vn homme de son païs fut hier déchargé de ce fardeau, qui n'est iamais plus leger que quand il pese beaucoup. Des Coupe-jarets l'attaquerent ; L'autre cria, mais ses cris ne furent autre chose que l'Oraison funebre de son argent : Ils luy osterent tout, iusques à ne luy laisser pas méme la hardiesse de les poursuiure. Il soupçonne son Hoste d'auoir esté de la cabale ; L'Hoste soustient qu'il n'a point esté volé, & prend Paquier à témoin, qui s'est offert à luy.

GRANGER.

Hé bien, Paquier, que diras-tu, par ta foy, quand tu seras deuant le Iuge ?

PAQVIER.

Monsieur, diray je en leuant la main, i'entendis comme ie dormois bien fort, du monde dans nostre ruë, crier tout bas tant qu'il pouuoit, *Aux voleurs*.

Dame,

COMEDIE.

Dame, ie me leuay sans me groüiller, ie mis mon chapeau dans ma teste, i'auallay mon chassis, ie iettay ma teste dans la ruë, & comme ie vis que ie ne vis rien, ie m'en retournay coucher tout droit. Mais, *Domine*, au lieu de m'enuoyer querir des Baladins, il seroit bien plus meritoire, & bien plus agreable à Dieu, de me faire habiller. Quelle honte sera-ce, qu'on me voye aux nopces fait comme vn gueux, sçachant que ie suis à vous? *Induo veste Petrum dic, aut vestem induo Petro*; Ie m'appelle Pierre, Monsieur.

GRANGER.

Tu peux donc bien te resoudre à rogner vn morceau de l'Arc-en-ciel, car ie ne sçache point d'autre estoffe payée au Marchand pour te vestir. La Lune six fois n'a pas remply son Croissant, depuis la maudite iournée que ie te caparçonnay de neuf.

PAQVIER.

Monsieur, *Sæpe quidem docti repetunt bene præposituram*. C'est à dire que toute la Nature vous presche, auec Iean Despautere, de m'armer tout de nouueau d'vn bon lange de bure.

GRANGER.

Va, console-toy, la pitié me surmonte: Ie te feray

P

bien-tost habillé comme vn Pape. Premierement, ie te donneray vn Chapeau de Fleurs, vne Lesse de Chiens courans, vn Pannache de Cocu, vn Coler de Mouton, vn Pourpoint de Tripe-madame, vn Haut de chausse de ras en paille, vn Manteau de Deuotion, des Bas d'Asne, des Chausses d'Hipocras, des Botes d'Escrime, des Aiguillons de la Chair; bref vne Chemise de Chartre qui te durera long-temps, car ie suis asseuré que tu la doubleras d'vn Bufle. Cependant Corbineli, tu vois vn Pirate d'Amour: C'est sur cette Mer orageuse & fameuse, que i'ay besoin pour guide du phare de tes inuentions. Certaine voix secrete me menasse au milieu de mes ioyes, d'vn brisant, d'vn banc, ou d'vn escueil. Pense-tu que ma Maistresse renuoye mon fils, sans r'allumer des flâmes qui ne sont pas encore esteintes? Ah! c'est vne playe nouuellement fermée, qu'on ne peut toucher sans la r'ouurir. Toy seul peux démesler les sinueux détour d'vn si lethifere Dédale; Toy seul peux deuenir l'Argus qui me conseruera cette Io. Fais donc, ie te supplie, toy qui es l'Astre & la Constellation de mes felicitez, que mon fils ne soit plus retrograde à ma volonté. Mais si tu veux que l'Embrion de tes esperances, deuenant le plastron de mes liberalitez, fasse metamorphoser ta bource en vn Microcosme des richesses, & ta poche en Corne d'Abondance; fais, dis je, que mon coquin de fils prenne vn verre au colet de si bonne sorte, qu'ils en tombent tous deux

COMEDIE.

sur le cul. Ie préfage vn finiftre fuccés à mes entreprifes, s'il affifte à cette fefte. C'eft pourquoy enfoncele dans vn Cabaret, où le jus des Tonneaux le puiffe entretenir iufques à demain matin. Voicy de l'or, voicy de l'argent, regarde fi par vn prodige furnaturel ie ne fais pas bien dans ma poche conjonction du Soleil & de la Lune, fans Eclipfe. Prens, ris, bois, mange, & fur tout fais-le trinquer iufques à l'ourlet. Qu'il en creue, n'importe, ce ne fera que du vin perdu.

CORBINELI.

Le voicy comme fi Dieu nous le deuoit. Permettez que ie luy parle vn peu particulierement, car voftre mine effarouchante ne l'apprivoiferoit pas.

SCENE V.

CORBINELI, GRANGER le ieune, PAQVIER.

CORBINELI.

IE vous allois chercher. Vous ne fçauez pas? On vient de condamner voftre raifon à la mort. En voulez-vous appeller? I'ay moy-mefme receu les

P ij

ordres de vous enyurer; mais si i'en suis crû, vous blesserez voftre ennemi de sa propre espée. Il pretend, le pauure homme, faire tantost les nopces de voftre Sœur auec Monsieur de la Tremblaye, & le Contract des siennes auec Mademoiselle Geneuote: Craignant donc que voftre presence n'apportast beaucoup d'obstacles à la perfection de ses desseins, il m'a donné charge de vous saouler au Cabaret; & ie trouue, moy, que c'est vn acheminement le meilleur du monde pour l'execution de ce que ie vous ay tantost mandé par celuy que ie vous ay enuoyé.

GRANGER le ieune.

Quoy, pour contrefaire le mort?

CORBINELI.

Il luy parle bas à l'oreille
Oüy; car ie luy persuaderay que dans l'escume du vin vous auez pris querelle, & que... Mais viste, allez promptement estudier vos Postures; nous amuserons cependant, Paquier & moy, voftre Pere, pour donner du temps à voftre feinte yurognerie. Venez icy mesme representer voftre personnage, & nous luy ferons acroire qu'en suite voftre querelle... &c.

COMEDIE

SCENE VI.

CORBINELI, GRANGER, PAQVIER

CORBINELI.

O Monsieur, ie ne sçay ce que vous auez fait à Dieu, mais il vous aime bien. Vostre fils sort de la Croix blanche auec deux ou trois de vos Pensionnaires le traittent. Il n'aura pas adjousté quatre verres de vin à ceux qu'il a pris, que nous luy verrons la ceruelle tournée en Zodiaque.

PAQVIER.

Aduoüez, Monsieur, que Dieu est bon; Voila sans doute la recompense de la Messe que vous luy fistes dire il n'y a que huit iours.

SCENE VII.

LA TREMBLAYE, GRANGER, CORBINELI, PAQVIER.

LA TREMBLAYE.

IE vous venois querir, on n'attend plus que vous.

GRANGER.

I'entrois au moment que vous estes sorty. Mais ma foy, mon gendre, si nos conuiez sont infectez du venin de la Tarentule, ils chercheront pour auiourd'huy d'autres Medecins que les Sectateurs d'Amphion; Et le goulu Saturne eust bien pû deuorer Iupiter, si les Curetes eussent entonné leur chariuaris aussi loin d'Ida, que ces Lutheriens égratigneront leurs chanterelles *procul* de nos Penates. Mais au lieu de cet ébat, i'ay pourpensé d'exhiber vn Intermede de Muses fort jouial. C'est l'effort le plus argut qu'on se puisse fantasier. Vous verrez mes grimaux scander les eschignes du Parnasse testu, auec des pieds de vers. Tantost à coups d'*Ergo* déchirer le visage aux erreurs populaires: *Nunc* à Pegase faire litiere de fleurs de Rhetorique: *Hinc* d'vn fendant tiré par l'Exametre sur les jarets du Pantametre, le rendre boiteux pour sa vie: *Illinc autem* vn de mes Humanistes auec vn boulet d'Etopée passer au trauers des hipocondres de l'ignorance: Celui-cy, de la carne d'vne Periode, fendre au discours démembré le crane iusques aux dents : Vn autre *denique* à force de pointes bien aiguës, piquer les Epigrames au cul.

LA TREMBLAYE.

Ie vous conseille de prendre là dessus le conseil de Corbineli : Il est Italien : Ceux de sa nation iouent la Comedie en naissant ; & s'il est né jumeau, ie ne voudrois pas gager qu'il n'ait farcé dans le ventre de sa mere.

GRANGER.

Ho, ho, i'apperçois mon fils yure.

CORBINELI.

Helas ! Monsieur, il a tant beu, que ie pense qu'il feroit du vin à deux sols, en soufflant dans vne esguiere d'eau.

SCENE VIII.

GRANGER le ieune, GRANGER le pere, LA TREMBLAYE, COORBINELI, PAQVIER.

GRANGER le ieune.

L'Hostesse, ie ne vous dois rien, ie vous ay tout rendu. Miracle, miracle, ie vois des Estoiles en plein iour. Copernic a dit vray, ce n'est pas le Ciel en effet, c'est la Terre qui tourne. Ah! que n'estois-je gruë depuis la teste iusques aux pieds, i'aurois gousté ce Nectar, le long-temps qu'il auroit esté à baigner le long tuyau de cette gorge. Corbineli, dis-moy, suis je bien enluminé, à ton auis? Si mon visage estoit vn Calendrier, mon nez rouge y marqueroit bien la double feste que ie viens de chommer. Ça, ça, courage, mon Breuiaire est à demy dit; i'ay commencé à *Gaudeamus*, & i'en suis à *Lætatus sum*. Garçon, encore Chopine, & puis plus : Blanc ou Clairet, il n'importe : Mais qu'ils demeurent en paix, car à la premiere querelle ie les mets hors de chez moy. C'est
pour

pour s'estre enyurez de blanc & de clairet, que la Rose & le Lis sont Rois des autres Fleurs. Viste donc, haut le coude; Dans la soif où ie suis, ie te boirois, toy, ton pere, & tes ayeuls, s'ils estoient dans mon verre. Beuuez tousiours, compagnons, beuuez tousiours; vous ne sçauriez rien perdre, on donne à la Croix blanche douze rubis pour la valeur d'vne pinte de vin. En effet, voyez vn peu comme on deuient riche à force de boire: Ie pensois n'auoir qu'vne maison tantost, i'en vois deux maintenant. C'est la vertu du vin qui fait tous ces prodiges. Sans mentir, Democrite estoit bien fol, de croire que la verité fust dans vn Puis; N'auoit-il pas oüy dire, *In vino veritas?* Mais luy qui rioit tousiours, il pouuoit bien ne l'auoir dit qu'en riant. Nature en sera bernée; Elle qui nous a donné à chacun deux bras, deux pieds, deux mains, deux oreilles, deux yeux, deux nazeaux, deux rognons, & deux fesses, ne nous aura donné qu'vne bouche? Encore n'est-elle pas tout à fait destinée à boire; Nous en mangeons, nous en parlons, nous en baisons, nous en crachons, & nous en respirons. Ah! qu'heureuse entre les Dieux est la Renommée, d'auoir cent bouches. C'est pour s'en bien seruir, que la mienne ne dit mot; car simpatisant à mon humeur, elle boit tousiours sans relâche, & mange tout iusqu'à ses paroles. La Parque fera bien, de me laisser long-temps sur la terre, car si elle me mettoit dedans, i'y boirois tout le vin auant qu'il fust en grape. Point d'eau, point d'eau, si ce n'est au Moulin; non plus que de ces vandanges qui se font à coups de baston. La seule pensée m'en fait serrer les espaules: Fy de la Pomme, & des Pommiers.

GRANGER.

Vne Pomme, en effet, ligua les Dieux l'vn contre l'autre: Vne Pomme rauit la femme à Menelas: Vne Pomme d'vn grand Empire ne fit qu'vn peu de cendres: Vne Pomme fit du Ciel vn Hospital d'insensez: Vne Pomme fit à Persée égorger trois pauures filles: Vne Pomme empescha Proserpine de sortir des Enfers: Vne Pomme mit en feu la maison de Theodose: Enfin vne Pomme a causé le peché de nostre premier Pere, & par consequent tous les maux du genre humain.

GRANGER le ieune.

Que vient faire icy ce Neptune auec sa fourche? Contente-toy d'auoir par ton Eau rouge attrapé Pharaon. Le bon nigaut surpris par la couleur, te prenant pour du vin, te but, & se noya. Ca, Compere au Trident, c'est trop faire des tiennes; Tu boiras en eau douce, aussi bien que ton Recors de Triton que voila.

COMEDIE.

PAQVIER.

Voyez-vous, Monſieur l'yurogne, ie ne ſuis point recors, ie ſuis homme de bien.

GRANGER le ieune.

Quoy, tu me repliques, Crapaut de Mer?

Il le frappe, & Granger le pere s'enfuit.

PAQVIER.

O ma foy, ie diray tout.

SCENE IX.

LA TREMBLAYE, GRANGER le ieune.

LA TREMBLAYE.

Marchez, marchez, il faut bien que la paſſion éborgne étrangement voſtre bon Pere, car il eſtoit bien aiſé de iuger que ny vos yeux, ny vos geſtes, ny vos penſées, ne ſentoient point le vin. Mais

Q ij

LE PEDANT IOVE,

encore ie n'ay pas sceu ce que vous pretendez par cette galanterie?

GRANGER le ieune.

Ie vous l'apprendray chez vous.

FIN DV QVATRIESME ACTE.

COMEDIE.

ACTE V.
SCENE PREMIERE.

GRANGER, PAQVIER.

GRANGER.

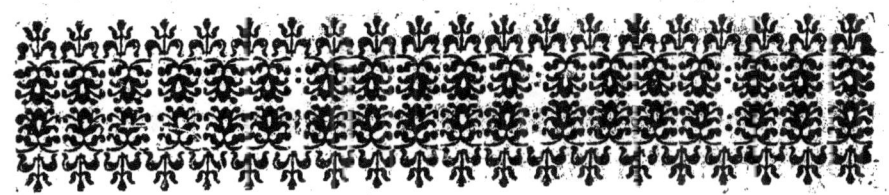

Voy tout ce que i'ay veu…?

PAQVIER.

N'eſt que feinte.

GRANGER.

Donc mes yeux, donc mes oreilles…?

PAQVIER.

Vous ont trompé.

GRANGER.

Conte-moy donc la serie & la concatenation des projets qu'ils machinent.

PAQVIER.

Que Diahtre, que vous auez la teste dure. Ie vous ay dit que voftre fils a contrefait l'yurogne, afin que tantoft Corbineli vous perfuade plus facilement, qu'ayant pris querelle dans les fumées de la débauche, il fe fera batu, & aura efté tué fur la place.

GRANGER.

Mais *cui bono* toute cette machine de fourbes?

PAQVIER.

Cui bono? Ie m'en vais vous l'apprendre. C'eft qu'eftant ainfi trépaffé, Mademoifelle Geneuote, laquelle a pris langue des conjurez, doit feindre qu'elle auoit promis au defunt, de l'époufer vif ou mort, & qu'à moins de s'eftre acquitée de fa parole, elle n'ofe vous donner la main. Corbineli là-deffus vous confeillera de luy faire époufer le cadavre (au moins de faire toutes les ceremonies qu'on obferue dans l'action des espousailles) afin qu'estant ainsi libre de sa promesse, elle vous la puisse engager. Donc, comme ils s'y attendent bien, quand vous leur aurez fait prester la foy conjugale, vostre fils doit ressusciter, & vous remercier du present que vous luy aurez fait.

GRANGER.

Donc la'mine est éuentée, & i'en suis obligé à Paquier mon *Fac-totum*? Ie ne te donneray point vne Couronne Ciuique à la façon des Romains, quoy que tu ayes sauué la vie à vn Bourgeois, honorable homme Maistre Mathieu granger, ayant pignon sur ruë; mais ie te donne vn impost sur la pitance de mes disciples. Voicy l'heure à laquelle ces Pescheurs s'empestreront dans leurs propres filets. Iustement; i'apperçois le fourbe qui vient. Considere à ton aise la tempeste du Port.

SCENE II.
CORBINELI, GRANGER, PAQVIER.
CORBINELI.

Seray-je tousiours Ambassadeur de mauuaises nouuelles? Vostre fils est mort. Au sortir d'icy, estant comme vous sçauez vn peu plus guay que de raison, il a choqué d'vne S vn Caualier qui passoit. L'vn & l'autre se sont offencez; Ils ont déguaisné; & presque en mesme temps vostre fils est tombé mort, trauersé de deux grands coups d'espée. I'ay fait porter son corps....

GRANGER.

Quoy, la Fortune reseruoit au déclin de mes ans le spectacle d'vn reuers si lugubre? Miserable indiuidu, ie te plains, non point pour t'estre acquité de bonne heure, de la debte où nous nous obligeons tous en naissant: Ie te plains, ô trois & quatre fois malheureux! de ce que tu as occumbé d'vne mort où l'on ne peut rien dire qui n'ait esté desia dit; Car de bon cœur ie voudrois auoir donné vn talent, & que tu eusses esté mangé des Mouches à ces vandanges dernieres: I'aurois composé là-dessus vne Epitaphe la plus acute, qu'ayent iamais vanté les siecles Pristins.

PAQVIER.

A-t'il eu le temps de se reconnoistre? est-il bien mort?

CORBINELI.

Si bien mort, qu'il n'en reuiendra point.

COMEDIE.
GRANGER.

Corbineli, appelle Mademoiselle Geneuote: Elle diminuëra mes douleurs en les partageant. Vraiment oüy, c'est aux Pelerins de S. Michel qu'il faut apporter des coquilles.

SCENE III.
GENEVOTE, GRANGER, PAQVIER, CORBINELI.

GRANGER.

MOn fils a vescu, Mademoiselle, & ie dirois qu'il vit encore, si i'auois acheué vn Poëme que ie médite sur le genre de son trépas. Ie vous auertis toutefois que vous feriez sacrilege, si vous lamentiez la fin d'vn homme, qui pour vne vie meschante & perissable, en recouure vne dans mes Cahiers, immortelle & tranquille.

GENEVOTE.

Quoy, Monsieur Granger n'est plus? Nous estions

trop bien vnis, pour estre si tost separez ; Ie veux comme luy, sortir de la vie : Mais d'autant que la Nature qui nous a mis au iour sans nostre consentement, ne nous permet pas de le quitter sans le sien, ie veux sortir de la vie, & rester entre les viuans ; c'est à dire que dés auiourd'huy ie vais faire dans vn Cloistre vn solemnel sacrifice de moy-mesme. Ie n'ignore pas, Monsieur, ce que ie dois à vostre affection ; mais l'honneur qui me defend de manquer à ma foy, ne me defend pas de manquer à mon amour ; & ie vous iure que si par vn impossible ces deux incidens ne souffroient point de repugnance, ie me sacrifierois de tout mon cœur à vostre desir.

GRANGER.

Oüy, ma Citherée, oüy, vous pouuez m'épouser, & garder vostre parole. Il auoit asseurâce d'estre vn iour vostre mary, vif ou mort ; il faut, pour vous rendre quitte de vostre promesse, que vous l'épousiez mort. Nous passerons le Contract, & ferons le reste des ceremonies ; puis quand ainsi vous serez libre de vostre serment, nous procederons tout à loisir à nostre mariage.

CORBINELI.

Il semble que vous soyez inspiré de Dieu, tant vous parlez diuinement.

COMEDIE

GRANGER.

Vne seule chose m'arreste ; c'est qu'estant vn miracle, vous n'en fassiez vn ; que vous ne rendiez la vie à ceux qui ne sont pas morts ; & que vous ne fassiez arriuer ceans la Resurrection auant Pasques.

CORBINELI tout bas.

O ! puissant Dieu des Fourbes, ma corde vient de rompre ; Fais que ie la renouuelle en sorte par ton moyen, qu'elle valle mieux qu'vne neufue.

GRANGER.

Et toy tu me trahis, fugitif infidele du parti de mon amour ! Toy que i'auois éleu pour la boiste, l'estuy, le coffre, & le garde-manger de toutes mes pensées. Tu m'es Cornelius Tacitus, au lieu de m'estre Cornelius Publius.

PAQVIER.

Choisis lequel tu aimes le mieux, d'estre assommé, ou pendu.

CORBINELI.

I'aime mieux boire.

R ij

GRANGER.

Ce n'eſtoit pas aſſez de m'auoir volé au nom des Turcs; il falloit adjouſter vne nouuelle trahiſon. Et de ſon corps, donc, menteur infame, qu'en as-tu fait?

CORBINELI.

Ma foy, là-deſſus ie m'eſueillay.

GRANGER.

Que veux-tu dire, tu t'eſueillas?

CORBINELI.

Vraimant oüy; Il ne me fut pas poſſible de dormir dauantage, car voſtre fils faiſoit vn Tonnerre de Diable auec vne aſſiette dont il tambourinoit ſur la table.

GENEVOTE.

Et moy i'ay fait ſemblant de croire que voſtre fils eſtoit mort, pour vous faire gouſter, quand vous le reuerriez, vn plus pur contentement, par l'oppoſition de ſon contraire,

GRANGER.

Quoy qu'il en soit, Mademoiselle, le fiel importun de mes angoisses, n'est que trop adoucy par le miel sucré d'vn si friant discours. Mais pour ce fourbe de Corbineli, il faut auoüer que c'est vn grand menteur.

CORBINELI.

I'affecte, pour moy, d'estre remarqué par le titre de Grand, sans me soucier que ce soit celuy de grand Menteur, grand Yurogne, grand Politique, grand Cnez, grand Cam, grand Turc, grand Mufti, grand Visir, grand Tephterdar, Alexandre le Grand, ou grand Pompée. Il ne m'importe, pourueu que cette Epithete remarquable m'empesche de passer pour mediocre.

GRANGER.

Tu t'excuses de si bonne grace, que ie serois presque en colere que tu ne m'eusses point fâché. Ie t'ordonne pourtant pour penitence, de nous exhiber le spectacle de quelque intrigue, de quelque Comedie. I'auois mis en jeu mon Paranimphe des Muses, mais Monsieur de la Tremblaye n'a pas trouué bon que rien se passast sur ces matieres, sans prendre ton aduis.

CORBINELI.

En effet, voſtre déclamation n'euſt pas eſté bonne, parce qu'elle eſt trop bonne. Ces doctes antiquitez ne ſont pas proportionnées à l'eſprit de ceux qui compoſent les membres de cette compagnie. I'en ſçay vne Italienne, dont le démeſlement eſt fort agreable: Amenez ſeulement icy Monſieur de la Tremblaye, voſtre fils, & les autres, afin que ie diſtribuë les roolles ſur le champ.

GRANGER.

Extemplo ie les vais congreger.

SCENE IV.

GENEVOTE, CORBINELI.

GENEVOTE.

LA corde a manqué, Corbineli.

CORBINELI.

Oüy, mais i'en auois plus d'vne. Ie vais engager

noſtre bon Seigneur, dans vn Labirinthe où de plus
grands Docteurs que luy demeureroient à *quia*.

SCENE V.

GRANGER, PAQVIER, GENEVOTE,
CORBINELI.

GRANGER.

AV feu, au feu.

GENEVOTE.

Où eſt-ce ? où eſt-ce ?

GRANGER.

Dans la plus haute region de l'air, ſelon l'opinion des
Peripateticiens. Hé bien, ne ſuis-je pas habile à la
riposte ? N'ay-je pas guery le mal auſſi-toſt que ie l'ay
eu fait ? Ma langue eſt vne Vipere, qui porte le venin
& le Teriaque tout enſemble ; C'eſt la pique d'A-
chille, qui ſeule peut guerir les bleſſures qu'elle a faites;

Et bien loin de ressembler aux Boureaux de la Faculté de Medecine, qui d'vne égratignure font vne grande playe, d'vne grande playe ie fais moins qu'vne égratignure.

CORBINELI.

Nous perdons autant de temps, que si nous ne deuions pas auiourd'huy faire la Comedie. Ie m'en vais instruire ces gens-cy, de ce qu'ils auront à dire. Ie te donnerois bien des preceptes, Paquier, mais tu n'aurois pas le temps d'apprendre tant de choses par cœur; Ie prendray soin, me tenant derriere toy, de te soufler ce que tu auras à dire. Vous, Monsieur, vous paroistrez durant toute la piece, & quoy que d'abord vostre personnage semble serieux, il n'y en a pas vn si bouffon.

GRANGER.

Qu'est-ce cy? Vous m'engagez à soustenir des roolles dans vos Bâtelages, & vous ne m'en racontez pas seulement le sujet?

CORBINELI.

Ie vous en cache la conduite, parce que si ie vous l'expliquois à cette heure, vous auriez bien le plaisir maintenant de voir vn beau démeslement, mais non pas celuy d'estre surpris. En verité, ie vous iure, que lors que vous verrez tantost la péripetie d'vn intrigue si
bien

COMEDIE.

bien démeslé, vous confesserez vous-mesme que nous aurions esté des idiots, si nous vous l'aurions découuert. Ie veux toutefois vous en ébaucher vn racourcy. Doncques ce que ie desire vous representer, est vne veritable histoire, & vous le connoistrez quand la Scene se fermera. Nous la posons à Constantinople, quoy qu'elle se passe autre part. Vous verrez vn homme du tiers Estat, riche de deux enfans, & de force quarts d'escus : Le fils restoit à pouruoir ; il s'affectionne d'vne Damoiselle de qualité fort proche parente de son beau-frere ; il aime, il est aimé, mais son pere s'oppose à l'acheuement mutuel de leurs desseins. Il entre en desespoir, sa Maistresse de mesme; Enfin les voila prests, en se tuant, de clore cette Piece; Mais ce Pere dont le naturel est bon, n'a pas la cruauté de souffrir à ses yeux vne si tragique auanture ; Il preste son consentement aux volontez du ciel, & fait les ceremonies du mariage, dont l'vnion secrete de ces deux cœurs auoit desia commencé le Sacrement.

GRANGER.

Tu viens de rasseoir mon ame dans la chaire pacifique d'où l'auoient culbutée mille apprehensions cornuës. Va paisiblement conferer auec tes Acteurs ; ie te declare Plenipotentiaire de ce Traitté Comique. Toy, Paquier, ie te fais le Portier effroyable de l'introïte de mes Lares. Aye cure de les propugner de l'introïte du Fanfaron, du Bourgeois, & du Page, qui sçachant qu'on fait icy des jeux, ne manqueront pas d'y transporter leurs ignares personnes. Ie te mets là des monstres en teste qu'il te faut combatre diuersement. Tu verras diuerses sortes de visages. Les vns t'aborderont froidement, & si tu les refuses, aussi-tost glaiue en l'air, & forceront ta porte auec brutalité. Le moins de resistance que tu feras, c'est le meilleur. Il t'en conuiendra voir d'autres, la barbe faite en garde de poignard, aux moustaches rubantées, au crin poudré, au manteau galonné, qui tout échauffez se presenteront à toy. Si tu t'opposes à leur torrent, ils te traitteront de fat; se formaliseront que tu ne les connois pas: Dés qu'ils t'auront arraisonné de la sorte, iuge qu'ils ont trop bonne mine pour estre bien meschans; Aualle toutes leurs injures: Mais si la main entreprend d'officier pour la langue, souuien-toy de la regle *Mobile pro Fixo*. D'autres, pour s'introduire, demanderont à parler à quelque Acteur, pour affaire d'importance & qui ne se peut remettre: D'autres auront quelques hardes à leur porter: A tous ceux-là, *Nescio vos*. D'autres, comme les Pages, enuironnez chacun d'vn Escolier, d'vn Courtaut, & d'vne Putain, viendront pour estre admis: Reçois les. Ce n'est pas que cette race de Pigmées puisse de soy rien effectuer de terrible, mais elle iroit conglober vn torrent de canailles armées qui deborderoit sur toy, cóme vn essein de guespes sur vne poire molle. *Vale, mi care*,

COMEDIE

SCENE VI.

PAQVIER seul.

O Ma foy c'est vn estrange mestier, que celuy de Portier. Il luy faut autant de testes qu'à celuy des Enfers, pour ne point flechir : Autant d'yeux qu'à Argus, pour bien veiller : Autant de bouches qu'à la Renommée, pour parler à tout le monde : Autant de mains qu'à Briarée, pour se defendre de tant de gens : Autant d'ames qu'à l'Hidre, pour reparer tant de vies qu'on luy oste : Et autant de pieds qu'à vn Cloporte, pour fuir tant de coups.

LE PEDANT IOVE,

SCENE VII.

PAQVIER, CHASTEAVFORT.

PAQVIER.

Voicy mon coup d'essay; Courage, i'en vais faire vn chef-d'œuure.

CHASTEAVFORT.

Bourgeois, hault. Hola hault, Bourgeois. Vous autres malheureux, ne representez-vous pas auiourd'huy ceans, quelques coyonneries & joliuetez?

PAQVIER.

Salua pace, Monsieur, mon Maistre n'appelle pas cela comme cela.

CHASTEAVFORT.

Quelque Momie, quelque Fadaize? Viste, viste, ouure moy.

COMEDIE

PAQVIER.

Ie pense qu'il ne vous faut pas ouurir, car vous auez la barbe faite en garde de poignard; vous ne m'auez pas abordé froidement; vous n'auez pas dégüaisné; ny vous n'estes pas Page.

CHASTEAVFORT.

Ah! vertu bleu, poltron, dépesche-toy; ie ne suis icy que par curiosité.

PAQVIER.

Vous ne faites point du tout comme il faut.

CHASTEAVFORT.

Marbleu, mon Camarade, de grace, laisse-moy passer.

PAQVIER.

Hé vous faites encore pis; vraiment il ne faut pas prier.

CHASTEAVFORT.

Sçauez-vous ce qu'il y a, petit godelureau? Ie veux estre fricassé comme Iudas, si ie me soucie ny de vous, ny de voſtre College; car apres tout, i'ay encore vne centaine de Maiſons, Chaſteaux s'entend, dont la moindre... Mais ie ne ſuis point diſcoureur; Ouure moy viſte, ſi tu ne me veux obliger de croire qu'il n'entre ceans que des coquins, puis qu'on m'en refuſe l'abord. Cap-de-biou, & que penſe-tu que ie ſois? vn nigaut? Mardi, i'entens le jargon & le galimatias. Il eſt vray que i'ay ſur moy vne mauuaiſe cappe, mais en recompenſe ie porte à mon coſté vne bonne tueuſe, qui fera venir ſur le pré tout le plus reſolu de la Troupe.

PAQVIER.

Vous raiſonnez là tout comme ceux qui ne doiuent point entrer.

CHASTEAVFORT.

De grace, pauure homme, que i'aille du moins dire à ton Maiſtre que ie ſuis icy, & qu'il me rende vn mien goujat qui s'eſt enfuy ſans congé.

PAQVIER.

Il en viendra d'autres qui deſireront parler à quelque Acteur pour affaire d'importance. Ie ne ſçay plus comme il faut dire à ceux là. Ha! Monſieur, à propos, vous ne deuez pas entrer.

COMEDIE. 143

CHASTEAVFORT.

Ventre, ie vous dis encor que ie ne suis icy que par promenade. Pense-tu donc, veillaque, qu'vn gentilhomme de qualité...

PAQVIER.

Domine, Domine, accede celeriter. Vous ne m'auez point dit ce qu'il falloit répondre à ceux qui parlent de promenade.

SCENE VIII.

GAREAV, PAQVIER, CHASTEAVFORT.

GAREAV.

O Parguene sfesmon, vela bian debuté. Et pensé vous don que ce set vn parsenage comme les autres, à batons rompus? Dame nanain. C'est eun homme qui sçait peu & prou. Comment, oul dit d'or, & s'oul n'a pas le bec iaune. C'est le garçon de

144 LE PEDANT IOVE,
cet homme qui en sçait tant. Vela le Maiſtre tout craché, vela tout fin dret ſon armanbrance.

CHASTEAVFORT.

I'aurois deſia fait vn crible du ventre de ce coquin, mais i'ay crainte de faillir contre les regles de la Comedie, ſi i'enſanglantois la Scene.

GAREAV.

Vartigué qu'ous eſtes conſiderant; ous auez mangé de la ſoupe à neuf heures.

CHASTEAVFORT.

I'enrage, de ſeruir ainſi de bornes dans vne ruë.

GAREAV.

O ma foy, ous eſtes bian delicat en harbes, ous n'aimez ny la ruë ny la patiance.

SCENE IX.

GRANGER, GAREAV, CHASTEAVFORT, PAQVIER.

GRANGER.

Qvel climat sont allez habiter nos Rosciens? l'Antipode, ou nostre Zenit? Ie vous décoche le bon iour, Cheualier du grand Reuers; & vous, l'homme à l'heritage, salut & dilection.

GAREAV.

Parguene ie sis venu nonobstant, pour vous défrincher ma sussion encore vne petite escourse; Excusez l'importunance-da; car c'est la mainagere de mon Onque qui ne feset que huyer enuiron moy, que ie venis. Que velez-vous que ie vous dise? ol feset la guieblesse. Ah! vramant, ce feset-elle à par soy, Monsieu Granger, pis qu'il scet tout, c'est à ly à sçauoir ça. Va-t'en, va, Iean, il te dorra vn consille là-dessus. Dame i'y sis venu.

T

GRANGER.

O! mon cher amy, par Apollon claire-face qui communique sa lumiere aux choses les plus obscures, ne nous veüille rejetter dedans le creux manoir de cette spelonque genealogique.

GAREAV.

Parguene, Monsieu, sacoutez don eun tantet, & vous orez, si ie ne vous la boute pas aussi à clair qu'vn cribe.

GRANGER.

Ma parole est aussi tenable qu'vn decret du Destin.

GAREAV.

Il luy presête vne fressure de veau penduë au bout d'vn baston. O bian, comme dit Pilatre, *quod scrisi, quod scrisi*, n'importe, n'importe, ce niaumoins, tanquia, qu'odon, comme dit l'autre, vela vne petite douceur que nostre Mere-grand vous enuoye.

GRANGER.

Va, cher amy, ie ne suis point Iurisconsulte mercenaire.

COMEDIE.

GAREAV.

La, la, prenez trejours; vaut mieux vn tian, que deux tu l'auras.

GRANGER.

Ie te dis encore vn coup, que ie te remercie.

PAQVIER.

Prenez, vous dis-je, vous ne sçauez pas qui vous prendra.

GRANGER.

Et fi, champestre Eterogene, prens-tu mes vestemens pour la marmite de ta maison?

GAREAV.

Ho, ho, tredinse, il ne sera pas dit que i'vsions d'obliuiance; cor que ie siomes petits, ie ne sommes pas vilains.

GRANGER.

Veux-tu donc me diffamer *à capite ad calcem*?

GAREAV.

Bonnefy vous le prendrais. Ie sçay bien, comme dit

T ij

l'autre, que ie ne fis pas digne d'eftre capabe; mais ftanpandant oul n'y a rian qui reffembe fi bian à eun chat qu'eune chate. Bonnefy, vous le prendrais da, car on me huiret; & pis vous en garderiais de la rancœur encontre moy.

GRANGER.

O venerable confrere de Pan, des Faunes, des Siluains, des Satires, & des Driades, ceffe enfin par vn excés de bonne volonté de diffamer mes ornemens, & ie te permets par rémuneration, de refter fpectateur d'vne inuention Theatrale la plus hilarieufe du monde.

CHASTEAVFORT.

I'y entre auffi, & pour recompenfe ie te permets, en cas d'alarme, de te mettre à couuert fous le bouclier impénetrable de mon terrible nom.

GRANGER.

I'en fuis d'accord, car que fçauroit refufer vn mary le iour de fes nopces?

PAQVIER à Chafteaufort.

Mais, Monfieur, ie voudrois bien fçauoir qui vous

COMEDIE.

estes, vous qui vouliez entrer.

CHASTEAVFORT.

Ie suis le Fils du Tonnerre; le Frere aisné de la Foudre; le Cousin de l'Esclair; l'Oncle du Tintamare; le Neueu de Caron; le Gendre des Furies; le Mary de la Parque; le Ruffien de la Mort; le Pere, l'Ancestre, & le Bisayeul des Esclaircissemens.

PAQVIER.

Voyez si i'auois tort de luy refuser l'entrée? Comment vn si grand homme pourroit-il passer par vne si petite porte? Monsieur, on vous souffre, à condition que vous laisserez là vos parens, car auec le Bruit, le Tonnerre, & le Tintamare, on ne pourroit rien entendre.

CHASTEAVFORT.

Garde-toy bien vne autrefois de te méprendre. D'abord que quelqu'vn viendra s'offrir, demande luy son nom; car s'il s'appelle la Montagne, la Tour, la Roche, la Bute, Fortchasteau, Chasteaufort, ou de quelqu'autre titre inébranlable, tu peux t'asseurer que c'est moy.

LE PEDANT IOVE,

PAQVIER.

Ils entrent. Vous portez plusieurs Noms, pource que vous aue plusieurs Peres.

SCENE X.

CORBINELI, GRANGER, CHASTEAV FORT, PAQVIER, GAREAV, LA TREMBLAYE, GRANGER le ieune, GENEVOTE, MANON.

CORBINELI à Granger.

Toutes choses sont prestes ; Faites seulement apporter vn siege, & vous y colloquez, car vous auez à paroistre pendant toute la Piece.

PAQVIER à Chasteaufort.

Pour vous, ô Seigneur de vaste Estenduë, plongez vous dans celle-cy ; mais gardez d'ébouler sur la compagnie, car nos reins ne sont pas à l'épreuue des Pier-

COMEDIE.

res, des Montagnes, des Tours, des Rochers, des Butes, & des Chasteaux.

GRANGER.

Cà donc, que chacun s'habille. Hé quoy ie ne vois point de préparatifs? Où sont donc les masques des Satires? les chapelets & les barbes d'Hermites? les trousses des Cupidons? les flambeaux poiraisins des Furies? Ie ne vois rien de tout cela.

GENEVOTE.

Nostre action n'a pas besoin de toutes ces simagrées. Comme ce n'est pas vne fiction, nous n'y meslons rien de feint; nous ne changeons point d'habit; cette place nous seruira de Theatre; & vous verrez toutefois que la Comedie n'en sera pas moins diuertissante.

GRANGER.

Ie conduis la ficelle de mes desirs, au niueau de vostre volonté Mais desia le feu des gueux fait place à nos chandelles. Cà, qui de vous le premier estropiera le silence?

GENEVOTE.

Enfin qu'est deuenu mon Seruiteur?

Commencement de la Piece.

GRANGER le ieune.

Il est si bien perdu, qu'il ne souhaite pas de se retrouuer.

GENEVOTE.

Ie n'ay point encore sceu le lieu ny le temps où commença vostre passion.

GRANGER le ieune.

Helas! ce fut aux Carmes, vn iour que vous estiez au Sermon.

GRANGER le pere en interrompant.

Soleil, mon Soleil, qui tous les matins faites rougir de honte la celeste Lanterne, ce fut au mesme lieu que vous donnastes eschec & mat à ma pauure liberté. Vos yeux toutefois ne m'égorgerent pas du premier coup; mais cela prouint de ce que ie ne sentois que de loin l'influence porte-trait de vostre rayonnant visage; car ma rechignante destinée m'auoit colloqué superficiellement à l'ourlet de la Sphere de vostre actiuité.

CORBINELI.

Ie pense, ma foy, que vous estes fol, de les interrompre

rompre : Ne voyez vous pas bien que tout cela est de leur personnage ?

GRANGER le ieune.

Toutes les Especes de vostre beauté vinrent en gros assieger ma raison ; mais il ne me fut pas possible de haïr mes ennemis, apres que ie les eus considerez.

GRANGER le pere en interrompant.

Allons, ma Nimphelete, allons, il est vergogneux aux filles de coloquiser *diu & priuatim* auec tant vert Iouuanceau. Encor si c'estoit auec moy, ma barbe iure de ma sagesse, mais auec vn petit cajoleur !

CORBINELI.

Que Diable, laissez-les parler si vous voulez, ou bien nous donnerons vostre roolle à quelqu'vn qui s'en acquitera mieux que vous.

GENEVOTE à Granger le ieune.

Ie m'estonne donc que vous ne trauaillez plus courageusement aux moyens de posseder vne chose pour qui vous auez tant de passion.

V

GRANGER le ieune.

Mademoiselle, tout ce qui dépend d'vn bras plus fo[rt] que le mien, ie le souhaite, & ne le promets pas. Ma[is] au moins suis-je asseuré de vous faire paroistre mo[n] amour par mon combat, si ie ne puis vous témoign[er] ma bonne fortune par ma victoire. Ie me suis iett[é] aujourd'huy plusieurs fois aux genoux de mon per[e] le conjurant d'auoir pitié des maux que ie souffre; [&] ie m'en vay sçauoir de mon valet s'il luy a dit la reso[-] lution que i'auois prise de luy desobeïr, car ie l'en auo[is] chargé. Vien ça, Paquier, as-tu dit à mon Pere qu[e] i'estois resolu malgré son commandement, de pass[er] outre?

PAQVIER.

Corbineli, souffle-moy.

CORBINELI tout bas.

Non, Monsieur, ie ne m'en suis pas souuenu.

PAQVIER.

Non, Monsieur, ie ne m'en suis pas souuenu.

GRANGER le ieune.

Il tire l'épée sur Paquier. Ha, maraut, ton sang me vangera de ta perfidie.

COMEDIE.

CORBINELI.

Fuis-t'en donc, de peur qu'il ne te frappe.

PAQVIER.

Cela est-il de mon roolle?

CORBINELI.

Oüy.

PAQVIER.

Fuis-t'en donc, de peur qu'il ne te frappe.

GRANGER le ieune.

Ie sçay qu'à moins d'vne Couronne sur la teste, ie ne sçaurois seconder vostre merite.

GENEVOTE.

Les Roys, pour estre Roys, ne cessent pas d'estre hommes; pensez-vous que....

GRANGER le pere interrompant.

En effet, les mesmes appétits qui agitent vn Ciron,

agitent vn Elephant: Ce qui nous pousse à battre vn support de marmite, fait à vn Roy détruire vne Prouince: L'ambition allume vne querelle entre deux Comediens; La mesme ambition allume vne guerre entre deux Potentats. Ils veulent de mesme que nous, mais ils peuuent plus que nous.

CORBINELI.

Ma foy ie vous enchaisneray.

GRANGER le ieune.

On croira....

GENEVOTE.

Suffise qu'on croye toutes choses à vostre auantage. A quoy bon me faire tant de protestations d'vne amitié dont ie ne doute pas? Il vaudroit bien mieux estre pendus au col de vostre Pere, & à force de larmes & de prieres, arracher son consentement pour nostre mariage.

GRANGER le ieune.

Allons-y donc. Monsieur, ie viens vous conjurer d'auoir pitié de moy, &....

GENEVOTE.

Et moy, vous témoigner l'enuie que i'ay de vous faire

bien-toſt grand Pere.

GRANGER.

Comment, grand Pere? Ie veux bien tirer de vous vne propagation de petits indiuidus; mais i'en veux eſtre cauſe prochaine, & non pas cauſe éloignée.

CORBINELI.

Ne vous tairez-vous pas?

GRANGER.

Cœur bas & raualé, n'as-tu point de honte de conſumer l'Avril de tes iours à cajoler vne fille?

CORBINELI.

Ne voyez-vous pas que l'ordre de la Piece demande qu'ils diſent tout cela?

GRANGER.

Ils n'ont pas aſſez de bien l'vn pour l'autre; Ie ne ſouffriray iamais....

GENEVOTE.

Non, non, Monſieur, ie ſuis d'vne condition qui

vous defend d'apprehender la pauureté. Ie fouhaiterois feulement que vous euffiez veu vne Terre que nous auons à huit lieuës d'icy. La folitude agreable des Bois, le vert émaillé des Prairies, le murmure des Fontaines, l'harmonie des Oifeaux ; Tout cela repeintureroit de noir voftre poil defia blanc.

PAQVIER.

Mademoifelle, ne paffez pas outre, voila tout ce qu'il faut à Charlot. Il ne fçauroit mourir de faim, s'il a des Bois, des Prez, des Oifeaux, & des Fontaines ; Car les arbres luy feruiront à fe guarir du mal des mouches ; Les Prez luy fourniront dequoy paiftre, & les Oifeaux prendront le foin de chiffler quand il ira boire à la Fontaine.

GRANGER.

Ah! firenique laronneffe des cœurs! ie voy bien que vous guettez ma raifon au coin d'vn Bois, que vous la voulez égorger fur le Pré, ou bien l'ayant fubmergée à la Fontaine, la donner à manger aux Oifeaux.

GRANGER le ieune.

Ie fuis venu....

PAQVIER.

I'ay veu, i'ay vaincu, dit Cefar, au retour des Gaules.

COMEDIE.

GRANGER le ieune.

Vous conjurer....

PAQVIER.

Dieu vous fasse bien, Monsieur l'Exorsiste, mon Maistre n'est pas Démoniaque.

GRANGER le ieune.

Par les seruices que ie vous ay faits....

PAQVIER.

Et par celuy des morts qu'il voudroit bien vous auoir fait faire.

GRANGER le ieune.

De reprendre la vie que vous m'auez prestée.

PAQVIER.

Il estoit bien fol, de vous prester vne chose dont on n'a iamais assez.

GRANGER le ieune.

Prenez ce poignard, Pere dénaturé, faites deux ho- *Il tire vn poignard.*

micides par vn meurtre, escriuez le destin de ma Maistresse auec mon sang, & ne permettez pas que la moitié d'vn si beau couple expire de.... Mais à quoy bon tant de discours? Frappez, Qu'attendez-vous?

CORBINELI.

Répondez donc, si vous voulez. Qu'est-ce? estes-vous trépassé?

GRANGER.

Ah! que tu viens de m'arracher vne belle pensée. Ie resvois quelle est la plus belle figure, de l'Antithese ou de l'Interrogation.

CORBINELI.

Ce n'est pas cela dont il est question.

GRANGER.

Et ie ruminois encore à ces Speculateurs qui tant de fois ont fait faire à leurs resveries le plongeon dans la Mer, pour découurir l'origine de son Flus & de son Reflus; Mais pas vn à mon goust n'a frappé dans la visiere. Ces raisons salées me semblent si fades, que ie conclus qu'infailliblement....

CORBINELI.

COMEDIE.

CORBINELI.

Ce n'eſt pas de ces matieres là, vous dit-on, dont il eſt queſtion. Nous parlons de marier Mademoiſelle & voſtre Fils, & vous nous embarquez ſur la Mer.

GRANGER.

Quoy, parlez-vous de mariage auec cet houbereau? Eſtes-vous orbe de la faculté intellectuelle? Eſtes-vous heteroclite d'entendement? Ou le Microcoſme parfait d'vne continuité de chimeres abſtractiues?

CORBINELI.

A force de repreſenter vne fable, la prenez-vous pour vne verité? Ce que vous auez inuenté vous fait-il peur? Ne voyez-vous pas que l'ordre de la Piece veut que vous donniez voſtre conſentement? Et toy, Paquier, ſur tout maintenant garde-toy bien de parler, car il paroiſt icy vn muet que tu repreſentes. Là donc, dépeſchez-vous d'accorder voſtre fils à Mademoiſelle; Mariez les.

GRANGER.

Comment marier, c'eſt vne Comedie?

X

CORBINELI.

Hé bien, ne sçauez-vous pas que la conclusion d'vn Poëme Comique est tousiours vn mariage?

GRANGER.

Oüy, mais comment seroit-ce icy la fin, il n'y a pa[s] encore vn Acte de fait.

CORBINELI.

Nous auons vny tous les cinq en vn, de peur de confusion : Cela s'appelle Piece à la Polonoise.

GRANGER.

Ha bon, comme cela ie te permets de prendre Mademoiselle pour legitime Espouse.

GENEVOTE.

Vous plaist-il de signer les Articles, voila le Notaire tout prest.

GRANGER.

Il signe. *Sit ita sane*, tres-volontiers.

COMEDIE.

PAQVIER.

J'enrage d'eſtre muet, car je l'auertirois.

Fin de la Comedie.

CORBINELI.

Tu peux parler maintenant, il n'y a plus de danger.

GRANGER.

Hé bien, Mademoiſelle, que dites-vous de noſtre Comedie?

GENEVOTE.

Elle eſt belle, mais apprenez qu'elle eſt de celles qui durent autant que la vie. Nous vous en auons tantoſt fait le recit comme d'vne Hiſtoire arriuée, mais elle deuoit arriuer. Au reſte vous n'auez pas ſujet de vous plaindre, car vous nous auez mariez vous-meſme; vous meſme vous auez ſigné les Articles du Contract. Accuſez-vous ſeulement d'auoir enſeigné le premier à fourber. Vous fiſtes accroire aux parens de voſtre fils qu'il eſtoit fol, quand vous viſtes qu'il ne vouloit point entendre au voyage de Veniſe; Cette inſigne fauſſeté luy montra le chemin de celle-cy; Il crût qu'il ne pouuoit faillir en imitant vn ſi bon Pere.

CORBINELI.

Enfin c'est vne pillule qu'il vous faut aualer.

LA TREMBLAYE.

Vous l'aualerez, ou par la mort....

GAREAV.

Ah! par ma fy ie fommes logez à l'Enfaigne de *l'en tenons*. Parmanda i'en auoüas queuque fouleur, que cette petite rauodiere là ly grimoneret queuque Trogedie. Hé bian, ne vela pas noftre putain de mainagere toute reuenuë? Feu la paure defunte, deuant Guieu fet fon ame da, m'en baillit eun iour d'eune belle vredée. Par ma fiquette, ol me boutit à Cornuaille en tout bian & tout honneur. Stanpandant la bonne Chienne qu'ol eftet... Aga hé! ous eftes don de ces faintes fucrées là? Bonnefy ie le voyas bian, qu'ous auiais le nez torné à la friandife. Or vn iour qu'il plut tant; Iaquelaine, ce ly fis-je tout en gauffant, il fait cette nuit clair de l'Eune, il fera demain clair de l'Autre. Enfin, tanquia, qu'odon, ce nonobftant, apres ça, ô dame éclairciffez-moy à dire: Tanquia que ie m'en reuenis tout épouuanté tintamarer à noftre huis. A la parfin ie me couchis tout fin nu

COMEDIE.

aupres de noſtre bonne femme. Vn tantet apres que ie me fuſſis rabougry tout en eun petit tapon, ie ſentis queuque choſe qui groüillet. Iaquelaine, ce ly fis-je, ie panſe qu'il y a là queuqu'vn couché. Oüy, ce me fit-elle, ie t'en répons, & que Guiantre y auret-il? a une bonne eſcouſſe apres, ie acoute encore fretiller. Han! Iaquelaine, il y a là queuqu'vn. I'allongis ma main, ie tâtis : Hoüay! ce fis-je, eune teſte, deux teſtes; pis frougonant entre les draps, deux iambes, quatre iambes; Han! Iaquelaine, il y a là queuqu'vn. Hé! Piarre, que tu es fou, ce me fit-elle, tu contes mes jambes deux foüas. Parguene ie ne me contentis point; ie me leuis; Dame, ie découuris le pot aux roſes. Ho! ho! vilaine, ce ly fis je, qu'eſt-ce que ça? *Fili Daui!* ton ribaut ſera étripé. Vramant Iean, ce me fit-elle, garde t'en bian : C'eſt ce paure Maiſtre Loüis le Barbier, qui venet de ſeigner eun malade de tout là bas; Il eſtet tout rede de fred, & auet encore bian du vilain chemain à paſſer : Il m'exhorſiſoit d'alumer du feu; dame, comme tu ſçais, le bois eſt char; ie ly ay dit qu'il ſe veniſt puſtoſt réchauffer enuiron moy : Il ne feſet que de s'y bouter quand tu es venu. Allons, allons, ce ly fis-je, Maiſtre Loüis, on vous appranra de venir coucher auec les femmes des gens. Dame, ie ne fus ne fou, ny eſtourdy, ie le claquis bel & biau ſur mes eſpaules, & le portis iuſqu'à moiquié chemain de ſa mairon; Mais n'y reuenez pas eune autre foüas, car parguene s'il vous arriue, ie vous porteray encor eune escousse aussi loin. et bian, regardez, il ne faut qu'eun malheur. Cette petite déuargondée m'en eust peut-estre fait autant; C'est pourquoy bon jour & bon soir, c'est pour deux fouas.

CORBINELI.

C'est maintenant à vous, Monsieur, pour combler la félicité de ces nouueaux mariez, d'augmenter leur reuenu de celuy d'vn Empire. Il vous sera bien-aisé, puis que vous faites chanceler la Couronne d'vn Monarque en le regardant.

CHASTEAVFORT.

Ie donne assez, quand ie n'oste rien; & ie leur ay fait beaucoup de bien, de ne leur auoir point fait de mal.

GRANGER le ieune.

Mon petit cœur, il est fort tard, allons nous mettre au lit.

PAQVIER.

Ie n'ay donc plus qu'à faire venir la Sage-Femme, car vous allez entrer en trauail d'Enfant.

COMEDIE.

LA TREMBLAYE.

Ie n'oserois quasi prendre, la hardiesse de vous consoler.

GRANGER.

N'en prenez pas la peine, ie me consoleray bien moy-mesme. *O Tempora! O Mores!*

Fin du Pedant Joüé.

www.ingramcontent.com/pod-product-compliance
Lightning Source LLC
Chambersburg PA
CBHW051621230426
43669CB00013B/2130